L'Egitto dei Flavi

L'Egitto dei Flavi

Sintesi e prospettive d'indagine alla luce della documentazione papirologica ed epigrafica egiziana

Nikola D. Bellucci e Brunella L. Longo

Archaeopress Roman Archaeology 69

ARCHAEOPRESS PUBLISHING LTD
Summertown Pavilion
18-24 Middle Way
Summertown
Oxford OX2 7LG
www.archaeopress.com

ISBN 978-1-78969-673-8
ISBN 978-1-78969-674-5 (e-Pdf)

Cover image: PSI 1, 30, affitto di terreno, 27 sett. 82 d.C. (27, 7 x 14, 1 cm). Firenze, Biblioteca Medicea Laurenziana. Su concessione del MiBACT. Ogni ulteriore riproduzione con qualsiasi mezzo è vietata.

Printed in England by Printforce UK

This book is available direct from Archaeopress or from our website www.archaeopress.com

Indice

Prefazione

Nel 1972 Orsolina Montevecchi (1911-2009) nella prefazione al suo imponente manuale di Papirologia (*La Papirologia*, rist. riveduta e corretta con addenda a c. di S. Daris, Milano 1998, P. XIII; I ed. Milano 1973) affermava: «La vastità della materia, che necessariamente porta ad entrare in campi diversi [...] non permette di approfondire i singoli aspetti e argomenti [...] Si aggiunga il fatto che quasi ogni giorno si vanno scoprendo e pubblicando nuovi documenti, per cui entro breve tempo quanto è stato scritto diventa superato: felice inconveniente dal punto di vista del progresso delle nostre conoscenze, a cui la Papirologia è soggetta più di qualsiasi altra tra le scienze dell'antichità; ma inconveniente reale, che crea la necessità di continui aggiornamenti, e distoglie dal tentativo di un lavoro d'insieme proprio per la provvisorietà di non pochi fra i risultati delle ricerche finora compiute».

Il compito rimane arduo quando, anziché l'intero periodo coperto dalla Papirologia, IV a.C. - VIII d.C., si prenda in esame una qualsiasi altra fase della storia dell'antico Egitto attraverso la testimonianza dei papiri: i medesimi sono i rischi, la medesima è la procedura.

Occorre raccogliere l'intera documentazione sul periodo prescelto (con la relativa letteratura scientifica), catalogarla in base al suo contenuto, confrontarla con la documentazione omologa dei periodi precedenti e successivi, analizzarla nel dettaglio, verificare la 'generalizzabilità' dei risultati ottenuti per il singolo caso e, infine, esprimere sinteticamente le conclusioni.

Il passaggio dal particolare al generale si rivela spesso nei fatti la fase più difficile ed è proprio ciò che differenzia uno studio significativo sul piano storico da una ricerca di dettaglio, ugualmente valida nella sostanza ma non fruibile ai fini dell'approfondimento della conoscenza della civiltà dell'Egitto greco e romano.

La chiave di volta è nel conciliare l'analisi dettagliata del singolo documento con l'inserimento del risultato di tale analisi in un'indagine statistica che possa valorizzarlo, ma il metodo più efficace di trarre ed esprimere le conclusioni consiste nell'estrarre poi dalla generalità uno o pochi documenti significativi ed utilizzarli per illustrare l'argomento di volta in volta esaminato. Tecnica, questa, apprezzata ed impiegata nel suo manuale da P. W. Pestman (1933-2010), che, nella prefazione alla versione aggiornata del medesimo (*The New Papyrological Primer*, Leuven 1994, p. V) scrive: «By experience gained from their seminars in Greek Papyrology David and Van Groningen knew that an introduction to Papyrologyshould be made on the basis of texts carefully selected and provided with concise commentaries».

Il presente volume, che si propone come strumento per la comprensione delle dinamiche storiche della politica dei Flavi in Egitto attraverso la documentazione papiracea, si fonda sulla tecnica di indagine fin qui descritta e attraverso essa scandaglia ogni aspetto dell'amministrazione flavia in Egitto, illuminando in tal modo una fase significativa della storia amministrativa e giuridica dell'Egitto di epoca romana.

Ciascuna delle tre parti in cui lo studio si articola (1. *I Flavi in Egitto*; 2. *L'amministrazione della provincia d'Egitto nel periodo Flavio*; 3. *Il sistema fiscale egiziano da Vespasiano a Domiziano*) è fondata sulla testimonianza di documenti epigrafici e papiracei, che gli autori discutono puntualmente a partire dal testo: di ogni documento preso in esame si fornisce il testo originale e una traduzione in lingua moderna o una sintesi del contenuto. Si discute poi il valore della testimonianza in relazione al dibattito critico sviluppatosi intorno ad essa nel corso degli anni e se ne traggono le conseguenze rispetto all'argomento di volta in volta affrontato. Dopo una vasta sezione dedicata al susseguirsi degli Imperatori negli anni dal 69 al 96 d.C., si esaminano dettagliatamente le innovazioni introdotte dai Flavi nell'amministrazione dell'Egitto e l'evoluzione della complessa struttura della macchina burocratica del Paese: dal rapido avvicendarsi dei prefetti, all'illustrazione delle mansioni dei funzionari pubblici (gli *epistrategoi*, il *dikaiodotes*, l'*idios logos*, l'*archidikastes*, il *dioiketes*, lo *strategos*, il *basilikosgrammateus*), con una particolare cura nel sottolineare differenze rispetto al sistema nelle epoche precedenti o l'eventuale continuità con queste ultime. Particolare attenzione viene poi dedicata al sistema fiscale, banco di prova soprattutto per Vespasiano, che, costretto ad appesantire la tassazione, da un lato introdusse nuove imposte, dall'altro regolamentò il sistema con la sistematizzazione dei censimenti. Di tutti gli aspetti della riforma fiscale della Provincia egiziana il volume dà conto nel dettaglio, esaminando, ad es., l'evoluzione di importanti pratiche quali la *laografia* e l'*epikrisis* accanto alla riorganizzazione fondiaria nei suoi molteplici istituti (con liturgie, imposte fondiarie, monopoli, tasse su animali etc.).

L'efficace impiego delle fonti – tra le quali non vengono trascurate neppure quelle classiche – affiancato ad una bibliografia completa, aggiornata e ben utilizzata, fa del volume ad un tempo una valida introduzione al periodo ed uno spunto di approfondimento per i singoli argomenti in esso affrontati.

Allo studio va riconosciuto il merito particolare di 'amplificare' un torno di tempo relativamente breve ma cruciale nella storia dell'Egitto romano, approfondendo, con l'impiego di fonti dirette, una serie di aspetti fiscali ed amministrativi normalmente trascurati nei manuali dedicati all'Egitto romano, e di elaborare criticamente le discussioni fiorite intorno ai documenti presentati, riuscendo a sintetizzarle e a prendere di volta in volta una specifica posizione.

Natascia Pellé
Centro di Studi Papirologici
Università del Salento

Introduzione

La fine della dinastia giulio-claudia aveva prodotto un grande sconvolgimento nell'Impero e gli eventi che si susseguirono durante la guerra civile del 69 portarono alla vittoria finale di Vespasiano, solo diciotto mesi dopo la morte di Nerone e l'acclamazione di Galba. Il Principato di Vespasiano rappresentò poi un consistente progresso nella razionalizzazione dei poteri dell'imperatore e nel definitivo consolidamento dell'Impero come istituzione. I tre imperatori della dinastia flavia si contraddistinsero pienamente per un rigido impegno nell'amministrazione imperiale, ma uno dei loro maggiori contributi fu di certo la creazione di una nuova aristocrazia del potere che caratterizzò la vita politica dell'Impero fino alla morte di Commodo nel 193 d.C.

Ciò detto, il presente volume, tenendo conto dei nuovi e sempre più specifici indirizzi di ricerca assunti dall'antichità classica, si propone di fornire uno strumento per la comprensione delle dinamiche storiche che hanno contraddistinto l'era dei Flavi ponendo l'accento su un'unica provincia dell'Impero, l'Egitto. Alla luce della documentazione egiziana raccolta si è cercato, quindi, nella prima sezione, di far luce sull'andamento storico della successione dei tre imperatori che diedero vita a tale nuova dinastia che, pur per breve tempo, riuscì a portare nuovamente armonia all'Impero per parte del II sec. d.C. La dinastia flavia fu poi come noto in gran parte legata alle sorti dell'Egitto fin dall'acclamazione di Vespasiano da parte delle legioni egiziane, il 1° luglio del 69, giorno che fu assunto come *dies imperii*. Se è vero che per i Giulio-Claudi il *dies imperii* era stato il giorno in cui il Senato aveva conferito i poteri imperiali, era stata la guerra civile del 69 a proporre il problema del periodo di tempo tra l'assunzione del titolo di *princeps* e il suo riconoscimento ufficiale. Galba aveva, infatti, evitato l'assunzione del titolo di *princeps* fino alla morte di Nerone; quando il Senato aveva votato le prerogative a Vitellio, il 19 aprile, probabilmente aveva aggiunto la clausola della retrodatazione, qualora egli avesse voluto contare il suo regno dal 1° gennaio, quando era stato effettivamente acclamato imperatore dalle sue truppe. Vespasiano, invece, ebbe un periodo di tempo molto più lungo (di circa cinque mesi) tra i due avvenimenti[1].

Come noto, Vespasiano cercò per tutta la durata del suo regno di ergersi a successore di Augusto, ma i problemi inizialmente avuti da quest'ultimo e altri avvenimenti successivi avevano da tempo dimostrato la necessità della presenza di più di un successore dietro le quinte del potere. Per questo il nuovo imperatore flavio ben presto si occupò di presentare i suoi due figli come discendenti del suo potere. L'adozione di Pisone da parte di Galba, il piano di Otone di adottare suo nipote e la presentazione di suo figlio in fasce all'esercito da parte di Vitellio avevano, in effetti, sottolineato quanto fosse importante per il *princeps* essere in grado di offrire la prospettiva di una

[1] Particolare rilevanza andrà assegnata al momento dell'acclamazione di Vespasiano ad *imperator* e a quello della sua visita ufficiale ad Alessandria che grazie ad alcuni papiri esaminati, permetterebbero di porre nuova luce sui primi mesi al potere del nuovo imperatore.

successione sicura e tranquilla. Anche per la successione Vespasiano seguì il sistema avviato da Augusto: Tito, oltre a ricoprire insieme al padre alcune magistrature, tra cui il consolato e la censura, era stato eccezionalmente anche prefetto del pretorio, pur non appartenendo all'ordine equestre ma a quello senatorio, e già dal 71 d.C. aveva ricevuto l'*imperium* proconsolare e la potestà tribunizia, ma anche i titoli di Augusto e *pater patriae.* L'associazione di Tito al trono pare poi confermata sia da documenti esaminati nel lavoro e sia dalla celebrazione del trionfo del 71 insieme con il padre Vespasiano.

Nel 79 d.C. alla morte del padre l'avvicendamento di Tito avvenne, quindi, senza problemi e continuò sulle linee tracciate da Vespasiano. Nonostante la gioventù dorata alla corte di Claudio, Tito fu uno degli imperatori meglio preparati a governare. Fu generale di successo nelle guerre giudaiche e abile statista, anche se il maggior 'difetto' del suo regno fu la brevità dovuta alla sua precoce morte.

Dopo la morte di Tito non ci fu alternativa alla successione e Domiziano rimase al potere incontrastato. Anche se Domiziano era lontano dall'essere incompetente, la lunga attesa per raggiungere il potere lo aveva portato a un profondo desiderio di potere assoluto, che non cercò mai di mascherare provocando l'ostilità della tradizione storiografica. Pur non possedendo nessuna delle straordinarie capacità del padre o del fratello, egli fu come loro una guida militare di successo e seppe reggere con mano decisa anche la variegata amministrazione imperiale. In effetti, il suo regno relativamente lungo fu caratterizzato da un'azione politica efficace e benefica per l'Impero. Domiziano si preoccupò, infatti, dell'amministrazione delle province, di reprimere gli abusi dei governatori e di promuovere i compiti burocratici del ceto equestre. Dopo la rivolta di Saturnino, legato della Germania inferiore, Domiziano, però, continuando a sentirsi minacciato, inaugurò un periodo di persecuzioni e terrore, che portarono alla congiura del 96 d.C. Il Senato, dopo la sua morte, giunse a proclamarne la *damnatio memoriae*, cioè a decretare che fossero abbattute tutte le statue, cancellato il suo nome dalle iscrizioni e distrutto ogni suo ricordo.

Dopo una breve ma necessaria prima parte incentrata, pertanto, su tematiche storiche relative ai tre imperatori flavi, esaminate in ordine cronologico sulla scorta del materiale egiziano pervenuto, una seconda parte procederà a illustrare e mettere in rilievo le caratteristiche sostanziali dell'amministrazione della provincia d'Egitto tra il 69 e il 96 d.C. Il limite cronologico si giustifica per il fatto che il periodo considerato rappresenterebbe una fase specifica e significativa della storia giuridico-amministrativa nell'Egitto romano. Per l'esame del complesso amministrativo egiziano si inizierà illustrando le sezioni statali che facevano capo a diversi funzionari, i quali erano distinti secondo una rigida scala gerarchica. L'intera provincia faceva infatti capo al Prefetto d'Egitto e con i Flavi si susseguirono al potere ben dodici prefetti testimoniati dai documenti papiracei e dalle iscrizioni, di cui si dirà più diffusamente nel capitolo dedicato. Oltre ai funzionari della *chora*, non si sono tralasciati né i funzionari più importanti, come gli epistrateghi o il *dikaiodotes*, né quelli minori. In particolar modo si è inteso esaminare ciascun ufficio e il relativo funzionario competente, ponendo l'accento sulle funzioni e sui cambiamenti avvenuti nel corso del periodo qui indagato.

Nella terza sezione si indagherà poi l'aspetto fiscale della provincia. Le acclamazioni che avevano accompagnato l'inizio del principato di Vespasiano si trasformarono ben presto in forte malcontento soprattutto in Egitto. Il nuovo imperatore dovette così fronteggiare il grave *deficit* nel bilancio provocato dalla politica di Nerone e dalla guerra civile. I provvedimenti presi gli diedero nelle fonti fama di imperatore esoso, ma in realtà Vespasiano si rivelò un ottimo amministratore, riuscendo a risanare con diversi provvedimenti il bilancio dello Stato. Nonostante la gravosa tassazione e l'abolizione delle esenzioni fiscali, molte delle misure prese non solo da Vespasiano, ma in seguito anche da Domiziano, si rivelarono in fondo necessarie per l'Egitto. La nuova tassazione, poi, fu resa più sistematica grazie a una revisione delle operazioni dei censimenti, che si stabilizzarono proprio con i Flavi ogni quattordici anni. Nello stesso periodo andrà inoltre tenuto conto dei cambiamenti messi in atto in ambito fondiario, dato che i documenti testimonierebbero nuove distribuzioni terriere e la presenza di nuovi uffici di registrazione delle proprietà (il che ha permesso di approfondire e fornire un'analisi più esauriente delle imposte fondiarie, senza tralasciare i servizi del nuovo sistema liturgico). Infine, a completamento del lavoro, si è ritenuto opportuno procedere a uno studio che coinvolgesse i vari ambiti fiscali non ancora opportunamente esaminati al fine di fornire una sintesi che possa mettere in rilevo nuove prospettive d'indagine che potranno di certo arricchire e migliorare il quadro della nostra conoscenza riguardo questo pur diversificato periodo storico.

In appendice si è poi scelto, nonostante la vastità, di raccogliere e di riportare un primo ordinamento dei documenti (papiri, ostraka, tavolette lignee, epigrafi) qui citati e compresi tra il 69 e il 96 d.C. disponendoli in ordine alfabetico, nella speranza di fornire un quanto più utile e semplificato strumento di consultazione che faciliti l'accesso alle diverse fonti[2].

N.D.B.

B.L.L.

[2] Per quanto possibile si è dunque proceduto alla traduzione di tutti i testi proposti nel corso della trattazione. Solo in rari casi si è preferito mantenere le traduzioni originali proposte degli editori dei testi, in quanto alcuni documenti, estremamente frammentari, presentano complesse letture o diverse varianti filologiche. Per meri fini attributivi la distribuzione delle parti capitolari di tale opera andrà poi così riconosciuta: NDB: 2. 1-2; 3. 2; Conclusioni; BLL: 1; 2. 3-5; 3. 1; 3-5; NDB; BLL: Appendice testuale.

Capitolo 1

I Flavi in Egitto

1.1 Vespasiano nella documentazione egiziana dal 69 al 79 d.C.

Il suicidio di Nerone il 9 giugno del 68 d.C. fu un duro colpo per la stabilità dell'Impero. La dinastia giulio-claudia, fondata da Augusto, aveva mantenuto Roma e l'Impero liberi dalla guerra civile per un secolo, garantendo grazie al Principato una pace duratura. La fine del regno di Nerone portò a una sanguinosa guerra civile che durò per tutto il 69 d.C., nella quale si combatté per stabilire quale comandante militare sarebbe stato elevato alla dignità imperiale. Il nuovo candidato avrebbe creato una nuova linea di successione, che avrebbe risparmiato l'Impero dalla guerra civile alla fine di ogni regno. Acclamati dalle rispettive truppe, Galba, Otone, e Vitellio, a turno, tennero il potere per un breve periodo combattendosi a vicenda. Infine la Fortuna[1] elevò al trono il generale dell'esercito siriaco, Tito Flavio Vespasiano, che costruì con i figli, Tito e Domiziano, una nuova dinastia, che governò Roma e l'Impero per ben ventisette anni.

Vespasiano fu proclamato imperatore ad Alessandria d'Egitto il 1° luglio del 69, giorno ricordato come '*dies imperii*'[2]. Tuttavia, egli non ottenne il riconoscimento ufficiale da parte del Senato e del popolo di Roma prima del mese di dicembre dello stesso anno, finché Vitellio non fu definitivamente sconfitto e ucciso. L'acclamazione fu fatta da due legioni di Alessandria, sotto il comando di Tiberio Giulio Alessandro, prefetto d'Egitto[3], presso l'accampamento di Nicopoli, tre miglia a est della città. Questa data fu consacrata come primo giorno dell'Impero di Vespasiano, sebbene le legioni di stanza in Giudea avessero prestato giuramento solo due giorni dopo. Anche in questo caso le fonti letterarie sono discordanti, perché se Tacito riporta come data appunto il 3 luglio, Svetonio, invece, afferma che avvenne il giorno

[1] '*Occulta fati et ostentis ac responsis destinatum Vespasiano liberisque eius imperium post fortunam credidimus*' (Tac. *Hist.* 1.10).

[2] Sulla data di proclamazione le fonti letterarie non danno notizie concordanti. Infatti, sebbene Tacito riporti come data proprio il 1° luglio (Tac. *Hist.* 2.79), Cassio Dione riferisce che l'intervallo di tempo che trascorse tra il suicidio di Nerone e la proclamazione di Vespasiano fu di un anno e ventidue giorni (D.C. 66.17.4).

[3] Giudeo di nascita, Tiberio Giulio Alessandro, cresciuto nel clima cosmopolita di Alessandria, era vissuto in un ambiente ricco e in stretto contatto con la famiglia imperiale e con la dinastia erodiana. Suo padre, Alessandro l'Arabarca, era uno dei più ricchi uomini di Alessandria e suo zio era l'illustre ed eloquente filosofo Filone. Dopo brevi incarichi iniziali nell'esercito d'Egitto, che in parte ci sfuggono, divenne *epistrategus* della Tebaide e, dal 46 al 48, procuratore della Giudea; come tale comandò le legioni dell'esercito romano. Dopo un lungo periodo di buio e di notizie incerte, sappiamo che nel 63-66 servì come ufficiale di stato maggiore sotto il generale Gneo Domizio Corbulone. Nominato nel 66 da Nerone prefetto d'Egitto, poi, Tiberio era riuscito a mantenere la sua posizione grazie alla sua abilità diplomatica fino alla nomina di Vespasiano. Wellesley 2000: 110-114. Per una messa a fuoco del periodo flavio in genere si vedano anche Capogrossi Colognesi e Tassi Scandone 2012; Capogrossi Colognesi e Lo Cascio 2016.

undici dello stesso mese[4]. Vespasiano seppe della sua proclamazione quando era in Giudea e, da lì, si recò poi in Egitto per far fronte alla ribellione che aveva bloccato i rifornimenti di grano a Roma[5]. Non siamo a conoscenza della data esatta di arrivo di Vespasiano in Egitto, ma egli era di certo ad Alessandria alla fine di gennaio, perché la notizia della morte di Vitellio lo raggiunse lì. È probabile, però, che egli si trovasse in Egitto già da alcuni mesi[6]. Dal momento che Vespasiano seppe della vittoria a Cremona del 25 ottobre del 69, quando era già in Egitto ma non ancora ad Alessandria, il suo arrivo potrebbe essere avvenuto in città forse alla fine di novembre[7]. La questione è risultata più complicata per la pubblicazione del papiro SB 6, 9528[8]. Secondo l'editore Gerstinger, infatti, si tratterebbe di un estratto del discorso di Vespasiano subito dopo il suo arrivo ad Alessandria. Tuttavia, Albert Henrichs[9], in base ai testi letterari e al documento papiraceo, ha messo in discussione la tesi dell'editore, in quanto basata sostanzialmente su un'interpretazione personale di un passo di Tacito[10]. Sarebbe lecito, dunque, puntare sul periodo luglio-agosto del 70 come *terminus post quem* della sua partenza dall'Egitto piuttosto che sul mese di dicembre del 69 per l'arrivo di Vespasiano ad Alessandria[11].

L'amministrazione generale della provincia romana d'Egitto non fu molto compromessa dai cambiamenti dei vertici politici, ma alcuni *ostraka* forniscono informazioni sul cambiamento dell'onomastica ufficiale. Dopo il suicidio di Otone nell'aprile del 69 e l'immediata salita al potere di Vitellio, il prefetto Tiberio Giulio Alessandro, mentre era già in trattative con Vespasiano, modificò la burocrazia Alessandrina adattandola alle nuove circostanze. Di fatto, il primo documento egiziano che mostra il nome di Vitellio è una tassa che riporta la data del 16 giugno del 69, O. Bodl. 2, 672, mentre l'ultimo è O. Edfou 1, 27[12] del 29 luglio, quando Vespasiano era già stato riconosciuto imperatore da più di un mese. Il primo documento certo che riporta il nome di Vespasiano, invece, è un *ostrakon* datato il 15 Agosto del 69, O. Wilck. 773[13]. Il testo successivo in ordine di tempo

[4] Tac. *Hist.* 11.79; Svet. *Vesp.* 6.3.
[5] Tac. *Hist.* 1.11; Tac. *Ann.* 2.59.
[6] Tac. *Hist.* 4.51; J. *BJ.* 4.11.5.
[7] Weber 1973: 252.
[8] Il testo presenta un chiaro riferimento a un *senatus consultum* (r. 3: συγκλήτουδόγμασι) che data l'arrivo in città di Vespasiano alla fine di gennaio del 70. Appare, comunque, improbabile l'idea che Vespasiano indugiasse fuori dalla città per due mesi prima di entrare. Se la connessione con l'imperatore è corretta, il discorso riferito dovrebbe essere più tardo.
[9] Henrichs 1968: 54.
[10] Tac. *Hist.* 2.80.2. Vespasiano non avrebbe visitato Antiochia nel mese di luglio del 69 (J. *BJ.* 4.6.3) e la persona eloquente di cui parla Tacito sarebbe Licinio Muciano, il governatore della Siria, non Vespasiano.
[11] Cfr. Weber 1973: 255.
[12] O.Edfou 1, 27 = CPJ 2, 236.
[13] Si tratta di una breve ricevuta di tassa sul grano proveniente da Tebe. Nel testo sono riportate due date, il 27 luglio e il 15 agosto scritte probabilmente da due mani diverse. La data più antica riportata non implica, però, che l'ascesa al potere di Vespasiano sia stata appresa a Tebe già dal 27 luglio. Infatti, questa idea è suffragata dalla datazione di un'altra ricevuta, O. Bodl. 2, 1125, del 23 luglio, nella quale compare ancora il nome di Vitellio.

è O. Bodl. 2, 566 del 25 agosto del 69, ma vi è un ulteriore papiro, PSI 14, 1433[14] del 10 agosto. Tuttavia, la datazione di quest'ultimo testo è piuttosto incerta, perché presenta una lettura molto dubbia. Se prendiamo, però, come riferimento la data proposta dall'editore, questo risulterebbe essere il testo più antico con il nome di Vespasiano. Sembrerebbe, dunque, in base alle notizie desunte da questi documenti, che il prefetto d'Egitto non volesse correre il rischio di nominare un imperatore prima dell'ufficiale proclamazione di luglio. Nonostante le incertezze sulla datazione, fortunose circostanze hanno permesso di entrare in possesso di un documento di grande rilevanza storica. Il testo papiraceo P. Fouad. 1, 8, edito per la prima volta nel 1939, è una delle poche testimonianze che ci documentano l'entrata di Vespasiano in Alessandria. Il papiro è molto lacunoso[15] e i critici per diverso tempo si sono dilungati cercando di emendarlo.

]το[

Τιβε]ρ̣ιο Ἀλεξα[νδρο

] ̣βωμα[

]στον ̣κ̣[

]σαντω[ν ̣ ̣ ̣]οις συνη̣[

]σ ̣τη̣σα ̣των

][

]υς ὁ αὐτοκράτωρ μ̣[

εἰς] τ̣ὴ̣ν πόλιν τῶν ὄχλ[ων

κ]ατ' ὅλον τὸν ἱππόδρομον [

]ο̣τι ὑγιαίνων κύριε Καῖσα[ρ]

Οὐεσπ]ασιανὸς εἷς σωτὴρ καὶ ε[ὐεργέτης

[14] Questo testo di origine sconosciuta è ovviamente la conclusione di una petizione all'autorità ed è diviso in due parti. È presente un giuramento dell'imperatore Vespasiano sulla τύχη (r.1-8) e più in basso la data, scritta da un'altra mano, del 17 Kaisareios del 1° anno di regno di Vespasiano ((ἔτους) α Αὐτοκράτορος Καίσαρος / Οὐεσπασιανοῦ Σ̣ε̣βα̣(στοῦ), μην(ὸς) / Καισαρείου ι̣ζ̣...). La seconda parte del documento tratta, invece, una questione riguardante il βασιλικὸς γραμματεὺς, di cui si tratterà in seguito. Cfr. anche Kruse 2002: 163-166.

[15] Il testo proposto si basa su quello di Merkelbach, che nel 1956 lo ripubblicò dopo una revisione dell'originale, e tenendo conto di ulteriori osservazioni di Koenen, che nel 1968 ne riesaminò la fotografia. Ed. pr. Guéraud, Jouguet e Lewis 1939: 14-15; Musurillo 1961: 21; Tcherikover e Fuks 1960: 188-193. Koenen 1968: 256.

Ἄμμων]ο[ς υἱ]ὸς ὁ ἀνατέλλων ε[
]α φύλαξον ἡμῖν αὐτ[ὸν
κύρι]ε Σεβαστέ ε . .ιενσ̣α̣ρ[
]α Ἄμμωνος υἱὸς κ . .απλ̣[
εὐ]χαριστοῦμεν Τιβερίωι [Ἀλεξάνδρωι
] . Τιβέριος ηπ[. .]τισε̣[
] θεὸς Καῖσαρ ε[.] . .ι ὑγια[ιν
] . θεὸς Καῖσαρ Οὐεσπασια[νὸς
]ις κύριε Σεβαστέ ο[

Sebbene la lettura risulti in alcune parti incerta a causa dello stato di conservazione del papiro, oltre ogni ragionevole dubbio Τιβερ̣ιο Ἀλεξανδρο (r. 2) sarebbe da identificarsi col prefetto d'Egitto, Tiberio Giulio Alessandro, e ne risulterebbe altrettanto certa la menzione dell'imperatore Vespasiano (r.12 e 20). Il nesso σωτὴρ καὶ εὐεργέτης (r.12) è tipico dei sovrani ellenistici e veniva usato in Egitto sia nei documenti pubblici che in quelli privati, tanto da essere divenuto in seguito quasi canonico. D'altra parte, anche κύριε Καῖσαρ, κύριε Σεβαστέ e θεὸς Καῖσαρ (r.11, 15 e 19) non suscitano stupore, giacché sono spesso ricorrenti come epiteti consueti per l'imperatore o per personaggi influenti[16]. Queste espressioni di adulazione erano spesso usate in riferimento a imperatori[17], ma nel nostro testo Ἄμμωνος υἱὸς pare sorprendente riferito a un imperatore romano. In un primo momento si era pertanto supposto fosse in riferimento al prefetto Tiberio Giulio Alessandro[18], ma esso andrebbe riferito allo stesso Vespasiano. L'acclamazione 'figlio di Ammone' equivarrebbe a un riconoscimento della sovranità, quasi una proclamazione ufficiale. In Egitto, infatti, il sovrano era considerato continuativamente figlio di Amun-Ra, la divinità solare. Il rifiuto di onori divini parrebbe già tradizionale con i Giulio-Claudi, a cominciare da Augusto, ma non impediva certo il culto imperiale in Oriente, e soprattutto in Egitto. Anche se, in conformità con ciò che ci dicono le fonti letterarie, siamo portati a credere che lo stesso Vespasiano non apprezzasse particolarmente queste forme di culto[19], non bisogna dimenticare che gli Alessandrini, dopotutto, avevano appreso e continuato per secoli a considerare

[16] Anche il prefetto Emilio Retto presentando agli Alessandrini la lettera di Claudio nel 41 lo chiama τοῦ θεοῦ ἡμῶν Καίσαρος (r.9) in P. Lond. 6, 1912 (= CPJ 2, 153).

[17] Vespasiano è definito σωτὴρ καὶ εὐεργέτης τῆς οἰκουμένης in OGIS 2, 670, mentre nel papiro P. Oxy. 7, 1021, che contiene la notifica ufficiale di ascesa al trono di Nerone, l'Imperatore è πάντων ἀγαθῶν Νέρων Καῖσαρ.

[18] Jouguet 1947: 45.

[19] Lo stesso imperatore avrebbe deriso la sua deificazione sul punto di morte (Svet. *Vesp.* 23.4; D.C. 66.17.3).

i re Tolemei e gli imperatori romani come dei senza riserve. Anche il successivo ὁ ἀνατέλλων (r. 13), nonostante i diversi pareri[20], è associato dalla Montevecchi[21] al culto imperiale egiziano. Il termine, appunto, sarebbe l'interpretazione greca di una concezione egiziana, ossia l'idea di 'sole nascente', che nel linguaggio aulico-religioso egiziano sarebbe il sovrano che appare al suo popolo. In questo caso, dunque, ὁ ἀνατέλλων è il sovrano che viene a visitare l'Egitto. Pertanto, l'idea che il testo del papiro si riferisca alla proclamazione del 1° luglio del 69[22] risulta molto dubbia, dato che in quella circostanza Vespasiano non parrebbe esser stato presente. Ne discende, come conseguenza, che il documento più probabilmente tratti dell'ingresso di Vespasiano in Alessandria, al suo primo incontro ufficiale con le autorità e il popolo alessandrino[23]. Anche il successivo φύλαξον ἡμῖν αὐτὸν (r. 14), che è tradotto da Tcherikover e Fuks come '*guard him for us*'[24], sembra una sorta di preghiera rivolta alla divinità per la sicurezza dell'imperatore. La divinità in questione, certamente egiziana, parrebbe da identificarsi con Serapide, che il sincretismo religioso identificava con Amun-Ra. Il dio-sole Ra era stato assorbito dal dio tebano Amun e i Tolemei avevano iniziato a utilizzare entrambi i nomi nei documenti ufficiali, ma i Greci sostituirono Amun con il nome a loro più familiare Ammon e lo identificarono con Zeus. D'altra parte, le testimonianze letterarie[25] riferiscono della visita di Vespasiano al tempio di Serapide[26] ad Alessandria per avere un riconoscimento ufficiale della sua nuova posizione. L'espressione φύλαξον ἡμῖν αὐτὸν trova, poi, un riscontro anche in un passo di Filostrato[27] su Apollonio di Tiana, allorché si immagina che questi si incontri con Vespasiano nel Serapeo. La coincidenza, invece, potrebbe essere dovuta solo al fatto che Filostrato[28] abbia attinto a fonti alessandrine, anche perché il racconto di Svetonio e Tacito è alquanto differente. Entrambi, infatti, fanno riferimento a un altro personaggio presente nell'episodio, il sacerdote egiziano Basilide[29], al quale il nuovo sovrano d'Egitto si presenta alla principale divinità locale per ottenere una conferma divina della

[20] Questo vocabolo è stato oggetto di forti discussioni. Jouguet, che leggeva σ' ἀνατέλλων, dava a questo verbo senso transitivo, e, integrando, traduceva: '*que le fils d'Amon t'élève [jusqu'aux dieux]*' (Cfr. Jouguet 1947: 45.). Tcherikover e Fuks, seguendo la stessa lettura del testo, invece, traducevano '*you, in its rising...*' (Cfr. Tcherikover e Fuks 1960: 193).

[21] Montevecchi 1981: 160.

[22] Tale ipotesi era stata sostenuta da Jouguet nella prima edizione del testo. Egli, infatti, supponeva che il papiro si riferisse al '*dies imperii*' e che mantenesse l'eco delle acclamazioni fatte dal popolo Alessandrino, prima dell'arrivo di Vespasiano ad Alessandria. Jouguet, in quella sede, ipotizzava persino che il papiro fosse il racconto originale di un testimone oculare dell'avvenimento oppure una composizione storico-letteraria appositamente realizzata con fini propagandistici. L'editore, inoltre, non escludeva che si potesse trattare, d'altra parte, anche di un estratto di un discorso ufficiale pronunciato ad Alessandria durante le celebrazioni in onore dell'avvento di Vespasiano. Cfr. Guéraud, Jouguet e Lewis 1939: 15-16.

[23] Questa l'ipotesi proposta anche dagli editori successivi a partire da Tcherikover e Fuks. Cfr. Tcherikover e Fuks 1960: 192.

[24] CPJ 2, 418a, 193.

[25] Tac. *Hist.* 4.82; Svet. *Vesp.* 7.1.

[26] Il tempio di Serapide dove Vespasiano si sarebbe recato è stato identificato con il grande Serapeo sulla collina di Rhakotis, eretto da Tolemeo III sul sito di un antico santuario. Cfr. Henrichs 1968: 55.

[27] Philostr., 5.30: 'φύλαττε σεαυτὸν μὲν τούτῳ, σεαυτῷ δὲ τοῦτον'.

[28] Cfr. Derchain 1953: 262-263.

[29] Sia Tacito che Svetonio affermano che Basilide sarebbe apparso a Vespasiano in una visione e non nella realtà, dopo che l'imperatore pregò il dio Serapide (Tac. *Hist.* 4.82; Svet. *Vesp.* 7.1). La visione parrebbe, dunque, un responso del dio, volto a confermare la natura divina dell'ascesa al potere di Vespasiano stesso. Sull'argomento cfr. Scott 1934: 138-140; Derchain 1953: 261-279; Henrichs 1968: 62-65.

sua sovranità. Tralasciando le fonti letterarie, il papiro P. Fouad 1, 8, sembrerebbe una relazione ufficiale delle onoranze tributate a Vespasiano in visita alla città di Alessandria, anche in base alla natura di altri documenti, che per datazione e contenuto possono essere associati al nostro papiro in esame. Uno di questi testi è una relazione dell'accoglienza fatta a Germanico dagli Alessandrini, P. Oxy. 25, 2435 recto[30]. In questo testo sono registrate le parole del funzionario che riceve Germanico, le parole di Germanico e le acclamazioni della folla. L'editore Turner[31] lo accosta chiaramente a P. Fouad 1, 8 per la tipologia di testo sostenendo che si potrebbe parlare di letteratura di ἐμφανισμοί, 'apparizioni pubbliche'. Anche se l'andamento del discorso, che sembra improvvisato, dando quasi l'impressione di un servizio giornalistico, a un occhio più attento rivelerebbe la presenza di una supervisione editoriale. Anche per P. Fouad 1, 8, dunque, si può supporre la presenza di un certo intervento redazionale. Si solevano redigere, difatti, a cura delle autorità locali, relazioni ufficiali (ἄκτα) delle onoranze tributate a grandi personaggi venuti in visita nella città. Pertanto, secondo la tesi sostenuta da Montevecchi[32], anche il documento P. Fouad 1, 8 sarebbe parte degli ἄκτα τῶν τιμῶν, redatti nell'occasione della visita di Vespasiano ad Alessandria. D'altra parte, non bisogna dimenticare che in tali circostanze sicuramente un ruolo centrale era rivestito dagli alti funzionari, rappresentanti ufficiali della cittadinanza, i quali avevano anch'essi ciascuno un ruolo nel cerimoniale di accoglienza. Il prefetto Tiberio Giulio Alessandro non dovette certo lasciare al caso e all'improvvisazione della folla lo svolgersi della manifestazione dell'entrata dell'imperatore ad Alessandria. Bisogna tener presente che l'abilità politica e la prudenza del prefetto d'Egitto, il quale aveva saputo celare fino all'ultimo momento la sua connivenza con Galba e poi con Vespasiano, dovettero avere una parte importante nel dosare la trasmissione delle notizie e nella propaganda imperiale. In ogni caso, questa relazione dovette essere composta e diffusa prima che gli Alessandrini mutassero atteggiamento nei riguardi dell'imperatore, giungendo fino a beffeggiarlo e insultarlo[33]. Ben presto, appunto, le acclamazioni che avevano accompagnato l'inizio del suo regno si tramutarono in scontento e malumore del popolo a causa della sua politica di stretta economia con i conseguenti aggravamenti fiscali.

Le esigenze finanziarie dell'Impero furono i primi problemi che Vespasiano dovette affrontare nei primi anni del suo Principato. In primo luogo, gravi erano i danni fisici dovuti al ripetuto passaggio degli eserciti e la temporanea fine dei commerci, di vitale importanza per l'Impero, nei territori devastati durante la guerra civile

[30] Il documento papiraceo contiene un discorso, interrotto da acclamazioni, fatto da un comandante militare, il cui nome non è presente, ai cittadini di Alessandria. Il comandante spiega che è stato inviato dal padre a risolvere le questioni della provincia, anche se i suoi viaggi comportano un certo costo personale per se stesso, soprattutto perché i viaggi lo separano dalla sua famiglia. La scelta dell'identità del personaggio sconosciuto è caduta su Germanico, nipote dell'imperatore Tiberio, che lo adottò nel 5 a.C per ordine di Augusto. L'identificazione risulta convincente anche grazie alle notizie su Germanico, che, come sappiamo, aveva una famiglia molto numerosa. Per un approfondimento sul documento, cfr. Lobel e Turner 1959: 102-103.

[31] Lobel e Turner 1959: 106.

[32] Montevecchi 1981: 166.

[33] D.C. 65.8; Svet. *Vesp.* 19.2.

del 69. Inoltre, lo Stato si trovava in una grave situazione finanziaria sia per l'alto livello di spese sostenute durante il regno di Nerone, sia per le ingenti spese militari affrontate da Roma negli ultimi anni. Data la necessità di immediate soluzioni per risolvere la questione fiscale, Vespasiano fu costretto a prendere nuovi provvedimenti e a introdurre una nuova tassazione; sotto il suo Principato, infatti, apparvero il *Fiscus Alexandrinus* e il *Fiscus Asiaticus*[34]. Oltre ad aumentare le tasse esistenti, l'imperatore ne reintrodusse alcune abolite da Galba e ne ideò di nuove. La 'tassa dei Giudei', il τέλεσμα Ἰουδαίων, che Vespasiano impose a tutti gli Ebrei, anche della diaspora, quale contributo per la ricostruzione del tempio di Giove Capitolino, fu uno dei suoi nuovi provvedimenti. L'imposta è testimoniata in Egitto da moltissime ricevute, datate a partire dal 71 a.C fino al tempo di Traiano, ritrovate in larga quantità nel quartiere di Apollinopolis Magna (odierna Edfou) durante le esplorazioni effettuate tra il 1937-1939[35]. Questi *ostraka* permettono così di chiarire la cronologia sull'imposizione del τέλεσμα Ἰουδαίων, che risulta incerta a causa delle discrepanze tra le fonti letterarie e i documenti. Cassio Dione[36] afferma chiaramente che gli Ebrei iniziarono a pagare la tassa immediatamente dopo la distruzione del tempio di Gerusalemme, ossia dal secondo anno di regno di Vespasiano. Diversa, invece, la posizione di Flavio Giuseppe che parla del terzo anno di regno dell'imperatore[37]. Dato che il *dies imperii* viene datato il 1° luglio del 69, se si parla del terzo anno, ci troviamo nel 71-72. La prima ricevuta del τέλεσμα Ἰουδαίων, di cui siamo in possesso, risale al quarto anno di Vespasiano, W. Chr. 295 del 71-72 d.C.:

> Ἑρένιος Διδύμου
>
> τιμῆς δηναρίω(ν)
>
> [δύο] Ἰουδ(αίων) δ (ἔτους) Οὐεσ(πασιανοῦ) Καί-
>
> [σαρος το]ῦ κυρ[ί]ο(υ)[38].

In base al calcolo egiziano, il primo anno di regno cominciava il giorno dell'ascesa al potere fino al 1° Thoth, cioè il 29 agosto dello stesso anno. Pertanto, il primo anno di Vespasiano durerebbe solo due mesi circa e il quarto anno in Egitto corrisponderebbe approssimativamente al terzo anno del computo romano. In questo modo l'*ostrakon* in questione confermerebbe la notizia riportata da Flavio Giuseppe sull'inizio della tassazione nel terzo anno di regno. Il malcontento nei confronti della dominazione romana a causa delle nuove tasse fu tuttavia molto intenso, soprattutto perché alla normale riscossione dell'imposta, iniziata nel 71-72, si erano aggiunti gli arretrati per i due anni precedenti del regno di Vespasiano. Infatti, in alcuni *ostraka* è chiaramente indicato l'anno al quale si riferisce il pagamento della tassa, che spesso

[34] Levick 1999: 95-101.
[35] Tcherikover e Fuks 1960: 108 sgg.
[36] D. C. 66.7.2.
[37] J. *BJ*. 7.216 sgg.
[38] Trad.: 'Erenio, figlio di Didimo, per la tassa di due denari sugli Ebrei, nel quarto anno di Vespasiano Cesare, signore'.

non corrisponde all'anno di emissione della ricevuta riportata in basso. Un esempio è l'*ostrakon* CPJ 2, 166[39] del 2 giugno del 72:

> Δημᾶς Διδυμίωνος
>
> τιμῆς δηναρίω(ν) δύο
>
> Ἰουδ(αίων τελέσματος) β (ἔτους) Οὐε(σπασιανοῦ) (δραχμὰς) η
> (διώβολον). Φίλων Μ[έν]ης.
>
> (ἔτους) δ, Παῦνι η[40].

Come si nota nel testo, in realtà, il riferimento è al pagamento della tassa per il secondo anno di Vespasiano, nonostante la ricevuta rechi la data dell'anno quarto nel giorno 8 del mese di Payni. Ora, il secondo anno di Vespasiano in Egitto va dal 29 agosto del 69 al 29 agosto del 70, cioè precede la distruzione del tempio di Gerusalemme. Gli Ebrei, dunque, furono costretti a pagare la tassa anche per l'anno in cui non erano ancora stati vinti dai Romani. L'opposizione fu molto decisa anche perché la nuova tassa aveva rimpiazzato l'annuale pagamento di due drachme destinato dagli Ebrei al Tempio di Gerusalemme[41]. La caduta di Gerusalemme nel 70 a.C, durante la prima guerra giudaica[42], aveva poi portato in Egitto un'ondata di profughi ebrei, che avevano tentato di sollevare la comunità ebraica di Alessandria; il timore di disordini indusse il prefetto Ti. Iulius Lupus a ordinare la chiusura del tempio ebraico di Onias a Leontopoli[43]. Da questa prospettiva, è plausibile considerare il τέλεσμα Ἰουδαίων quasi come un'indennità di guerra[44], dato che inizialmente fu utilizzato per la ricostruzione del tempio di Giove Capitolino, che era stato bruciato durante gli eventi dell'anno 69. L'ispirazione per un provvedimento del genere avrebbe potuto derivare dalla necessità pratica di trovare dei fondi per finanziare il progetto di ricostruzione, ma avrebbe potuto avere anche un carattere simbolico[45]. Non vi

[39] CPJ 2, 166 = SB 1, 5814.

[40] Trad.: 'Demas, figlio di Didimo, per la tassa di due denari sugli Ebrei, nel secondo anno di Vespasiano, 8 drachme. Filone Menes. Anno 4, Payni 8'.

[41] J. *BJ*. 7.218 sgg.

[42] J. *BJ*. 5.6.1.

[43] Il tempio di Onia risaliva al 160 a.C. ed era stato per lungo tempo antagonista del tempio di Gerusalemme, dato pare fosse l'unico altro posto in cui venivano offerti sacrifici. Vespasiano decise di chiudere il tempio forse per timore che diventasse un luogo di resistenza dei profughi ebrei alla dominazione romana. Il prefetto Ti. Iulius Lupus, pertanto, rimosse alcune delle offerte del tempio e chiuse i battenti, mentre il suo successore, Valerius Paolinus, lo spogliò di tutti i suoi tesori e chiuse le porte, senza lasciare traccia di culto. Probabilmente la decisione di Vespasiano fu dovuta alla sua opposizione al culto ebraico in genere. Seguendo questa linea, poi, vennero chiusi anche altri templi, tra i quali anche il tempio di Heliopolis. Cfr. Levick 1999: 144-145.

[44] Tale tesi è stata sostenuta da Gil Gambash, il quale ha sottolineato che spesso, durante la *Res publica*, Roma aveva imposto ai nemici stranieri sconfitti un pagamento che avrebbe presumibilmente coperto il costo della guerra. Vespasiano, dunque, nel suo approccio generale nei confronti degli Ebrei come nemici stranieri, che avevano costretto Roma ad una lunga e difficile guerra, avrebbe inteso una sorta di atto di punizione quando concepì l'idea della tassa ebraica. Cfr. Gambash 2015: 159.

[45] James Rives sostiene, a tal proposito, che, sebbene le motivazioni di questo cambiamento fossero in parte dovute a questioni finanziarie, sicuramente riguardavano anche il culto giudaico del Tempio. I fondi che prima lo sostenevano erano ora indirizzati ai bisogni di Roma e dei suoi dei. Vespasiano non

è certezza, però, che i finanziamenti fossero destinati proprio al Tempio di Giove, perché le fonti non paiono specificarlo[46]. Ad ogni modo, la tassa in Egitto era pagata da ogni Ebreo, maschio o femmina, dai tre ai sessant'anni circa. Gli *ostraka* di Edfu non menzionano l'età dei retribuenti, ma poteva trattarsi di donne, schiavi e uomini liberi[47]. Pare strano che anche gli schiavi dovessero pagare la tassa, ma è probabile che l'obbligo fosse imposto ai loro padroni, anche perché gli schiavi non avrebbero posseduto reddito proprio. Ci si è chiesti, pertanto, se i padroni non ebrei dovessero pagare la tassa per i loro schiavi ebrei e se i padroni ebrei dovessero farlo per i loro schiavi, anche se non ebrei. La prima ipotesi è molto dubbia, poiché, se fosse vera, il padrone avrebbe potuto non comprare affatto uno schiavo ebreo dovendo pagare anche una tassa apposita. E, inoltre, ci sarebbero state forti opposizioni da parte di coloro che avevano già schiavi ebrei, ma non avevano nulla a che fare con gli Ebrei (e le loro rivolte). La seconda ipotesi pare molto più verosimile, perché dovendo il padrone ebreo pagare la tassa per sua moglie e i suoi figli, avrebbe dovuto fare lo stesso anche per i suoi schiavi. La rata annuale del τέλεσμα Ἰουδαίων sarebbe stata di otto drachme egiziane, ovvero due denari romani, e due oboli. I due oboli erano un supplemento richiesto perché il pagamento era effettuato in moneta locale e non in denari romani[48]. La somma ulteriore di una drachma, aggiunta al pagamento, era chiamata ἀπαρχαί. Non è ben chiara la sua funzione, ma letteralmente il termine ἀπαρχαί indicherebbe '*first fruits*'[49], anche se solitamente si riferisce alle tasse degli Ebrei della diaspora, per cui il *didrachmon* era parte degli ἀπαρχαί. Dopo la distruzione del tempio, non vi era alcun ulteriore motivo per cui il governo romano permettesse agli ebrei di inviare denaro a Gerusalemme e, quindi, potrebbe essere che le somme non incluse nella *didrachmon* siano state raggruppate sotto il termine comune di ἀπαρχαί e aggiunte all'imposta ebraica come un pagamento supplementare. D'altra parte, le ricevute di Apollinopolis Magna testimoniano ampiamente questa pratica. Il pagamento di nove drachme e due oboli poteva essere effettuato in vari modi in base alle diverse situazioni. A volte l'intera somma era pagata in un'unica soluzione, in altri casi in due rate. Alcune ricevute, invece, presentano il pagamento delle otto drachme senza le ἀπαρχαί o senza i due oboli dovuti. Un esempio è l'*ostrakon*

---

stava semplicemente prendendo una precauzione contro ulteriori rivolte in Giudea, ma forse sperava di eliminare l'organizzazione anomala del culto degli ebrei in tutto il mondo romano. Questa tesi, che potrebbe risultare alquanto incerta, viene però condivisa anche da altri studiosi. Cfr. Edmondson, Mason e Rives 2005: 156 e sgg.

[46] D.C. 66.7.2; J. *BJ*. 7.218 sgg.: φόρον δὲ τοῖς ὁπουδηποτοῦν οὖσιν Ἰουδαίοις ἐπέβαλεν δύο δραχμὰς ἕκαστον κελεύσας ἀνὰ πᾶν ἔτος εἰς τὸ Καπετώλιον φέρειν, ὥσπερ πρότερον εἰς τὸν ἐν Ἱεροσολύμοις νεὼν συνετέλουν. Καὶ τὰ μὲν Ἰουδαίων τότε τοιαύτην εἶχε κατάστασιν. Una possibilità potrebbe essere, però, che Flavio Giuseppe faccia riferimento a un istituto sul Campidoglio diverso dal Tempio di Giove, molto probabilmente uno dei rami dell'*aerarium*, che sarebbe stata la naturale destinazione della tassa ebraica. Cfr. Gambash 2015: 159.

[47] Alcune ricevute ci permettono di identificare la tipologia dei contribuenti ebrei. L'*ostrakon* O. Edfou 1, 127 (= CPJ 2, 171), infatti, riporta la menzione di una donna e di un uomo libero come intestatari della ricevuta: διέγρ(αψεν) Μαροῦς Ἀκιῆτ(ος) τιμ(ῆς) δηναρίων / δύο Ἰουδ(αίων) ζ (ἔτους) Οὐεσπασιανοῦ (δραχμὰς) η (διώβολον) ἀπαρχ(ῆς) (δραχμὴν) α / Ἀκυντᾶς Καικιλλίας ἀπελ(εύθερος) εὐθ(ύμου) / Σάρρας (δραχμὰς) η (διώβολον) ἀπαρχ(ῆς) (δραχμὴν) α / (ἔτους) ζ Ἐπὶφ β. Trad.: 'Ha versato Marous, figlia di Akietos, per la tassa di due denari sugli Ebrei, nel settimo anno di Vespasiano, 8 drachme e 2 oboli; per gli aparchai, 1 drachma. Akyntas Kaikillas, liberto di Sarra, 8 drachme e 2 oboli; per gli aparchai, 1 drachma. Anno 7, Epeiph 2'. Cfr. anche la traduzione degli editori Tcherikover e Fuks 1960: 121-122.

[48] Wallace 1938: 326.

[49] Trad. LSJ, 180.

O. Edfou. 1, 41[50]del 29 gennaio del 72, dove non risulta traccia del pagamento delle ἀπαρχαί:

Νίγερ Ἀντω(νίου) Ῥούφου

τιμῆς δηναρί(ων) δύο

Ἰουδ(αίων) δ (ἔτους) Οὐ(εσ)πα(σιανοῦ) (δραχμὰς) η (διώβολον)
(ἔτους) δ

Μεχ̣(εὶρ) γ.

Il nome ufficiale della tassa sui Giudei era Ἰουδαίκὸν τέλεσμα. Il nome utilizzato fino all'ottavo anno di regno di Domiziano in ogni caso è τιμή, mentre Ἰουδαίκὸν τέλεσμα ne prese il posto solo a partire dal 92-93. La causa del cambiamento resta incerta ma si ritiene alquanto dubbio attribuirlo a un'iniziativa delle autorità egiziane o al cambiamento di forma della tassa. Il nome τιμή δηναρίων δύο Ἰουδαίων, che è riportato nelle ricevute in nostro possesso, era, senza dubbio, la traduzione greca del nome romano *denarii duo Iudaeorum*. In Egitto la tassa, però, era pagata in moneta locale, non in denari. Quindi, *denarii duo Iudaeorum* era probabilmente il nome ufficiale romano della tassa. Una delle prime ricevute in cui compare il nuovo termine risale al 92-93, durante il regno di Domiziano, O. Edfou. 2, 267[51]:

διέγρα(ψεν) Θήδετος Ἀλεξίωνο(ς) ὑπ(ὲρ) ἰουδ(αίου)

[τ]ελ(έσματος) ιβ (ἔτους) Δομι(τια)νοῦ

[τοῦ κυρίου (δραχμὰς)] θ (διώβολον) (ἔτους) ιβ.

Domiziano è poi rappresentato dalle fonti letterarie[52] come eccezionalmente ostile nei confronti degli Ebrei e sappiamo, inoltre, che cercò di allargare la base dei contribuenti soggetti a questa tassa, estendendola da un lato a tutti gli Ebrei che nascondevano la loro origine, dall'altra anche a quelli che non professavano formalmente il Giudaismo. Di certo, la ragione dell'espansione del gruppo dei contribuenti doveva essere di origine fiscale e probabilmente il cambiamento del nome della tassa sarà avvenuto a seguito di più generali riforme nel *Fiscus iudaicus*.

Altri documenti testimoniano gli anni del regno di Vespasiano in Egitto. Tra questi, di particolare rilevanza si dimostra il papiro P. Lond. 3, 1178, che risale al 200-212 d.C. circa. Si tratta di un certificato di iscrizione conferito a un atleta di Hermopolis

[50] O. Edfou. 1, 41 = CPJ 2, 162. Trad.: 'Niger, figlio di Antonio Rufo, per la tassa di due denari, nel quarto anno di Vespasiano, 8 drachme. Anno 8, Mecheir 3'. Cfr. anche la traduzione degli editori Tcherikover e Fuks 1960: 119.
[51] O. Edfou. 2, 267 = CPJ 2, 189.
[52] Svet. *Domit.* 12.2.

da una corporazione atletica conosciuta come ἡ ἱ̣ε̣ρὰ ξυστικὴ π̣ε̣ριπολι̣σ̣τικὴ Σεβαστὴ Ἁδριανὴ Ἀντωνιανὴ Σεπτιμιανὴ σύνοδος. Il testo del documento è alquanto composito. È costituito, invero, da una lettera di Claudio alla corporazione, datata al 46 d.C., dove l'imperatore ringrazia per una corona d'oro donatagli in occasione della sua vittoria militare in Britannia (rr. 8-15); un'altra lettera di Claudio del 47, che esprime ringraziamenti per i giochi organizzati in suo onore dalla corporazione atletica per i re del Ponto e di Commagene (rr. 16-31); infine, una lettera dell'imperatore Vespasiano, senza data, che conferma i privilegi conferiti alla corporazione da Claudio[53] (rr. 32-36):

> Αὐ[τοκράτωρ Καῖσαρ] Οὐεσπασιανὸς Σεβαστὸς ἱερᾷ ξυστικῇ περιπο-
>
> λιστικῇ συ[νόδ]ω̣ τῶν περὶ τὸν Ἡρακλέα χαίρειν·
>
> [εἰ]δὼς ὑμῶν τῶν ἀθλητῶν τὸ ἔνδοξον καὶ φιλότειμον πάντα ὅσα
>
> [θεὸ]ς Κλαύδιος αἰτησαμένοις ὑμεῖν συνεχώρησε καὶ αὐτὸς φυλάττειν
>
> [π]ροαιροῦμαι. ἔρρωσθε[54].

Il documento si conclude con il diploma vero e proprio, sotto forma di una notifica ai membri della corporazione per l'ammissione di Herminus come συνοδίτης, con il pagamento di una tassa di cento denari (rr. 39-44). Segue, poi, la notizia dell'organizzazione a Napoli dei quarantanovesimi grandi giochi fondati da Augusto, tenuti durante il consolato dell'imperatore Settimio Severo e Settimio Albino Cesare il 22 settembre del 194 d.C. (rr. 45-49); l'enumerazione degli ufficiali dell'associazione occupa i rr. 50-65. I nomi di questi ufficiali sono accompagnati da titoli e onorificenze conferite loro in occasione di vittorie (rr. 66-83). Infine, è presente la menzione di un altro certificato di pagamento da parte di Herminus di una tassa di circa cinquanta denari per i grandi giochi d'Asia, tenuti a Sardi (rr. 84-102). In generale, poche sono le notizie in nostro possesso riguardanti le gilde di atleti. Si tratta di un mosaico incerto messo insieme a fatica quasi interamente grazie alle iscrizioni e ai papiri e segnato da evidenti lacune. In base, dunque, a questo materiale sembrerebbe che gli atleti iniziarono a riunirsi insieme in forma corporativa poco prima della battaglia di Azio. Tra le varie associazioni la più conosciuta sotto l'Impero è la 'sacra gilda degli atleti erranti devoti a Eracle', così definita dagli studiosi[55]. Questa gilda consisteva di gruppi federati, in cui ciascun membro, per quanto potesse vagare tra i vari giochi di atletica, doveva rimanere stabilmente affiliato al gruppo della sua città natale.

---

[53] Trad.: 'Imperatore [Cesare] Vespasiano Augusto alla sacra gilda degli atleti erranti devoti a Eracle, saluti. Riconoscendo l'onore e l'ambizione di voi atleti, anche io intendo salvaguardare tutti i privilegi che il divo Claudio ha concesso per le vostre richieste. Addio'. Cfr. Johnson 1975: 398-399; Braund 1985: 210-211; Oliver 1989: 104.

[54] Si riportano qui solo i rr. 32-36, in quanto di nostro particolare interesse per la menzione dell'imperatore Vespasiano. Per il testo completo cfr. anche Kenyon e Litt 1973: 214-218.

[55] Forbes 1955: 242-243.

Un altro nome diffuso era ὁ σύμπας ξυστός (*Entire Porticus*) e per la prima volta lo incontriamo in un'iscrizione olimpica[56] dell'85 d. C. Pausania ci informa che lo *xyntos* era il nome dell'intero ginnasio e della recinzione, dove i concorrenti olimpici erano sottoposti a una formazione finale per trenta giorni prima delle gare[57]. Le organizzazioni ufficiali di atleti iniziarono presto a ottenere privilegi e l'approvazione imperiale di Roma. Già Augusto aveva aumentato i privilegi degli atleti, secondo Svetonio[58], ma non sappiamo a quali facesse riferimento lo storico. Claudio, in occasione della sua conquista della Britannia nel 46, ricevette un'ambasciata di tre atleti con in dono una corona d'oro con le congratulazioni e la devozione della corporazione degli atleti vaganti. Alla gilda Claudio, poi, inviò due lettere, di cui ci è appunto rimasta traccia nel papiro P. Lond. 3, 1178. Anche la dinastia Flavia non fu meno favorevole agli atleti di quanto lo erano stati gli imperatori dell'età giulio-claudia. Che Claudio favorisse gli atleti pare confermato anche nella terza lettera presente nel testo papiraceo, quella di Vespasiano, dove si ribadiscono i privilegi alla corporazione. Resta purtroppo inespresso cosa Vespasiano abbia inteso confermare, perché di Claudio non sono riferite le disposizioni di cui si fa cenno. Amelotti[59] ha avanzato l'ipotesi che privilegi del genere di quelli concessi nel documento BGU 4, 1074[60] agli artisti dionisiaci e agli atleti siano stati elargiti anche alle associazioni strettamente atletiche. In ogni caso, i privilegi concessi alla gilda ebbero lunga vita, tanto che se ne fa di nuovo menzione alla fine di P. Lond. 3, 1178 in riferimento all'anno 194 d.C. Sembrerebbe, quindi, che Vespasiano nella lettera si riallacci direttamente alla tradizione di Claudio, senza nessun riferimento all'operato di Nerone. A tal proposito, c'è stato anche chi ha ipotizzato che il Claudio nominato nel papiro sia in realtà non l'imperatore Tiberio Claudio ma Claudio Nerone, notoriamente amico di tutti gli artisti[61] e che la lettera di Nerone mancherebbe nel documento per la *damnatio memoriae* che colpì l'imperatore dopo la morte. L'ipotesi si presenta suggestiva, ma senza fondamento.

1.2. Tito nella documentazione egiziana dal 79 all'81 d.C.

Il punto debole del sistema costituzionale post-augusteo fu, senza dubbio, la questione della successione al trono. La forma repubblicana dello Stato, infatti, faceva sì che il dominio dell'*augustus* si ricoprisse della veste di un potere soltanto di fatto. Il *caesar*, in particolare, non poteva semplicemente ricevere lo scettro del comando dal predecessore e dalla designazione di questo, perché ciò avrebbe comportato l'innegabile impronta della monarchia assoluta, tanto più se si fosse trattato di un'investitura ereditaria, di padre in figlio. Bisognava mantenere le

[56] Iscr. Ol. 436. Vd. anche Remijsen 2015.
[57] Paus. 6.23.1.
[58] Svet. *Aug.* 45.3.
[59] Amelotti 1955: 138.
[60] Si tratta di un diploma sull'inclusione nel sinodo dionisiaco di un nuovo artista. Anche qui sono presenti lettere imperiali, ma in questo caso in appoggio a una richiesta individuale di privilegi. L'analogia con P. Lond. 3, 1178 riappare anche nella forma del diploma, che consiste in una lettera dell'associazione imperiale ecumenica degli atleti ai propri soci, in cui si avverte che il nuovo componente è stato accolto nella gilda e ha pagato la tassa prescritta.
[61] L'ipotesi qui riferita di Gerstinger viene criticata da Amelotti. Cfr. Amelotti 1955: 139.

parvenze di una repubblica presidenziale, in cui un *primus inter pares* veniva scelto dal Senato e dal popolo, nonostante la realtà dell'autorità imperiale. Per agevolare il ricambio al vertice furono inventati, quindi, i due particolari espedienti dell'adozione e della correggenza. Con l'*adoptio* del successore da parte del *princeps* in carica si intendeva trasmettere al futuro imperatore la posizione politica. L'associazione al potere del *princeps designatus* era effettuata già durante la vita del suo predecessore; fino a Commodo, comunque, nessun figlio di imperatore poté mai salire al trono, all'infuori di Tito e Domiziano. Prima della morte di Nerone la successione al trono imperiale, di fatto, era sempre avvenuta all'interno della dinastia giulio-claudia. L'appartenenza al ceppo familiare di Ottaviano era la condizione legittimante che permetteva di individuare la rosa di candidati tra cui scegliere il nuovo *imperator*. La crisi del 69 significò, tuttavia, anche la crisi di un sistema di successione e Vespasiano si rese ben presto conto quanto fosse necessario provvedere affinché il nuovo potere flavio sopravvivesse alla sua persona. Occorreva, quindi, assicurare una nuova forma di trasmissione della *potestas* imperiale. Già la seduta senatoria del 22 dicembre del 69[62], in cui furono conferiti a Vespasiano *cuncta principibus solita*, a Vespasiano e a Tito il consolato, e a Domiziano la pretura e l'*imperium consulare*, indica come le sorti dell'Impero stessero passando nelle mani non tanto di un uomo, quanto di una famiglia. Lo stesso discorso vale per il solenne trionfo celebrato a Roma nel 71 d.C. Vespasiano, infatti, ritardò di qualche giorno il suo trionfo in modo tale che Tito potesse condividerlo con lui, nonostante il suo arrivo a Roma avvenne alla metà di giugno del 71.

Tito si trovava in Egitto ancora nell'aprile dello stesso anno e ne siamo a conoscenza grazie al ritrovamento di un papiro di rilevante importanza, P. Oxy. 34, 2725, pubblicato nel 1968. Si tratta di una lettera privata inviata da un tale, il cui nome non è visibile, al fratello Spartaco in data 29 aprile 71. Nel testo è presente un chiaro riferimento a un *dominus caesaris*, che si è ipotizzato possa essere proprio Tito, di ritorno dopo la conquista di Gerusalemme.

[. . .] . . . . [. .] .ṭ . . .ισα̣ . . [. . .] . . [.] . . [

[– 9 –]πεπλευκότα πρὸς σέ· περὶ δὲ τῆς τιμῆ[ς] .ρ .

[. . . . . τ]άλαντον πο̣λ̣εῖται ὅδε ἐκ̣ (δραχμῶν) μη καὶ α . . . .

[– 9 –]α̣σταθη εἰς Ὀξύρυγχα ἄλλα̣ς (δραχμὰς) κ ὥστ' εἶν̣α̣ι

[τοῦ ταλ]ά̣ν̣τ̣ου σύνπαντι (δραχμὰς) ξη· ἐρῖς πόθεν σοι ἡ ἀκρ[ί]βια

[. . .] . . . Ἡ̣ρ̣α̣κλᾶς ὁ̣ γραμματεὺ[ς] Σ[ι]ρίωνος Ἰσχὰς λ[ε]γόμε-

[νος . .] . . . .σ̣ιν εἰς ἐμπορίαν οὕτως τάλαντα οε. ἐὰν

[62] Tac. *Hist.* 4.3; Svet. *Dom.* 1.3.

[. . .] . Δ̣ι̣ο̣ν̣ύσ̣ι̣ος ἐνηνυχώς σου τὴν χρῆσιν ὕπαγε πρ[ὸ]ς [. . . . . .] Ἰ̣σ̣χ̣ά̣δος καὶ ἀγόρασον· περὶ δὲ τοῦ μετεώρου σου [. . . . .]μα[ι] σὺν Διογᾶτι καθ' ἡμέραν καὶ ὁ παράκλητος [. . . . . ἀ]ναφόριον θεῶν θελόντων ἐν ταῖς δυσὶ ἡμέ-[ραις . . . . .]σ̣κεται. Διογᾶς δὲ λέγει ὅτι ἄλλην μνᾶν δαπανῶ [. . . .] . τ̣ῆς σ̣υνφωνίας, ἐγὼ δ' ἔλεγον ὅτι οὐκ ἐπὶ τούτο̣[ι]ς [κατέπ]λευσα, καὶ ἔλεγεν ὅτι Σπάρτακός μοι εἴρηκε̣ν ὅδε [. . . . .] .οθ .κειται [Ἀ]μμωνίου τεταγμένοι εἰσὶν εἰς τὴν ς μ[ετὰ] π̣ο̣λ̣[λ]ῆς παρακλήσεος ἵνα μοι δῶσι τὸ κερμάτιον. πε̣ρ̣[ὶ δ]ὲ̣ τῶν χωρτασμάτων τῶν χοιριδίων μὴ ἀμελή-σ̣η̣ς [ἀ]γοράσ̣α̣ι μοι ὡς καὶ ὑπ' ὄψιν σε ἠρώτησα. ὁ δὲ κύριος κα̣ῖ̣[σα]ρ̣ εἰσῆλθεν τῇ λ [ὥ]ρας β πρõτον ἐν παρεμβολῇ ε . ε̣[. . . . . .] .ταν εἰς Σαραπῖον ἀπὸ τοῦ Σαραπίου εἰς τ̣[ὸ] ἱππι-κὸ[ν . . . . .] .ν τὰ δὲ ἄκτα τῶν τιμῶν γνώσῃ ἂν ἀναπλευ̣-σ̣ο̣[. . . .] . . .μαι ὑμᾶς πάντας. (ἔτους) γ Αὐτοκράτορος Καίσαρος] Οὐεσπασιανοῦ Σεβαστοῦ μη(νὸς) Γερμανικήου δ.

La lettera venne inviata a Ossirinco da una città forse più a nord, ma il nome a causa dello stato di conservazione del documento non si ritrova. Infatti, il papiro è mutilo della parte iniziale e ogni riga del testo è mancante dell'inizio. Fortunatamente essendo stata la lettera datata con precisione si può presumere che risalga al terzo anno del regno di Vespasiano, il giorno 4 del mese di *germanikeios* (26 aprile-25 maggio), corrispondente al 29 aprile del 71. Il contenuto del documento tratta questioni giudiziarie in pendenza, ma anche di problemi finanziari con relativo elenco di prezzi e acquisti[63]. Ciò nonostante, la testimonianza risulta di rilevanza

[63] Si cita qui la traduzione integrale proposta da P. Parsons: '. . . *As for the price . . . , a talent is sold here at 48 dr.; and if . . . . is delivered to Oxyrhyncha, another 20 dr. So that makes 68 dr. In all for the talent. You will say, whence this precision? . . . Heraclas, secretary of Sirion, the one nicknamed Fig, . . . 75 talents for sale on these terms. If Dionysius has brought your loan, go to the . . . of Fig and buy. As for your business pending, I . . . with Diogas every day; and, God willing, the supporter in the matter of your application will be found within the two days. Diogas says, 'I'm spending another mina, beyond the agreement'. And I was saying, 'I didn't come down on those terms'. And he*

particolare per un'inaspettata menzione dell'arrivo del κύριος κα̣ῖσαρ̣ in città. Si legge, invero, precisamente al r. 19: 'Il signore Cesare entrò il giorno trenta all'ora seconda, dapprima nell'accampamento... al Serapeo, dal Serapeo nell'ippodromo...'. La data qui indicata per l'ingresso sarebbe il 25 aprile, quattro giorni prima della data della lettera. Grazie alla data indicata, quindi, può accertarsi che qui il riferimento al κύριος κα̣ῖσαρ̣ sia al figlio dell'imperatore Tito nel suo viaggio di ritorno dopo la caduta di Gerusalemme, avvenuta intorno al 15 settembre del 70 d.C. Uno dei maggiori problemi che il documento papiraceo non risolve resta però la questione della città in cui avviene l'entrata di Tito. Infatti, come già ricordato, il papiro non presenta il riferimento preciso a causa del suo stato frammentario, per cui il nome della città è perduto. Alcuni editori, fra le possibili città visitate da Tito durante il suo viaggio, propendono per Alessandria, osservando che un Serapeo e un accampamento esistevano in molte città, e anche a Menfi[64], una delle altre ipotesi prese in esame, ma un ἱππικὸν[65], come riferito nel testo, imporrebbe a propendere per Alessandria. Inoltre, che Alessandria fosse il centro degli affari dell'epoca pare ampiamente documentato dai papiri, per cui sarebbe molto probabile l'ipotesi che un ossirinchita si recasse ad Alessandria per svolgere i suoi affari. D'altra parte, i rapporti tra le due città, Ossirinco e Alessandria, risultano essere stati molto intensi. Ad Alessandria, dunque, in base a quanto ipotizzato, alle sette del mattino circa Tito sarebbe entrato in città. Il figlio di Vespasiano passò attraverso l'Egitto sulla strada di ritorno a Roma dalla guerra giudaica[66]. In base a ciò che riferisce Svetonio[67], egli sarebbe venuto da Menfi, dopo aver attraversato il deserto fra la Giudea e l'Egitto; probabilmente, poiché non potendo risalire il braccio orientale del Nilo fino al vertice meridionale del Delta con due legioni al seguito, le aveva affidate a suoi legati purché le conducessero fino a Nicopolis. In questo modo, con un'unica scorta Tito si sarebbe recato a Menfi, dove, nel Serapeo della città, aveva preso parte alla consacrazione di Apis, cinto del diadema secondo l'antico rituale. Questo episodio, racconta Svetonio[68], diede adito a diverse dicerie, che lo persuasero tuttavia a tornare in fretta ad Alessandria. Secondo quanto desunto dal documento, egli si sarebbe recato prima all'accampamento e poi al Serapeo, a fare omaggio alla divinità più venerata della città, e, quindi, dal Serapeo all'ippodromo. Questo è l'itinerario

was saying, 'Spartacus has told me . . .', . . . of Ammonius are fixed for the 6th, with a strong appeal that they should give me the money. As for the fodder for the pigs, make sure to buy it for me as I asked you when we met. The lord Caesar entered on the 30th at the 2nd hour, first in the camp ... to the Serapeum, from the Serapeum to th Hippodrome (?) . . . The proceedings in his honour (?) you shall know . . . come up river . . . I . . . you all. Year 3 of Imperator Caesar Vespasianus Augustus, month Germaniceus 4'. Cfr. Ingrams, Kingston, Parsons e Rea 1968: 127-129.

[64] L'altra ipotesi sarebbe proprio la città di Menfi. Tuttavia, scarse sono le attestazioni di rapporti d'affari tra Ossirinco e Menfi. L'antica capitale indigena anche in questo periodo aveva conservato un certo prestigio, ma soprattutto di carattere religioso e non tanto come centro di affari e traffici. La città era, però, in età romana, una delle sedi delle assise giudiziarie (*conventus*) tenute annualmente dal prefetto d'Egitto, ma i documenti attestano che il *conventus* si teneva in febbraio e il nostro documento risalirebbe al periodo di aprile. Cfr. anche Geraci 1977: 145-150.

[65] Per quanto riguarda il significato di ἱππικὸν si propende senza molti indugi per ippodromo. L'evoluzione del significato del termine, del resto, è testimoniata da un passo di Plutarco (*Vita di Solone*, 23), dove ἱππικὸν intende lo spazio di quattro stadi percorso dai cavalli nelle gare e, poiché Plutarco qui fa riferimento a una legge di Solone, è probabile che tale significato vada riportato molto più indietro nel tempo.

[66] J. *BJ*. 7.5.

[67] Svet. *Tit*. 5.

[68] Ivi.

seguito anche da Vespasiano al momento della sua entrata trionfale in città nel 69[69]. Pertanto, parrebbe pur lecito ipotizzare che, in qualche modo, possa trattarsi di un percorso rituale di entrata nella città di Alessandria[70]. Nella lettera P. Oxy. 34, 2725 l'ignoto mittente chiama Tito κύριος κα̣ῖσαρ̣; il titolo, però, in questo caso, non è usato in modo tecnico in contrapposizione al titolo Σεβαστός, come in un atto ufficiale. Il titolo riportato nel testo papiraceo, appunto, potrebbe rispecchiare piuttosto l'onomastica allora in uso ad Alessandria in riferimento al figlio dell'Imperatore[71]. D'altra parte, il testo, essendo una lettera privata, rifletterebbe il linguaggio corrente dell'epoca. Tito, dunque, qui viene messo alla pari di Vespasiano e ciò spinge a riflettere sulla posizione assunta da Tito in quel periodo o, comunque, sulla visione che di lui avevano gli Alessandrini. Svetonio[72], a tal proposito, parla della posizione di Tito nell'Impero e delle voci circa la sua intenzione di prendere le distanze da Vespasiano e costituirsi un regno in Oriente. In quel periodo, in effetti, Tito aveva a disposizione cinque legioni e le fonti letterarie sono concordi nell'affermare che i soldati gli erano affezionatissimi. Poteva contare, inoltre, sulla stretta amicizia di Tiberio Giulio Alessandro[73], già prefetto d'Egitto, suo capo di stato maggiore in Palestina e prefetto del pretorio. Non poteva pertanto esserci momento più propizio per Tito per rivendicare un regno proprio in Oriente, ma ciò non era nelle sue intenzioni. Il suo repentino rientro in Italia e il suo trionfo organizzato dal padre a Roma ne sarebbero dimostrazione. Vespasiano, infatti, fece allestire il trionfo per sé e per il figlio, unico trionfo in cui comparvero due *imperatores* per la prima volta nella storia di Roma, confermando così per Tito la *salutatio imperatoria* votatagli dai soldati a Gerusalemme. Tito, dunque, era considerato alla stregua di un imperatore già eletto e veniva associato al padre, come se la prima acclamazione, quella del 69, valesse anche per lui[74]. Durante il regno di Vespasiano egli riceverà altre dodici *salutationes imperatoriae*, e, divenuto lui stesso imperatore nel 79, non inizierà un nuovo computo. D'altra parte, Tito aveva già realizzato imprese degne di un successore: si era distinto sul campo militare e aveva vinto diverse battaglie, non solo in qualità di legato di suo padre prima del luglio del 69, combattendo in prima linea sul fronte, ma come comandante in capo, sia durante il suo primo consolato nella prima metà del 70, e dopo grazie all'*imperium proconsolare* in Siria, Giudea ed Egitto, quando Vespasiano era tornato in Italia nel mese di settembre. Durante la presa di Gerusalemme, poi, i suoi soldati lo avevano salutato con il titolo di *imperator*[75]. L'autorità di Tito era incredibilmente aumentata a partire dal 71 d.C., quasi senza precedenti. Il κύριος κα̣ῖ̣σαρ̣ di P. Oxy. 34, 2725, pertanto, si spiega solo se si ammette che Tito ebbe fin dal 70 una posizione di quasi parità con Vespasiano; tale posizione venne in seguito ufficialmente confermata al suo ritorno a Roma con il trionfo e si

[69] P. Fouad 1, 8. Si è già trattato della testimonianza papiracea nelle pagine precedenti.
[70] Montevecchi 1981: 155-170.
[71] Montevecchi 1983: 347-348.
[72] Svet. *Tit.* 5.
[73] Come già ricordato in precedenza, Tiberio Giulio Alessandro, uomo di grande abilità politica, era riuscito a rimanere a indenne sotto cinque imperatori, da Nerone a Vespasiano. Si tratterebbe, in realtà, di un singolare caso nella storia egiziana, dato che solitamente con un nuovo imperatore veniva sostituito anche il Prefetto d'Egitto.
[74] Montevecchi 1983: 349.
[75] Levick 1999: 186-187.

configurò come un'effettiva associazione al trono. Un'associazione del genere avveniva per la prima volta nella storia del Principato e non si ripeterà fino a Marco Aurelio e Lucio Vero. L'idea che per Tito si trattasse di una vera e propria associazione pare suffragata da una serie di documenti e monete e da quanto detto nelle testimonianze letterarie. Tuttavia, questo evento eccezionale non ebbe ripercussione sulla datazione dei documenti, giacché durante il regno di Vespasiano compare solo il suo nome e, alla sua morte, Tito iniziò un nuovo conto. Ne sono testimonianza diverse iscrizioni, tra le quali spicca SEG 20, 651, in cui Vespasiano e Tito figurano entrambi come *autokratores*. In altre iscrizioni, che si trovano in varie parti dell'Impero, durante il regno di Vespasiano, Tito è nominato accanto a lui con il titolo di *imperator*[76]. In altre, invece, il titolo di *imperator* è riferito ad entrambi[77]. Il fatto che l'associazione al trono non compaia nelle datazioni del mondo orientale rivela che essa avrebbe avuto un carattere romano e sarebbe dovuto dipendere direttamente dalla nascita del Principato e dall'evoluzione dello statuto intrapreso proprio sotto i Flavi. Infatti, il solenne e sontuosissimo trionfo celebrato a Roma nel 71, il quale fu dedicato sia a Vespasiano sia a Tito, suggellò l'affermazione della nuova dinastia; si sanciva, così, il nuovo carattere dinastico del *principatus*. Nel II secolo, quando il Principato andrà evolvendosi verso il 'dominato', l'eventuale associazione riguarderà la figura del *dominus* e, di conseguenza, comparirà anche nelle datazioni, in Oriente e in Egitto[78]. Augusto, per assicurare la continuità del Principato nell'ambito della sua famiglia, era ricorso all'adozione e al conferimento della potestà proconsolare e della *tribunicia potestas*; per Tito, si giunse quindi all'associazione al trono, e al titolo stesso di *imperator*. Per mantenere la solidità della sua dinastia al potere, Vespasiano fece tuttavia in modo che i figli acquistassero, prima che fosse giunto il loro momento, un prestigio personale e un insieme di *potestates* istituzionali tali da rendere la loro designazione solida e sicura. Entrambi i giovani furono gratificati del *nomen Caesaris* e del titolo di *princeps iuventutis*, ed entrambi divennero *sacerdotes collegiorum omnium*[79]. Tito, d'altra parte, oltre agli epiteti di *augustus* e di *pater patriae*, rivestì l'*imperium proconsulare*, la *tribunicia potestas* e le cariche di censore e di *praefectus praetorio*, ufficializzando così al massimo grado la sua designazione al potere; all'erede al trono fu anche riconosciuto il diritto di rappresentare il padre in Senato[80]. Per questi motivi, Montevecchi[81] ha sostenuto che già nel consiglio che si tenne a Berito nel 69[82], subito dopo la proclamazione di Vespasiano, si delineò per Tito una posizione che andava oltre quella dell'erede al trono. La nomina a prefetto del pretorio di Tiberio Giulio Alessandro al seguito di Tito, inoltre, parrebbe un altro significativo indizio della posizione che il figlio dell'imperatore veniva ad assumere. Alla morte di Vespasiano, avvenuta il 24 giugno del 79, quindi, Tito gli succedette senza problemi, imponendo così, per breve tempo, il ritorno a un regime dinastico nella trasmissione del potere imperiale. Molti

[76] ILS 254 (Aquae Flaviae, Gallaecia); ILS 8904 (Armenia minor); IGRR, 3, 223 (Galatia).
[77] ILS, 9198 (Heliopolis – Baalbek); IGRR, 3, 37 (Nicaea).
[78] Se l'associato succede all'associante, si avrà la continuità degli anni di regno. Per questo, per esempio, si arriva al trentatreesimo anno di regno di Commodo. Cfr. Bureth 1964: 87 sgg.
[79] D.C. 66.1.1.
[80] Svet. *Tit*. 6.1.
[81] Montevecchi 1983: 352-353.
[82] Tac. *Hist*. 2.82.

temettero, tuttavia, che Tito si rivelasse un novello Nerone, a causa dei numerosi vizi che gli erano attribuiti[83], ma, al contrario, egli fu un valido imperatore. Nonostante l'associazione al trono già durante il regno di Vespasiano, Tito, alla sua morte, promulgò così un nuovo computo nei documenti ufficiali. Ne risulta testimonianza in un'iscrizione dell'80-81 d.C., OGIS 672[84]. Si tratta di una stele di calcare a forma di timpano, sul riattamento dell''Αγαθὸς Δαίμων ποταμός, *Nilus Canopicus*, durante il terzo anno del regno di Tito. L'imperatore, in questo caso, è definito Αὐτοκράτορος Τίτου Καίσαρος Οὐεσπασιανοῦ Σεβαστοῦ e questa è una delle titolature più ricorrenti riferite all'imperatore[85], ma nel testo è menzionato anche il prefetto C. Tettio Africano Cassiano Prisco[86], di cui questa resterebbe una delle poche testimonianze. Vengono qui menzionati lavori effettuati sull''Αγαθὸς Δαίμων ποταμός[87]. Questa era la denominazione che si usava in Egitto per indicare il braccio del Nilo che dal principio del Delta andava al mare per la foce canopica. Lo stesso nome si legge nella *Geografia* di Tolemeo: μέγα Δέλτα καλεῖται, καθ'ὃ ἐκτρέπεται ὁ μέγας ποταμός καλούμενος Ἀγαθὸς Δαίμων[88]. Tale denominazione deriva da una delle più antiche divinità della città di Alessandria, appunto Ἀγαθὸς Δαίμων. Il fiume Nilo, che portava fertilità a tutto l'Egitto, si pensava fosse infatti abitato proprio da questa divinità, per cui il nome rimase canonico nei testi. Gli Alessandrini avevano in grande considerazione l''Αγαθὸς Δαίμων, il serpente che era apparso ai lavoratori al tempo della fondazione della città, e nel luogo, in cui secondo la tradizione era stato ucciso e sepolto, avevano anche eretto un tempio e un altare. Spesso lo stesso imperatore era associato con tale divinità. In spirito di adulazione Nerone, appunto, veniva chiamato Ἀγαθὸς Δαίμων in un decreto del prefetto d'Egitto[89], che contiene la notifica ufficiale di ascesa al trono dell'imperatore. Questa usanza continuò sicuramente fino a Domiziano, anche lui identificato con tale divinità[90].

1.3. Domiziano nella documentazione egiziana dall'81 al 96 d.C.

Costruita ad arte da Vespasiano fu, dopo Tito, anche la designazione di secondo grado di Domiziano. Egli, infatti, fu candidato al trono ma in una posizione di netta subalternità rispetto al fratello maggiore, l'indiscutibile primato del quale fu voluto dal padre come fondamentale fattore di stabilità, per evitare rivalità tra i suoi due figli.

---

[83] Svet. *Tit*. 7.
[84] OGIS 672 = IGRR 1, 1098: ἔτους τρίτου/ Αὐτοκράτορος Τίτου/ Καίσαρος Οὐεσπασιανοῦ/ Σεβαστοῦ ἐπὶ Γαΐου/ Τεττίου Ἀφρικανοῦ/ Κασσιανοῦ Πρίσκου ἡγεμόνος/ ὠρύγη Ἀγαθὸς Δαίμων/ ποταμὸς ἐπὶ τὰ τρία στερεὰ/ καὶ ἐπὶ τὸ ἀρχαῖον ἀπεκατε-/ στάθη ἕως τῆς πέτρας καὶ/ ἐτέθησαν παρ' ἑκάτερα τῶν τ[οί]-/ χων πλάκες ἐπιγεγραμμέ-/ ναι δεκατέσσαρες.
[85] Cfr. Grenier 1989: 39; Bureth 1964: 40 sgg.
[86] Per cui si rimanda alla sezione sui Prefetti.
[87] Trad.: 'Terzo anno dell'Imperatore Tito Cesare Vespasiano Augusto, essendo prefetto C. Tettius Africanus Cassianus Priscus, il fiume Agathos Daimon è stato scavato in tre dimensioni ed è stato riportato al suo stato precedente, fino alla pietra, e sono state collocate lungo ciascuna delle pareti tavole incise in numero di quattordici'. Cfr. anche la traduzione di Bernard 1970: 333.
[88] Ptol. *Geogr*. 4.5.16.
[89] P. Oxy. 7, 102: ἀγαθὸς δαίμων δὲ τῆς οὐκουμένης (rr.8-10).
[90] Con Domiziano, infatti, nelle monete coniate dal 91-92 ad Alessandria compare un nuovo tipo di Ἀγαθὸς Δαίμων. Il serpente viene rappresentato, senza i suoi tradizionali attributi, mentre cavalca un cavallo. Probabilmente tale rappresentazione fu influenzata dalla creazione della statua equestre di Domiziano nel 90-91. Cfr. Scott 1975: 156-157.

L'insistenza con cui tale rapporto gerarchico si trovava riflesso nelle cariche pubbliche ricoperte dai due giovani Flavi ha generato nelle fonti letterarie[91] la leggenda di Domiziano avido di rivalsa, invidioso del fratello e impaziente di occuparne il posto, fino al punto da causarne quasi la prematura morte. La pianificazione della doppia successione ideata da Vespasiano funzionò perfettamente. Alla morte del padre, Tito divenne *princeps* e Domiziano fu acclamato imperatore dai pretoriani e poi dal Senato, subito dopo la scomparsa del fratello, il 13 settembre dell'81. La naturalezza dell'ascesa al trono di Domiziano è straordinaria, considerando il breve regno di Tito e la sua morte inaspettata, e tenendo conto del fatto che pochi decenni prima la morte di Nerone aveva portato a una lunga e sanguinosa guerra civile. Inoltre, a differenza di Tito, Domiziano non fu correggente del fratello: non rivestì la *tribunicia potestas*, né gli fu mai attribuito, prima del suo Principato, il *praenomen imperatoris*. Della sua salita al trono, dunque, egli dovette ringraziare esclusivamente il padre e non Tito. Domiziano era stato *consul ordinarius* nel 73 e per cinque volte *consul suffectus*, durante il regno del padre. Insieme al fratello, come già ricordato, aveva ricevuto il *nomen caesaris* e il titolo di *princeps iuventutis*[92]. Oltre a tali onorificenze, Domiziano fu anche *augur*, *frater arvalis*, *magister fratrum arvalium*, *pontifex*[93]. Ad ogni modo, uno dei problemi più gravi del regno di Domiziano resterebbe ricostruire una cronologia attendibile. Un imperatore che subì presto la *damnatio memoriae*, di fatto, tende a non essere ben attestato neanche nelle fonti epigrafiche. Le monete e le iscrizioni trovate possono ancora in parte darci informazioni sugli uffici e i titoli di Domiziano, insieme con i nomi dei magistrati e dei consoli degli anni dall'81 fino al 96, ma molte di queste informazioni sono comunque frammentarie e incomplete. Il giorno della morte di Tito, il 13 settembre dell'81, i pretoriani acclamarono Domiziano *imperator* per la prima volta. Egli ricevette altre ventuno acclamazioni durante i quindici anni del suo regno[94]. Il Senato confermò i poteri di Domiziano il giorno dopo la morte di Tito. Pertanto, la data in cui si inizia a contare il regno del nuovo imperatore è il 14 settembre. I suoi titoli ufficiali sono attestati grazie ad alcune iscrizioni epigrafiche, tra le quali spicca Chr. W. 463[95]. Si tratta di una tavoletta di legno, contenente un editto ufficiale dell'imperatore Domiziano sull'immunità dei veterani. La tavoletta lignea in latino trovata a Philadelphia nel Fayoum, contiene due colonne all'esterno ma manca della parte finale. Non sappiamo, comunque, quanto è stato perso del testo, perché manca il secondo pannello del dittico.

Imp(erator) Caesar divi Vespasiani f(ilius) Domitianus Aug(ustus)

Germanicus

[91] Svet. *Dom.* 2.
[92] Bowman, Garnsey e Rathbone 2000: 12-13.
[93] Lucrezi 1995: 154-155.
[94] Spesso questa notizia è stata considerata non attendibile, quasi come un patetico tentativo di consolidare la sua autorità. Quando, però, le ventidue acclamazioni di Domiziano sono confrontate con le venti di Vespasiano e le quindici di Tito, dalle guerre in Giudea alla sua morte, dopo soli due anni di regno, il totale non parrebbe così eccessivo. Domiziano, invece, governò per quindici anni e condusse diverse guerre, ma le fonti, forse a lui ostili, riportano solo di ventidue acclamazioni. Cfr. Southern 1997: 34-35.
[95] Chr. W. 463 = CPL, 104.

pontifex maximus trib(unicia) potest(ate) vii imp(erator) xiii censor

perpetuus

p(ater) p(atriae) dicit visum est mihi edicto significare universoru[m]

vestrorumve veterani milites omnibus vectigalib[us]

portitoribus publicis liberati immunes esse deben[t]

15 ipsi coniuges liberique eorum parentes qui conubia [. .]

rum sument omni optumo iure c(ives) R(omani) esse possint et om[ni]

immunitate liberati apsolutique sint et omnem

17/18 i[mmu]nitatem

q(ui) s(upra) s(cripti) s(unt) parentes liberique eorum idem iuri[s]

idem condicionis sint, utique praedia domus tabern[ae]

20 invitos intemniqui veteranos s . .onis . . . .[.] .[96]

Il testo dell'editto di Domiziano è gravemente corrotto e a causa dello stato di conservazione sono state difficili sia una buona lettura del papiro sia una sua corretta traduzione[97]. La lettura *trib. potest VIII* e *imp. XVI*, infatti, è frutto di un controllo sulla fotografia fatta da parte di Dessau, il quale correggeva così la prima lezione *trib. potest VII, imp. XIII* del Lefebre[98]. L'editto è stato emesso al tempo della *tribunicia potestas VIII* tra il 14 settembre dell'88 e il 13 settembre dell'89, quando, però, Domiziano era ancora *imperator XVI*, cioè prima che venisse salutato *imperator XVII*, cosa che avvenne prima del 7 novembre dell'88[99]. Il testo, comunque, è indubbiamente incompleto, perché manca il consolato dell'imperatore, ma questo

[96] Si menzionano qui solo i rr. 10-20, contenenti la parte centrale dell'editto, tralasciando l'inizio e la fine del documento, dove sono elencati i nomi dei veterani. Il testo, inoltre, si richiama a quello proposto da Schehl 1933: 138.

[97] Trad.: 'Editto dell'imperatore Cesare Domiziano Augusto Germanico, figlio del divino Vespasiano, pontefice massimo, che detiene la potestà tribunizia per l'ottava volta, imperatore per la sedicesima volta, censore perpetuo, *pater patriae*. È mio piacere esprimere con un editto che i soldati veterani tra tutte le persone dovrebbero essere libere e immuni da tutte le tasse e le spese doganali comuni: che essi stessi, i loro figli, i genitori e le mogli che hanno sposato con *connubium* possano essere tutti cittadini romani a pieno valore legale: che siano liberi e immuni da ogni liturgia pubblica e che coloro i cui nomi sono iscritti sopra dovrebbero godere di piena immunità: e che le terre, case e negozi posseduti da quei veterani che vengono mostrati debbano essere rilasciati con onorabile congedo, essere inviolabili ed esenti da imposte'. Cfr. anche Johnson 1975: 677.

[98] Dessau 1974, vol. 3, LIX.

[99] Grosso 1955: 74-75.

non significa che gli altri dati non siano autentici. Il decreto di immunità venne emesso tra il 14 settembre, inizio della *tribunicia potestas VIII* e il 7 novembre, quando Domiziano risulta *imperator XVII*. Di conseguenza, tra il 14 settembre e il 7 novembre si ebbe la XVII acclamazione. Ciò detto, sulle immunità ai veterani che gli imperatori accordavano non si possiedono molte notizie. Questo è uno dei pochi esemplari di particolare rilievo che l'Egitto ha conservato, insieme all'editto di Ottaviano[100] degli anni 40-39 a.C., nel quale è nominato *imperator caesar*, sebbene fosse ancora triumviro. Nell'editto di Domiziano al r. 16 si legge: *optumo iure c(ives) R(omani) esse possint et om[ni] immunitate liberati apsolutique sint*; sembrerebbe che qui l'imperatore conceda ai veterani il massimo dell'immunità come *civis romanus*. D'altra parte, ai rr. 13-15 si legge: *veterani milites omnibus vectigalib[us] portitoribus publicis liberati immunes esse deben[t] ipsi coniuges liberique eorum parentes qui conubia*. Domiziano concede ai veterani e alle loro famiglie una serie di privilegi, tra i quali l'esenzione dalle tasse, in particolare dai dazi doganali (*vectigalia* e *portoria*). Come cittadini romani *optimo omni iure*, i veterani, i loro figli, i loro genitori, e le loro mogli sono, dunque, esenti dalle tasse e godono anche della piena immunità. Tuttavia, questo editto, con molta probabilità, non conterrebbe la concessione della cittadinanza ai veterani e alle loro famiglie.

Un secondo documento emanato sotto il regno di Domiziano nei confronti dei veterani è P. Mich. 7, 432[101]. Si tratta della copia di un editto imperiale con la concessione della *civitas* e del *connubium* ai veterani della *legio XXII*.

Imp(eratore) Caeṣ[are divi Vespasiani f(ilio) Domitiano]

Aug(usto) Fḷaṿ[io Clemente cos][- 14 -]

vet(eranorum)· asc̣ṛ[iptorum (?) - 29 -]

alexadri[ae][ad Aegyptum - 15 -]

Sex(ti)· f(ilius) Gạ[l(eria) - 16 -] [testatus est]

eos qui sị[gnaturi essent se discriptum et]

recogniṭ[um fecisse ex tabula aenea quae]

fixa est i[n Caesareo Magno sub porticum]

sinistẹ[riorem in pariete, in qua scriptum]

fuit id qụ[od infra scriptum est]

[100] BGU 2, 628, verso. Cfr. Lesquier 1918: 333.
[101] P. Mich. 7, 432 = CPL 105.

Imp(erator) Caesaṛ [divi Vespasiani f(ilius) Domitianus Aug(ustus)

pont(ifex)]

max(imus) trị[b(unicia) pot(estate) xv dicit visum est mihi edicere eo-]

rum qu[i militaverunt in Aegypto in legione xxii]

Deiot(ariana)· qu[i xx stipendiis emeritis honesta missione]

15 dimissi [sunt quorum nomina]

infra sc[ripta sunt - 20 -]

civitat[em Romanam dedit et]

17/18 [conu]bium

cum [uxoribus quas tunc]

18/19 [habuis]sent n[

Il testo è scritto su una tavoletta di legno, preparata in precedenza come tavoletta di cera, e non presenta una datazione certa; l'ipotesi è che risalga comunque all'intervallo di tempo tra l'82 e il 95 d.C. Il documento attesta che l'imperatore Domiziano ha accordato la *civitas* e il *connubium* ai veterani della *legio XXII Deioteriana* e a colui che si è occupato della stesura della copia in questione. I termini dell'editto imperiale stabiliscono che la *civitas* e il *connubium* è riservato ai veterani peregrini delle ali e delle coorti. Alcuni legionari, invero, non erano *cives* al momento del reclutamento, ma lo diventavano al momento del congedo; i legionari peregrini (anche nel caso degli Egiziani) ricevevano, dunque, la *civitas* e il *connubium* solo al momento della loro liberazione. I termini del documento non consentono comunque di pensare che l'attribuzione della *civitas* avvenisse nel momento del reclutamento, perché altrimenti non vi sarebbe motivo di darla alla fine del servizio e, dunque, ai veterani, come è sottolineato nel testo[102]. Niente, in ogni caso, impedisce di credere che i peregrini ammessi nelle legioni romane non godessero dei vantaggi propri dei legionari romani autentici. Tuttavia, P. Mich. 7, 432 sembra stabilire in modo perentorio che la *civitas* sia stata concessa solo alla fine del servizio militare. La primitiva costituzione prescriveva che soltanto i cittadini romani potessero entrare nelle legioni, ma quando, verso la fine della Repubblica e durante l'Impero, si fece sentire la necessità di coscrivere in sempre più larga misura legionari nelle province, la situazione mutò radicalmente. Un altro documento che sembrerebbe confermare

[102] Cavenaile 1953: 244.

quanto desunto da P. Mich. 7, 432 è P. Ryl. 4, 611, un papiro latino dell'87-88 d.C. trovato a Philadelphia:

> [Imperatore Caesare Do]mitiano· Augusto Gẹrman[ico xiii et L(ucio)
>
> Uolusio]
>
> [Saturnino co(n)]s(ulibus), anno vii Iṃp(eratoris) Caesaris Domi[tiani
>
> Aug(usti) Germanici]
>
> [mense ...... d]ịe iii, nomo · Arsinoite, [u]ico Phiḷ[adelphia
>
>]ṃissus · ex · leg(ione) · xxii testatus est · qu[o]ḍ .[
>
>] Heraide cum qua sibi optimus · Impeṛ[ator conubium dedit]
>
> [v Id(us) Septembr(es)] quaẹ fu[e]ṛ[u]nt anno vii Imp(eratoris) Caeṣaṛ[is
>
> Domitiani Aug(usti)]
>
> [Germanici isde]ṃ · co(n)s(ulibus), ṃeṇ[s]e Sebasto ḍie xi e .[

Si tratta della dichiarazione di un veterano della *legio XXII Deteiorana*, che sotto il regno di Domiziano ha ricevuto il diritto di matrimonio da un certo Herais[103]. Il congedo si è svolto nel settembre dell'87 ed è stato esplicitamente accompagnato dalla concessione di *conubium*. Il veterano, autore della dichiarazione, sarebbe un peregrino e un ex-legionario egiziano divenuto *cives* per grazia dell'imperatore Domiziano alla fine del servizio. Tuttavia, a questo papiro, Forni[104] ha opposto un altro documento, a conferma del fatto che, invece, tutti i legionari dovevano essere cittadini romani. Si tratta di P. Fay. Barns 2 del 92 d.C.[105], in cui un soldato della *legio III Cyrenaica*, di fronte ai dubbi mossi circa la sua condizione giuridica durante il servizio militare, dichiara con giuramento e con testimoni, di essere libero cittadino romano e di avere, quindi, diritto a servire nella legione. Il legionario in questione si chiama T. Flavius Longus e il nome imperiale che porta potrebbe implicare una cittadinanza di recente acquisto. È probabile, quindi, che egli fosse in un primo tempo un peregrino e che ricevette la cittadinanza romana entrando nella legione. Agli occhi di Forni, dunque, questo documento dimostrerebbe come il reclutamento implicasse già la qualità di *cives* o, per lo meno, che al momento dell'entrata nella legione fosse conferita la *civitas*. D'altra parte, però, il documento

[103] Roberts e Turner 1952: 99.
[104] Forni 1953: 106-107.
[105] Barns 1949: 295-306.

P. Mich. 7, 432 non permette di considerare vera questa posizione, perché se la *civitas* non fosse concessa ai peregrini e agli Egiziani solo alla fine del servizio, allora sarebbe concessa durante il reclutamento a tutti gli ἐπικεκριμένοι. Infatti, la disposizione dell'*Idios Logos*, che vietava agli Egiziani di entrare nelle legioni, non colpiva i cittadini romani, compresi gli *ex castris*, né i Greci abitanti in Egitto, i quali non pagavano *tributum capitis* (οἱ ἐπικεκριμένοι) ed erano qualificati al pari degli altri per il servizio nelle legioni, ma gli Egiziani puri, che lo pagavano (οἱ λαογραφούμενοι) e che per tale *capitis deminutio* restavano completamente esclusi da quasi ogni servizio militare. L'editto P.Mich. 7, 432, in ogni caso, ha confermato l'opinione che i veterani fossero premiati per il loro servizio militare non attraverso diplomi, ma con editti imperiali e tale documento può essere preso come prova anche della generosità di Domiziano verso i veterani in genere. Del resto, sappiamo dalle fonti letterarie che Domiziano aumentò lo stipendio dei legionari dell'Impero da 225 a 300 denari. In Egitto le retribuzioni erano piuttosto diverse da quelle del resto dell'Impero, e ne abbiamo testimonianza in un papiro latino[106] che riporta gli stipendi annuali dei soldati per ogni anno del regno di Domiziano. Nonostante le molte innovazioni apportate da Domiziano nel corso dei suoi anni di *imperium* e l'iniziale favore che lo circondava nei primi anni di regno, egli viene ricordato dalle fonti quasi unicamente per i suoi anni più bui. Svetonio pone l'accento sulla forte crudeltà tirannica di Domiziano elencando la maggior parte delle sue vittime insieme, senza date di esecuzione e senza dettagli sui loro crimini reali o presunti. L'impatto del computo è notevole: tredici esecuzioni senatoriali in quindici anni. Bisogna però considerare che anche l'imperatore Claudio avrebbe accordato oltre duecento esecuzioni, tra le quali quelle di trentacinque senatori. Non vi è nulla nelle fonti letterarie[107] che spieghi pienamente la degenerazione della presunta crudeltà di Domiziano. L'assassinio di Domiziano avvenne il 18 settembre del 96; i congiurati non erano politici né nobili, anche se la prontezza con cui fu proclamato imperatore Nerva presuppone l'esistenza di una rete acquiescente di persone influenti, probabilmente felici di lasciare l'omicidio reale al personale domestico. Le fonti[108] affermano che Domiziano aveva redatto un elenco di nomi di chi stava per far giustiziare e che il

[106] Il papiro P. Gen. Lat. 1 riporta menzione dello stipendio di un soldato, che ammontava circa a 744 drachme all'anno. La somma era equivalente a 186 denari e corrispondeva a circa cinque sesti dello stipendio di un legionario romano in altre parti dell'Impero. Il documento potrebbe quindi trattare della paga di ausiliari, e se *faenarium* viene inteso come un riferimento al fieno, si potrebbe anche pensare che faccia riferimento ad un membro della cavalleria. D'altra parte, il testo papiraceo è molto importante anche per un'altra questione. È, infatti, una delle prime testimonianze in cui compare il mese *domitianus*: K(alendis) Domitia[nis | vi Nonas[ ] Domitianas[ ] | v Nonạs[ ] Domitia[nas] | iv No(nas) Dọm[itianas] | iii No(nas) dmị [ ] | pr(idie) no(nas) do[mitianas] | nonis dom[i]ti[anis] | ṿiii Iḍuṣ[ ] Domitian[as -ca.?-] | vii Idus Doṃ[itianas] | vi Idus Dọṃ[itianas . Dal tempo di Nerone a quello di Domiziano nessun nuovo mese onorifico era stato aggiunto al calendario romano; è quasi certo che al principio del regno di Domiziano solo *iulius* e *augustus* erano rimasti come tentativi in tal senso. Ma Domiziano, quando, dopo diversi anni, si propose di assumere la parte di un monarca divino, decise di rinominare due mesi, settembre e ottobre, rispettivamente *germanicus* e *domitianus* (Svet. *Dom.* 13.3). Il titolo Germanico era stato conferito all'imperatore dopo la vittoria sui Chatti nell'84. Se P. Gen. Lat. 1, che risale all'87-88, presentava già il nome *domitianus* riferito al mese di ottobre, ciò intenderebbe che il decreto del Senato era già stato seguito da un plebiscito. I due mesi di settembre e ottobre sarebbero stati scelti perché il *dies imperii* di Domiziano cadeva in settembre, mentre ottobre era il mese di nascita dell'imperatore. Questi nomi, *germanicus* e *domitianus*, non sopravvissero tuttavia alla morte di Domiziano per il decreto del Senato che sanciva la *damnatio memoriae* dell'imperatore.

[107] Svet. *Dom.* 10; Plin. Iun. *Pan.* 33. 3-4.

[108] Svet. *Dom.* 16-17; D.C. 67. 15

giorno della sua morte avrebbe dovuto partecipare a un processo mattutino. Subito dopo la sua morte fu proclamata la *damnatio memoriae* per tutto l'Impero e il suo nome venne subito raso da tutti gli atti ufficiali. Molti sono i documenti a noi pervenuti, dove il nome di Domiziano fu cancellato appositamente per la *damnatio memoriae*. Tra questi, l'iscrizione OGIS 674[109] permette di far luce anche su un'altra interessante questione, ossia sulla dogana di Koptos:

ἐξ ἐπιταγῆς Μ̣[ετ]τίου [Ῥού]φ[ου, ἐπάρ]-
[χου Αἰγύπτου], ὅσα δεῖ τοὺς μισθω-
τὰς τοῦ ἐν Κόπτωι ὑποπείπτον-
τος τῆι ἀραβαρχία̣ ἀποστολίου πράσ-
σειν κατὰ τὸν γνώμονα̣ τῆδε τῇ
στήληι ἐνκεχάρακται διὰ Λουκίου
Ἀντιστίου Ἀσιατικοῦ, ἐπάρχου
ὄρους Βερενείκης·
κυβερνήτου Ἐρυθραικοῦ δρα-
χμὰς ὀκτώι,
πρωρέως δραχμὰς δέκα,
[φυλ]άκου δραχμὰς δέκα,
[να]ύτου δραχμὰς πέντε,
[θερα]π̣εύτου ναυπηγοῦ δραχμὰς
[πέ]ντε, χειροτέχνου δραχμὰς
ὀκτώι, γυναικῶν πρὸς ἑταιρισ-
μον δραχμὰς ἑκατὸν ὀκτώ,
γυναικῶν εἰσπλεουσῶν δρα-

[109] OGIS 674 = IGRR 1, 1183.

χμὰς εἴκοσι, γυναικῶν στρατι-
ωτῶν δραχμὰς εἴκοσι,
πιττακίου καμήλων ὀβολὸν ἕνα,
σφραγισμοῦ πιττακίου ὀβολοὺς δύο,
πορείας ἐξερχομένης ἑκάστου
πιττακίου τοῦ ἀνδρὸς ἀναβαίνον-
τος δραχμὴν μίαν, γυναικῶν
πασῶν ἀνα(βαινουσῶν) δραχμὰς τέσσαρας,
ὄνου ὀβολοὺς δύο, ἁμάξης ἐχού-
σης τετράγωνον δραχμὰς τέσσαρες,
ἱστοῦ δραχμὰς εἴκοσι, κέρατος δρα-
χμὰς τέσσαρες, ταφῆς ἀναφερομέ-
νης καὶ καταφερομένης δραχμὴν μ̣ί-
αν τετρώβολον· (ἔτους) θ΄ Αὐτοκράτορος
Καί[σαρ]ος [Δομιτιανοῦ] Σεβαστοῦ [Γερμαν(ικοῦ)], Παχὼν ιε΄.

L'iscrizione è un ordine del prefetto d'Egitto Mettius Rufus, il cui nome è stato martellato, come anche il nome dell'imperatore Domiziano, conformemente al decreto del Senato romano, che aveva deciso, alla sua morte *novissime eradendos ubique titulos abolendaque omnem memoriam decerneret*[110]. È probabile che le due cancellature dei nomi non siano state realizzate nello stesso tempo, perché, con ogni probabilità, Mettius Rufus fu condannato alla *damnatio memoriae* dopo Domiziano, a causa della partecipazione del figlio, Trebonio Proculo Mettio Modesto all'assassinio dell'imperatore nel 96[111]. Le due cancellature, che sono state probabilmente eseguite, come l'incisione del testo, per ordine del prefetto del deserto di Berenice, pongono l'accento sul carattere altamente formale del documento. L'iscrizione presenta nella parte finale la data del 10 maggio del 90 e contiene gli importi che gli agricoltori potevano percepire dall'*apostolion*, secondo la tariffa ufficiale (ὅσα δεῖ τοὺς μισθωτὰς τοῦ ἐν Κόπτωι ὑποπείπτοντος τῆι ἀραβαρχίᾳ ἀποστολίου πράσσειν κατὰ τὸν γνώμονα); l'*apostolion*, come il testo precisa, era depositato a credito dell'arabarca (τοῦ

[110] Svet. *Dom.* 23.
[111] Si rimanda alla sezione sui Prefetti.

ἐν Κόπτωι ὑποπείπτοντος τῆι ἀραβαρχίᾳ ἀποστολίου). L'epigrafe, poi, tratta due diversi argomenti: la prima parte (rr.9-20) è dedicata agli importi, variabili e relativamente alti, che sono stati riscossi su determinate categorie di viaggiatori in base al loro sesso e alla loro professione; la parte successiva (rr. 21-32) riporta il denaro, molto più modesto, percepito per il *pittakion* di animali, uomini, donne e mezzi impegnati nel deserto e per il trasporto di alcune parti di costruzioni navali e mummie[112]. La stele è stata trovata a est della città di Koptos, dove le carovane provenienti dal mar Rosso arrivavano alla valle del Nilo e dove i mercanti provenienti dall'Oriente scaricavano le loro merci, stoccate poi nei magazzini della dogana[113]. Opinione comune degli studiosi[114] è che la tariffa di Koptos semplicemente riguardasse *'les droits de péage qui étaient perçus auprès des usagers de la route qui menait de Koptos aux ports de la mer Rouge'*[115]. Le formalità doganali sono peraltro espresse dal celebrePapyrus de Mouziris[116], dove un mercante impegna un creditore per finanziare una spedizione commerciale da Alessandria all'India. I magazzini della dogana servivano, quindi, per le operazioni di sdoganamento delle merci destinate al mercato egiziano, compreso il trasporto a Koptos e il controllo delle merci in transito, immagazzinate lì in attesa di essere spedite in imbarcazioni fluviali per essere trasportate al deposito doganale di Alessandria. Due sono le questioni più importanti messe in luce dagli editori riguardanti l'iscrizione: le cifre dell'*apostolion* che era versato all'arabarca di Koptos (rr. 3-4: τοῦ ἐν Κόπτωι ὑποπείπτοντος τῆι ἀραβαρχίᾳ ἀποστολίου) e il *pittakion* di

[112]Trad.: 'Per ordine del prefetto d'Egitto Mettius Rufus, tale imposta gli agricoltori devono sostenere per i diritti di passaggio per Koptos, pagabile all'amministrazione doganale, secondo la tariffa, è stato inciso su questa stele a cura di Lucio Antistio Asiatico, prefetto della montagna di Berenice: per un timoniere del Mar Rosso 8 drachme, per un ufficiale di prua 10 drachme, per una guardia 10 drachme, per un marinaio 5 drachme, per un calafato 5 drachme, per un operaio 8 drachme, per le prostitute 108 drachme, per le donne delle barche 20 drachme, per le donne dei soldati 20 drachme, per il *pittakion* dei cammelli 1 obolo, per il *pittakion* di dromedari 2 oboli. Quando la carovana è in movimento, per ogni *pittakion* per gli uomini importo di 1 drachma, per le donne, di qualsiasi categoria, importo di 4 drachme, due oboli per un asino, per un carro con il tetto 4 drachme, 20 drachme per un albero, per un corno 4 drachme, per sollevare ed abbassare una bara 1 drachma e 4 oboli. Anno 9 dell'Imperatore Cesare Domiziano Augusto Germanico, Pachon 15'. Cfr. Anche la traduzione di Bernand 1984: 201.

[113]La città di Koptos era piuttosto lontana dal Nilo. Se i depositi doganali fossero stati vicino al luogo dove è stata scoperta la tariffa, vale a dire ad est di Koptos, tra la città e il deserto, allora non si capisce in che modo le merci immagazzinate potessero essere spostate a bordo di imbarcazioni fluviali dirette verso Alessandria d'Egitto e altri porti. Strabone ci illumina sulla questione parlando dell'esistenza di un canale che collegava il Nilo alla città di Koptos (Str. 17.1.44; Str. 16.4.24). Queste indicazioni permettono di supporre che il porto commerciale di Koptos si trovasse su quel canale, non lontano dalla posizione in cui è stata ritrovata l'epigrafe OGIS 674.

[114]Bernand 1984: 199; Sidebotham 1986: 35.

[115]Burkhalter 2002: 201.

[116]SB 18, 13167: καὶ ἀνοίσω διὰ τοῦ ὄρους μετὰ παραφυλακῆς καὶ ἀσφαλείας [εἰς τὰ]ς ἐπὶ Κόπτου δημοσίας παραλημπτικὰς ἀποθήκας καὶ ποι[ήσω ὑ]πὸ τὴν σὴν ἢ τῶν σῶν ἐπιτρόπων ἢ τοῦ παρόντος αὐτῶν [ἐξουσία]ν καὶ σφραγεῖδα μέχρι ποταμοῦ ἐμβολῆς καὶ ἐμβαλοῦμαι [τῶι δέ]οντι καιρῶι εἰς ποταμὸν ἀσφαλὲς πλοῖον καὶ κατοίσω εἰς τὴν [ἐν Ἀλεξ]ανδρείᾳ τῆς τετάρτης παραλημπτικὴν ἀποθήκην (rr. 3-8). Trad. 'Trasporterò le merci attraverso il deserto, con la scorta e in tutta sicurezza, ai magazzini pubblici della dogana a Koptos e lo farò con il permesso vostro o dei vostri agenti o dei loro rappresentanti e fino all'imbarco sul fiume (vedrò in seguito di quale corso d'acqua si tratta) metterò la merce in tempo su una barca sicura sul fiume, e la trasporterò al magazzino della dogana della τετάρτη ad Alessandria'. Questo documento papiraceo indicherebbe che le merci erano state scaricate, valutate e tassate nel porto del Mar Rosso e che erano giunte a Berenice, ma che i dazi doganali non sarebbero stati effettivamente ricevuti quando le merci erano arrivate a destinazione. Sarebbe, infatti, stata imposta sulle merci una tassa corrispondente a un quarto delle merci dichiarate e i rimanenti tre quarti sarebbero invece rimasti al proprietario. Questa tassa di un quarto sui prodotti importati dal Mar Rosso, anche chiamata in greco ὠνή e in latino *vectigal maris Rubri*, era pagata all'Arabarca, che incassava anche l'*apostolion* (ovvero, la tassa principale). Si vedano anche Sidebotham 1986: 80-81; Cobb 2018, 113-114. Nappo 2018, 87.

uomini e donne che attraversavano il deserto (rr. 24-25: ἑκάστου πιττακίου τοῦ ἀνδρὸς ἀναβαίνοντος). Il primo editore Hogarth aveva arguito dal testo che l'*apostolion* fosse una tassa che i viaggiatori provenienti dal Mar Rosso versassero all'arrivo a Koptos, mentre il *pittakion* un'altra tassa che i viaggiatori che andavano in direzione della costa eritrea pagassero in partenza da Koptos[117]. L'interpretazione di Hogarth fu poi ripresa da Wilcken, che aggiunse come queste stesse imposte fossero state probabilmente applicate in entrambe le direzioni, vale a dire che i viaggiatori che viaggiavano da Koptos a Berenice pagavano il *pittakion* in partenza da Koptos, e l'*apostolion* all'arrivo a Berenice, mentre coloro che facevano il percorso inverso da Berenice a Koptos pagavano il *pittakion* quando lasciavano la costa eritrea e l'*apostolion* quando arrivavano a Koptos[118]. Mentre per Hogarth, dunque, l'*apostolion* era una tassa destinata a coprire le spese sostenute dal tesoro pubblico per i costi di sostentamento dei soldati per scortare e proteggere i viaggiatori, e il *pittakion* un pedaggio pagato dai viaggiatori, dai proprietari di animali e di veicoli per l'uso della strada del deserto, Wilcken riteneva che l'*apostolion* si riferisse alla missione ufficiale affidata ai soldati inviati nel deserto egiziano orientale al fine di garantire la sicurezza delle persone e dei beni e che invece il *pittakion* fosse un nome generico per designare un 'biglietto' per il diritto all'uso della strada. Queste due posizioni furono poi approfondite da Wallace, il quale arrivò anche alla conclusione che l'*apostolion* derivasse dal sostantivo *apostolos* e designasse una tassa che veniva pagata per ottenere il permesso di viaggiare sulla strada che conduceva da Koptos alle porte del Mar Rosso[119]. Le interpretazioni negli ultimi anni sono tuttavia ulteriormente mutate, al punto che i più recenti commentatori della stele hanno sostenuto come sia quasi impossibile comprendere tutti i riferimenti della tariffa, ma che probabilmente esisteva un sistema per cui gli utenti della strada tra Koptos e il Mar Rosso pagassero queste tasse, che quasi certamente erano anche utilizzate per coprire le spese delle guarnigioni del deserto orientale. L'*apostolion* parrebbe pertanto una specie di lasciapassare che tutti erano tenuti a pagare per viaggiare in varie parti d'Egitto all'epoca romana[120]. La tariffa di Koptos serviva così a generare reddito e a controllare il traffico su una strada principale e interna. I dati dell'iscrizione non permettono in ogni caso di valutare il volume totale delle merci che passavano attraverso Koptos, ma danno un'idea di ciò che doveva essere l'importanza della dogana. L'iscrizione della tariffa di Koptos non è solo una semplice tassa, ma un ordine del prefetto d'Egitto sotto il regno di Domiziano[121], il cui scopo dichiarato era quello di obbligare gli utenti ad applicare la tassa ufficiale e di dare ai viaggiatori la possibilità di verificare le tariffe che erano state loro imposte.

---

[117] Hogarth 1896: 31.
[118] Wilcken 1970 (ed[1] 1899): 349.
[119] Wallace 1938: 273.
[120] Young 2001: 50.
[121] L'interesse di Domiziano per Koptos è testimoniato anche da un'iscrizione latina che commemora la costruzione di un ponte per ordine dell'imperatore: Imp(erator) Caesar Domitianus Aug(ustus)/ Germanicus pontif(ex) maximus trib(uniciae) / potest(atis), consul XV, censor perpetuus p(ater) p(atriae)/ pontem a solo fecit/ [– 15 –]ṇ[– 7 –] / Q(uinto) Licinio Ancotio Proculo praef(ecto) cast(rorum),/ L(ucio) Antistio Asiatico praef(ecto) Beren(ices)/ cura C(aii) Iuli Magni (centurionis) leg(ionis) III Cyr(enaicae). Trad.: 'L'imperatore Cesare Domiziano Augusto Germanico, pontefice massimo, investito della *tribunicia potestas*, console per la quindicesima volta, censore perpetuo, *pater patriae*, ha costruito questo ponte dalle sua fondamenta, quando --- era prefetto d'Egitto, Quintus Licinius Ancotius Proculus, prefetto del campo, Lucius Antistius Asiaticus, prefetto di Berenice, a cura di Caius Iulius Magnus, centurione della terza legione'. Cfr. Bernand 1984, n. 68.

Capitolo II

L'amministrazione d'Egitto nel periodo flavio

2.1. Quadro generale

L'amministrazione romana conservò in parte le linee fondamentali di quella tolemaica. La peculiarità dell'ordinamento della provincia d'Egitto era motivata dalla situazione piuttosto singolare in cui era avvenuta la conquista e affondava le sue radici nel quadro politico interno a Roma. Dopo la conquista nel 31 a.C. si pose il problema del primo governatore, cui sarebbe toccato amministrare un paese così ricco e importante. Per la sopravvivenza della sicurezza e della pace fu, pertanto, indispensabile per Ottaviano creare un nuovo statuto egiziano e affidare l'*imperium* con delega a un *praefectus*. Il primo prefetto fu un *amicus* di Ottaviano, di non illustre estrazione, e grazie a questo il *princeps* si pose al riparo da possibili ambizioni dei suoi avversari nonché dai rischi che a lui sarebbero potuti derivare qualora il governatore del paese fosse stato una persona di prestigio. Il problema dell'istituzione della prefettura d'Egitto fu, dunque, strettamente connesso a quello della posizione costituzionale di Ottaviano nel paese[1]. Il carattere fiduciario del mandato, che era deputato al prefetto, emerge chiaramente da una serie di testimonianze, tra le quali assume peculiare significato il frequente ricorso delle fonti, soprattutto letterarie, a termini meno tecnici come *procurator*[2] o ἐπίτροπος, per designare il funzionario[3]. I Romani trovarono infatti l'Egitto in uno stato di disordine e anarchia e operarono riforme per rinnovare e rendere più efficiente la centralizzazione[4]. L'andamento dell'amministrazione provinciale romana di tollerare e preservare costumi locali aveva portato in un primo tempo alla supposizione che, dopo la caduta di Alessandria, Augusto avesse lasciato il sistema amministrativo tolemaico quasi del tutto invariato, conservando l'Egitto come sua proprietà personale e presentandosi come successore dei Tolemei e dei Faraoni. Questa ipotesi aveva portato a considerare l'Egitto come una provincia non paragonabile al resto dell'Impero e le istituzioni greco-romane come un *continuum* dell'epoca tolemaica. Negli ultimi trent'anni, grazie a nuove prove papirologiche, la comunità accademica ha in genere riconosciuto i fondamentali cambiamenti registrati nell'amministrazione dopo la conquista romana[5]. È certo

[1] Le fonti letterarie parlano ampiamente dei poteri del prefetto. Tacito afferma: '*divus Augustus apud equestris qui Aegypto praesiderent lege agi decretaque eorum proinde haberi iusserat ac si magistratus Romani constituissent*' (Tac. *Ann.* 12.60); Ulpiano fa riferimento a una legge comiziale: '*imperium, quod ad similitudinem proconsulis lege sub Augusto ei datum est...*' (Ulp. *Dig.* 1.17.1).

[2] Cfr. Angelini 1971: 76.

[3] Geraci 1983: 164-165.

[4] Strabone nella sua *Geografia* afferma che l'Egitto cambiò radicalmente dopo la conquista romana: 'ἐπαρχία δὲ νῦν ἐστι, φόρους μὲν τελοῦσα ἀξιολόγους, ὑπὸ σωφρόνων δὲ ἀνδρῶν διοικουμένη τῶν πεμπομένων ἐπάρχων ἀεί. ὁ μὲν οὖν πεμφθεὶς τὴν τοῦ βασιλέως ἔχει τάξιν' (Str. 17.1.12).

[5] Capponi 2005: 30-31.

che le linee direttive dell'amministrazione provinciale egiziana, infatti, furono dettate da Ottaviano subito dopo il 30 a.C. L'Egitto fu diviso in tre grandi distretti, ossia Delta (ἡ κάτω χώρα), Eptanomide-Arsinoite (Ἑπτὰνομοὶ καὶ Ἀρσινοίτης) e Tebaide, a capo di ognuno dei quali vi era un epistratego[6] (*procurator a epistrategiam*), cittadino romano di rango equestre, nominato dall'imperatore, con funzioni civili e amministrative, ma senza giurisdizione indipendente. Ogni epistrategia era divisa in *nomoi*, con a capo lo stratego, che nel periodo romano aveva perduto ogni potere militare, assommando in sé tutto il governo del *nomos*. Accanto allo stratego vi era, anche se in modo quasi anacronistico, il βασιλικὸς γραμματεύς, che in casi particolari poteva assumere le funzioni dello stratego. Rimase invariata, invece, la suddivisione in τόποι e di questi ultimi in κῶμαι. Nelle κῶμαι, infatti, rimase il κωμογραμματεύς, che con i Romani divenne un agente del controllo centrale, benché nel gradino più basso delle cariche amministrative. In Egitto, poi, la sovrastruttura amministrativa della provincia consisteva in un numero limitato di funzionari militari e civili, che venivano reclutati tra i cittadini romani. Secondo Strabone[7] la più alta carica dopo il prefetto era il δικαιοδότης, che presiedeva la maggior parte delle azioni legali (ὁ δικαιοδότης ὁ τῶν πολλῶν κρίσεων κύριος) e che, all'occorrenza, poteva assumere le funzioni di viceprefetto. Seguiva, poi, il προσαγορευόμενος ἰδιόλογος, ὃς τῶν ἀδεσπότων καὶ τῶν εἰς Καίσαρα πίπτειν ὀφειλόντων ἐξεταστής ἐστι, e gli arconti, cioè gli ufficiali della città di Alessandria. Strabone conclude con altre cariche ufficiali: l'ἐξηγητής, il consigliere che indossa il colore viola, che ha onori ereditari ed è responsabile dei servizi pubblici della città, lo ὑπομνηματογράφος e l'ἀρχιδικαστής, carica spesso tenuta da cittadini romani di origine alessandrina, il quale non era un funzionario dell'amministrazione giudiziaria, ma nei processi di esecuzione per debiti aveva autorità sul καταλογεῖον, ufficio, dove erano registrati i contratti di pubblicità. Vi era, infine, un altro importante funzionario, il magistrato πρὸς τῷ ἰδίῳ λόγῳ, detto nel II sec. d.C. ἴδιος λόγος o ἰδιόλογος, che continuava le funzioni del magistrato tolemaico con accresciuta importanza, essendo responsabile di tutte le fonti di reddito irregolari o sporadiche[8]. Dai documenti papiracei è noto che tale funzionario si occupava anche del diritto di associazione, controllava le proprietà dei templi, le loro rendite e le questioni riguardanti le cariche sacerdotali. L'attività dell'idiologo e le norme che egli doveva seguire ci sono note grazie al ritrovamento di un regolamento del periodo degli Antonini, il cosiddetto *Gnomos* dell'*Idios Logos*[9].

2.2. I Prefetti d'Egitto dal 69 al 96 d.C.

Dopo il 30 a.C. il potere dei re tolemaici fu affidato a un prefetto, l'ἔπαρχος Αἰγύπτου o ἡγεμών, un *eques* romano scelto personalmente dall'imperatore. Prima del 29 il prefetto era legalmente investito di un *imperium ad similitudinem proconsulis* ed esercitava il controllo su tutti gli aspetti dell'amministrazione della provincia,

[6] Ἐπιστρατήγους τινὰς καὶ νομάρχας καὶ ἐθνάρχας καλουμένους ἀποδείξαντες, πραγμάτων οὐ μεγάλων ἐπιστατεῖν ἠξιωμένους (Str. 17.1.13).

[7] Str. 17.1.12.

[8] Montevecchi 1988b: 153.

[9] BGU 5, 1210.

combinando le funzioni fiscali con quelle militari e giuridiche[10]. I poteri del prefetto d'Egitto dovevano essere specificati chiaramente nella legge costitutiva che regolava lo statuto della provincia. La sua posizione era soggetta solo all'imperatore e la lunghezza media del periodo d'ufficio solitamente era di tre anni, anche se a partire da Augusto e Tiberio divenne piuttosto variabile. Del cerimoniale tolemaico rimase, invece, solo qualche traccia: il prefetto, difatti, non avrebbe potuto mai risalire il Nilo in piena[11] mentre nelle petizioni a lui dirette sarebbe stato necessario rivolgersi con il termine σωτὴρ καὶ εὐεργέτης[12]. Il prefetto era a capo delle forze di polizia, regolava tutto ciò che riguardava i lavori pubblici, aveva il controllo supremo delle finanze e di tutte le operazioni inerenti alla riscossione delle tasse e provvedeva a versare queste ultime al fisco imperiale. Il prefetto possedeva, inoltre, anche lo *ius edicendi* ed essendo munito di *imperium*, aveva tutti i poteri giudiziari, fino allo *ius gladii*; egli, difatti, esercitava il suo potere di giurisdizione penale sia nel tribunale permanente di Alessandria sia nel tribunale del *conventus*[13], tenuto periodicamente in diverse località d'Egitto. A prescindere dal procuratore dell'*Idios Logos*, non sembra che gli altri funzionari esercitassero al *conventus* un'attività giurisdizionale indipendente da quella del prefetto, ma quest'ultimo poteva delegare alcuni di essi per la trattazione di determinate controversie (essi agivano ἐξ ἀναπομῆς[14]). Il prefetto, poi, compiva anche viaggi d'ispezione nel paese, soprattutto appena entrato in carica, e non è escluso che proprio in tali occasioni tenesse le assise giudiziarie. Dato che riceveva l'*imperium* per delega dall'imperatore, alla morte di quest'ultimo il prefetto decadeva e doveva essere confermato o sostituito. Sappiamo, inoltre, che egli non poteva lasciare il suo posto se non quando fosse arrivato il suo successore[15]. La prefettura d'Egitto era l'apice della carriera equestre, al di sotto solo

[10] Jördens 2009: 11-14.
[11] Bonneau 1970: 141-151.
[12] Montevecchi 1988a, 427.
[13] Il termine *conventus* corrispondeva nel periodo tolemaico al termine διαλογισμὸς, che designava la revisione dei conti degli ufficiali del *nomos* da parte dei loro superiori. La sopravvivenza del termine sotto Augusto dimostra la scelta di utilizzare la precedente terminologia del periodo tolemaico anche durante il Principato. Nell'Egitto romano, infatti, durante il *conventus*, tenuto annualmente, il prefetto effettuava il controllo amministrativo-finanziario dell'attività svolta dai funzionari locali ed esercitava il suo potere giurisdizionale. Per questo si suole distinguere fra la giurisdizione che il prefetto d'Egitto ed eventualmente anche gli altri funzionari dell'amministrazione centrale esercitavano al *conventus* e la giurisdizione esercitata al di fuori del *conventus* stesso, dinanzi al tribunale permanente del prefetto e degli altri funzionari dell'amministrazione centrale e locale. Nei suoi studi sul *conventus*, Foti Talamanca riprende la teoria del Wilcken, secondo la quale ogni anno un editto del prefetto stabiliva le date e i luoghi delle assise: in gennaio a Pelusium per i *nomoi* del delta orientale, dalla fine di gennaio agli inizi di aprile a Menfi per la Tebaide e il medio Egitto e tra giugno e luglio ad Alessandria per i *nomoi* del delta occidentale. Oltre al prefetto, partecipavano al *conventus* il δικαιοδότης, l'ἴδιος λόγος, e forse anche l'ἀρχιδικαστης e il διοικητής. Pare che intervenisse anche l'epistratego della zona in cui si svolgeva il *conventus*. Tuttavia, i distretti che confluivano nella stessa sede non erano necessariamente tutti e soli i distretti di una epistrategia: il raggruppamento in funzione dell'assise non coincideva con la circoscrizione dell'epistratego. Durante il *conventus* i rappresentanti di ciascun *nomos* portavano al prefetto i resoconti finanziari e le petizioni sottoscritte durante l'anno e, successivamente, la popolazione locale era convocata dal prefetto attraverso una notifica chiamata παραγγελία, termine ripreso direttamente dal periodo tolemaico. Uno dei più antichi *conventus*, di cui abbiamo notizia grazie ai documenti, risale all'11 dicembre del 22 d.C., P. Oxy. 2, 294. Si tratta di una lettera, dove è presente la prima indicazione del termine *dialogismos*, in cui un ufficiale alessandrino chiamato Sarapion scrive al suo subordinato Dorion di recarsi al *dialogismos* ad Ossirinco. Cfr. Foti Talamanca 1984: 1-15.
[14] Montevecchi 1988a: 429.
[15] Ulp. 1.17.1.

della prefettura pretoriana. Un caso di promozione dalla prefettura d'Egitto a quella pretoriana è documentato con Tiberio Giulio Alessandro, che era stato *epistrategos* in Egitto attorno al 42[16], *procurator* in Giudea tra il 46-48, prefetto d'Egitto dal 66 al 69 e probabilmente attorno al 71 prefetto pretoriano a Roma[17].

2.2.1. Ti. Iulius Alexander

Tiberius Iulius Alexander fu nominato dall'imperatore Nerone prefetto d'Egitto nel 66[18]. La prefettura d'Egitto era la più alta carica cui si potesse aspirare, soprattutto perché in quel periodo tale mandato sembrava destinato ad acquisire una maggiore importanza per i piani di espansione oltre il Caucaso e verso l'Etiopia, allora in fase di attuazione, che avrebbero conferito ad Alessandria un ruolo di primo piano in tutto l'Impero. Secondo Schur, Tiberio fu scelto come prefetto da Nerone proprio in vista delle spedizioni militari progettate in Etiopia e nel Caucaso[19]. Barzanò, invece, seguendo l'ipotesi di Turner, preferisce credere che Tiberio fosse stato nominato prefetto d'Egitto, in quanto, temendosi disordini in Giudea, sarebbe stato necessario un uomo di gran levatura per tenere in pace la comunità ebraica alessandrina. In effetti, appena assunte le funzioni prefettizie, egli represse un violento tumulto provocato dalla comunità ebraica di Alessandria[20], poco dopo l'annuncio dello scoppio di una rivolta a Gerusalemme. Garantita la tranquillità interna dell'Egitto, poi, nell'inverno fra il 66 e il 67 giunse ad Alessandria Tito, incaricato di assumere il comando della *legio XV Apollinaris*, destinata a spostarsi in Giudea. È in questo momento che certamente i due iniziarono un rapporto di amicizia e collaborazione che si sarebbe sempre più sviluppato negli anni seguenti. Non ci sono, del resto, molte notizie sul prefetto dall'inverno del 66-67 all'aprile del 68, quando, grazie a Tacito, sappiamo che egli rinviò in Italia alcuni contingenti militari da poco giunti ad Alessandria, probabilmente dietro ordine di Nerone, ormai preoccupato per le

[16] OGIS 663 = SB 8899: ὑπὲρ τῆς Τ[ιβερίου Κλ]αυδίου Καίσαρος Σεβαστο[ῦ Γε]ρμανικοῦ Αὐτο-/ κράτορος εἰρή[ν]ης καὶ ὁμονοία̣[ς το]ὺς προκειμέ̣[νους] θεούς, ἐπὶ/ Λευκίου Αἰμιλίου Ῥή[κτου] ἡ̣γεμόνος [καὶ] Τ̣ιβερίου Ἰουλίου Ἀλ[εξάνδ]ρου ἐπιστρατήγου,/ Ἀρείου τοῦ Ἀρείου στρα[τηγοῦν]τος, ἔτους β´ Τιβερίου Κλαυδ[ίο]υ Καίσαρος Σεβαστοῦ/ Γερμανικοῦ Αὐτοκράτορο[ς], Φαρμουθὶ η´ Σεβαστῆι.

[17] Di seguito per la raccolta delle fonti discusse si veda da ultimo anche Faoro 2016.

[18] Non sappiamo se la chiamata da parte dell'imperatore sia avvenuta con trasferimento diretto dall'incarico precedente o dopo un intervallo. Riguardo le fonti: **a.** 1. 4. 42 d.C.= AE 1896, 79 = OGIS 663 = SB 8899; **b.** 46 d.C.= J. *BJ*. 2.220; **c.** 54/63 d.C.= AE 1978, 819; **d.** 63 d.C.= Tac. *Ann.* 15.28; **e.** *inizi* 66 d.C.= J. *BJ*. 2.309; **f.** *fine* 66 d.C.= J. *BJ*. 2.492-498; **g.** 28. 9. 68 d.C.= IGR I, 1293 = OGIS 669 = SB 8444 (cfr. BGU 1563 = CPJ 2, 418 c); **h.** 1.1.69 d.C.= Tac. *Hist.* 1.11; **i.** 19.1.69 d.C.= P. Strasb 4, 226 2, 17 = CPJ 2, 418 d; **j.** 68/69 d.C.= P. Oxy. 6, 899 (l. 29); **k.** 10.2.69 d.C.= P. Med. 69 *verso* = SB 11640; **l.** 1.7.69 d.C.= Svet. *Vesp.* 6.3; Tac. *Hist.* 2.74 e 79; J. *BJ*. 2.616-618; **m.** 6.69 d.C.= P. Fouad. 1, 8 = CPJ 2, 418 a; **n.** 70 d.C. = J. *BJ*. 5.45-46; **o.** 28.8.70 d.C J. *BJ*. 6.237-238; **p.** *post* 87 d.C.= *post* 87 d.C. = P.Vind. 1 (ex prefetto); **q.** s(enza).d(ata).= P.Hib 2, 215 = CPJ 2, 418 b; **r.** s.d. = AE 1967, 525; **s.** s.d. = CIG 4536 f = OGIS 586 = IGR 3, 1015.

[19] Schur 1963: 95 sgg.

[20] La rivolta venne violentemente repressa dal prefetto; ci furono, infatti, circa 50.000 morti, oltre a incalcolabili distruzioni materiali. Non c'è dubbio che nella spietata azione voluta da Tiberio Giulio Alessandro abbiano giocato da un lato il profondo disappunto per le conseguenze negative che il diffondersi nelle province orientali dell'allarme per la ribellione in Giudea avrebbe avuto sui progetti neroniani, dei quali gli era stata affidata la realizzazione, e dall'altro la volontà di dissipare, ancora prima che apparissero davanti agli occhi di Nerone, quelle ombre che le sue origini potevano gettare su di lui. Vd. anche Barzanò 1988: 526-527.

rivolte scoppiate in Gallia e in Spagna[21]. Pur non avendo interesse a che il regime neroniano fosse rovesciato, egli nella situazione di guerra civile che si era venuta a creare con il suicidio di Nerone preferì assumere una posizione attendista; era, invero, molto meno rischioso e più realistico cercare un *modus vivendi* con Galba e quanti lo sostenevano. Promulgato il 6 luglio del 68, l'editto di Tiberius Iulius Alexander[22] è legato, infatti, ad eventi del mese di giugno, che sconvolsero l'Impero, l'avvento di Galba e la morte di Nerone. Il preambolo dell'editto (rr. 5-10), in cui il prefetto chiarisce le motivazioni della sua pubblicazione[23], risulta di estrema importanza anche per stabilire la sua datazione:

Ἰούλιος Δημήτριος, στρατηγὸς Ὀάσεως Θ[ηβα̣ΐ̣]δος τοῦ πεμφθέντος μοι διατάγματος ὑπὸ τοῦ κυρίου ἡγεμόνος

Τιβερίου Ἰουλίου Ἀλεξάνδρου τὸ ἀντίγραφον ὑμεῖν ὑπέταξα, ἵν' εἰδότες ἀπολαύητε τῶν εὐεργε<σ>ιῶ<ν>. (ἔτους) β´ Λουκίου Λιβίου <Σ>εβαστοῦ <Σ>ουλπικίου

Γάλβα Αὐτοκράτορος Φαῶφι α´ Ἰουλία̣ Σεβαστῆι. Τιβέριος Ἰούλιος Ἀλέξανδρος λέγει πᾶσαν πρόνοιαν ποιούμενος τοῦ διαμένειν τῶι προσήκο̣ντι κα-

ταστήματι τὴν πόλιν ἀπολαύουσαν τῶν εὐεργεσιῶν ἃς ἔχει παρὰ τῶν Σεβαστῶν καὶ τοῦ τὴν Αἴγυπτον ἐν εὐσταθεία̣ διάγουσαν εὐθύμως ὑπηρετεῖν τῆι τε εὐθηνία̣ καὶ τῆι μεγίσ-

τηι <τ>ῶ[ν̣] νῦν καιρῶν εὐδαιμονία̣, μὴι βαρυνομένην καιναῖς καὶ ἀδίκοις ἰσπράξεσι, σχεδὸν δὲ ἐξ οὗ τῆς πόλεως ἐπέβην καταβοώμενος ὑπὸ τῶν ἐντυγχανόντων καὶ κατ' ὀλίγους καὶ κα-

τὰ πλήθηι τῶν τε ἐνθάδε εὐσχημονεστάτων καὶ τῶν γεωργούντων τὴν χώραν μεμφομένων τὰς ἔγγιστα γενομένας ἐπηρείας, οὐ διέλιπον μὲν κατὰ τὴν ἐμαυτοῦ δύναμιν τὰ ἐπείγον-

τα ἐπανορθούμενος· ἵνα <δ>ὲ εὐθυμότεροι πάντα ἐλπίζητε παρὰ τοῦ ἐπιλάμψαντος ἡμεῖν ἐπὶ σωτηρία̣ τοῦ παντὸς ἀνθρώπων γένους εὐεργέτου Σεβαστοῦ Αὐτοκράτορος Γάλβα τά τε πρὸ<ς> σωτηρίαν

[κ̣]αὶ τὰ πρὸς ἀπόλαυσιν, καὶ γινώσκητε ὅτι ἐφρόντισα τῶν πρὸς τὴν ὑμετέραν βοήθειαν ἀνηκόντων, προέγραψα ἀναγκαίως περὶ ἑκάστου τῶν ἐπιζητουμένων, ὅσα ἔξεστί μοι κρεί-

νειν καὶ ποιεῖν, τὰ δὲ μείζονα καὶ δεόμενα τῆς τοῦ αὐτοκράτορο<ς> δυνάμεως καὶ μεγαλειότητος αὐτῶι δηλώσωι μετὰ πάσης ἀληθείας, τῶν θεῶν ταμιευσαμένων εἰς τοῦτον τὸν

ἱερώτατον καιρὸν τὴν τῆς οἰκουμένης ἀσφάλειαν[24].

[21] Tac. *Hist.* 1.31.3

[22] OGIS 669 = IGR 1, 1263 = SB 8444.

[23] Sulla struttura dell'editto cfr. Chalon 1964: 91 sgg.

[24] Trad.: 'Iulius Demetrius, stratego dell'Oasi della Tebaide: ho comunicato a voi la copia dell'editto che mi è stato mandato dal magnifico prefetto Tiberius Iulius Alexander, in modo che dopo averla letta usufruiate

Sottoposto a ripetute lamentele da parte della popolazione, Tiberio, con il rilascio del presente editto, cercò di far fronte alle questioni più urgenti sottoposte alla sua attenzione dai funzionari e dall'intera popolazione d'Egitto (rr. 5-7). Tiberio Alessandro era stato nominato prefetto da Nerone nel 66, ma, con l'annuncio della morte dell'imperatore, il suo mandato avrebbe dovuto concludersi, a meno che non fosse stato nuovamente nominato dal nuovo imperatore eletto. Se, pertanto, si ipotizza per verosimile la data del 6 luglio, al momento della proclamazione dell'editto Tiberio stava aspettando di essere nuovamente nominato prefetto o di essere definitivamente destituito. D'altra parte, dato che solo ventisette giorni separano l'ordinanza (6 luglio) dalla morte di Nerone (9 giugno), alcuni si sono chiesti se l'editto sia stato promulgato quando già Tiberio aveva ricevuto la conferma del mandato dal nuovo imperatore o se sia stato emanato in virtù dei precedenti rapporti tra il prefetto d'Egitto e Galba. Il 9 giugno, infatti, l'esercito e il Senato avevano proclamato Galba imperatore[25], anche se, data la sua presenza in Spagna, fu solo il 13 luglio che egli fu salutato ufficialmente *imperator* da una delegazione del Senato, giungendo poi a Roma in ottobre. Chalon aveva avanzato l'ipotesi che Tiberio Iulius Alexander al momento della proclamazione dell'editto non fosse ancora a conoscenza della conferma del suo mandato da parte di Galba[26], ma che, in ogni caso, il prefetto dovesse avere buone ragioni per prendere l'estenzione dei suoi doveri come dato di fatto. Chalon, dunque, riteneva che Tiberio in questo periodo contasse già sull'appoggio di Galba per mantenere le sue funzioni prefettizie. Lo studioso si basava sul preambolo e sulle frasi finali dell'ordinanza (rr. 64-65), a conferma delle sue ipotesi, intendendo il genitivo assoluto dei rr. 9-10 'τῶν θεῶν ταμιευσαμένων εἰς τοῦτον τὸν ἱερώτατον καιρὸν τὴν τῆς οἰκουμένης ἀσφάλειαν' una conferma dell'adesione di Tiberio al programma di Galba e come prova della volontà del prefetto di porre fine agli abusi che avevano caratterizzato il Principato di Nerone. Partendo dagli stessi presupposti, invece, Mourgues è giunto recentemente a un'ipotesi totalmente diversa da quella di Chalon, ma in diversi tratti più convincente. Nel testo si legge, infatti, il nome dell'imperatore Galba con la formula Σεβαστοῦ Αὐτοκράτορος Γάλβα (r.7), formula con il *prenome* dopo Αὐτοκράτορος che era stata abbandonata dai successori di Augusto per essere ripresa poi proprio nel 66-67 con Nerone. Sappiamo che questo uso fu abbandonato in seguito da Galba e, pertanto, è curiosa la ripresa del nome

dei suoi benefici. Anno secondo di Lucius Livius Augusto Sulpicius Galba imperatore, 1° Phaophi (28 settembre 68). Tiberius Iulius Alexander dice: lo scopo della mia azione di governo è garantire che la città (Alessandria) rimanga nello stato che le conviene, godendo dei benefici che le diede Augusto, e, mantenere l'Egitto nella prosperità, nel benessere e nella ricchezza dei tempi attuali, senza essere gravata da una nuova e ingiusta tassazione. Implorato, quasi da quando sono entrato nella città, dai firmatari, in piccoli gruppi e in grandi, le persone più illustri così come i contadini della *chora* che si sono lamentati di abusi commessi recentemente, non ho cessato, in base al mio potere, di rimediare ai casi urgenti. Ma così più fiduciosi sperate nell'arrivo, come salvezza e vantaggio, del benefattore Augusto imperatore Galba, che ha portato luce su di noi per la salvezza del genere umano, e sappiate che io sono ansioso di giungere in vostro aiuto, ho ordinato con editto formale in base alle richieste, per quanto mi è consentito di valutare e agire, le richieste più importanti e quelle che richiedono il potere e della maestà dell'imperatore le sottoporrò in tutta verità a lui stesso, avendo gli dei dispensato in questo sacro momento la sicurezza della terra abitata'. Cfr. Chalon 1964: 35; Mourgues 1995: 417.

[25] Plu. *Galb.* 7.

[26] Chalon 1964: 45 sgg.

dell'imperatore alla fine del documento con la diversa formula Γάλβα Καίσαρος Σεβαστού Αὐτοκράτορος (rr. 67-68). La spiegazione più verosimile, sostenuta da Mourgues, è che al momento della stesura la cancelleria alessandrina abbia aggiunto nel preambolo dell'editto il genitivo assoluto per annunciare i principi ideologici del nuovo regime e che abbia semplicemente sostituito Νέρωνος con Γάλβα, trasformando così la formula tradizionale Σεβαστοῦ Αὐτοκράτορος Νέρωνος in quella inusuale Σεβαστοῦ Αὐτοκράτορος Γάλβα. Secondo questa modifica, dunque, apparirebbe chiaro che, quando Tiberio Giulio Alessandro scrisse l'editto, l'imperatore Nerone doveva essere ancora vivo[27]. Nel momento in cui la notizia della morte di Nerone giunse ad Alessandria la cancelleria semplicemente intervenne sostituendo così il nome dell'imperatore appena deceduto con quello di Galba. Questo spiegherebbe anche l'insolitamente lungo ritardo della pubblicazione dell'editto nel *nomos* di Oasis Thebaide, risalente al 28 settembre del 68, mentre la data originaria di promulgazione era il 6 luglio[28]. L'editto, quindi, molto verosimilmente era stato già emanato al momento della notizia della morte di Nerone e della visita di Galba in Egitto, forse avvenuta nel mese di luglio. Il testo sarà stato ritirato, modificato e spedito nei *nomoi* nei primi giorni di agosto e lo stratego Giulio Demetrio lo avrà promulgato poi nella Tebaide forse in secondo momento, secondo le istruzioni della lettera di trasmissione del prefetto. Risulta, infatti, troppo poco il tempo tra la morte di Nerone a Roma il 9 giugno e la promulgazione dell'editto in Egitto il 6 luglio, tempo ulteriormente esiguo per la trasmissione e la conferma necessaria della notizia alla cancelleria alessandrina. Tiberio Alessandro non era disinformato di quanto avvenuto a Roma ma non sarebbe stato a conoscenza della morte di Nerone, per cui aveva redatto l'editto con lo scopo di chiarire la situazione prima dell'arrivo dell'imperatore in Egitto, viaggio che era stato annunciato in precedenza[29]. Alla luce di quanto detto, pertanto, secondo Mourgues, l'editto di Tiberio Giulio Alessandro può essere considerato neroniano. L'editto di Tiberius Iulius Alexander è, comunque, la più lunga disposizione prefettizia e l'unica tra gli editti dei prefetti d'Egitto a noi pervenuti che tratti di un'ampia varietà di questioni e non di un'unica problematica[30]. La grande importanza dell'editto è

[27] Mourgues 1995: 424-425.

[28] Si tratta di un intervallo di tempo di ottantaquattro giorni che sorprendono in confronto ai cinquantatre tra la pubblicazione del bando di Vergilius Capito ad Alessandria dalla sua promulgazione nell'Oasi della Thebaide (OGIS 665, editto del 7 dicembre del 48).

[29] Nel testo si legge 'αὐτῶι δηλώσωι μετὰ πάσης ἀληθείας› (r.9), dove il verbo δηλώσω pare insolito. In effetti, l'uso di questo verbo nella lingua della cancelleria resterebbe alquanto inusuale, come se Tiberio avesse dovuto vedere l'imperatore di persona ed esporgli le questioni più urgenti. Il significato di δηλώσω, pertanto, potrebbe anche essere inteso nel senso che Tiberio al momento della redazione dell'editto era in attesa di un'imminente viaggio di Nerone in Egitto. Mourgues 1995: 427.

[30] Il contenuto dell'ordinanza tratta questioni amministrative e fiscali, ponendo le basi della politica a venire del prefetto. Reinmuth comparando la prima parte dell'editto di Tiberio all'editto di Cicerone relativo al *genus provinciale* (Cic., *Ad Att.*, 6.1.15.), ne avrebbe riscontrato diverse analogie. Forte del fatto che un *edictum provinciale* non pare attestato per l'Egitto, Reinmuth riteneva di poter dimostrare che l'editto di Tiberio fosse un esempio di *edictum provinciale* del prefetto d'Egitto, come era d'uso prima della codificazione ufficiale degli editti promulgata con Adriano. Come prova, infatti, lo studioso adoperava la nostra principale fonte relativa all'editto provinciale del governatore con la *Res publica* e un passo di una lettera di Cicerone ad Attico, al quale l'oratore esponeva brevemente il contenuto del suo editto per la Cilicia. Tuttavia, a differenza di Cicerone, l'editto di Tiberio non fu promulgato nel momento della nomina a prefetto, perché, come noto, egli era prefetto dal 66. L'editto fu, invece, promulgato alla fine

testimoniata, oltre che dall'iscrizione OGIS 669, anche da un altro documento papiraceo che contiene quaranta righi dell'editto, BGU 1563[31], che certo nulla aggiunge alla nostra conoscenza del testo. Un altro editto che riguarda decisioni legali di Tiberio Giulio Alessandro come prefetto d'Egitto è P. Strasb. 4, 226[32].

Ἀλεξ̣άνδρου [.] . . . . τ̣α̣μ̣ιακ̣ὰ̣ τῶι χρόνωι

κεκριμένα α . . ο̣υσ[. .]κ̣η̣ς π̣ρ̣[. .] ἐξουσία̣[

. . ι καὶ τὰ ὁμόλογα παραγράφ[εσθ]αι δ̣υνά-

μεν̣ο̣ν ὥ̣σ̣τε π̣ . . ι . . . [. .]δ̣ . . [. .]ε̣σ̣θ̣α̣ι̣ ἅ̣π̣α̣-

σαν μηκέτι ἀκούεσθαι· (ἔτους) β Σερουίου Γάλβα

Τ̣ῦ̣βι κδ[33].

Si tratta di un papiro con due documenti distinti da uno spazio bianco: i rr. 1-15 sono un conto di alcuni procedimenti dell'anno 89-91 del prefetto d'Egitto Mettius Rufus; i rr. 17-23 riportano invece un editto di Tiberio Giulio Alessandro, che riguarda i ταμιακά, ma la frammentarietà del testo non permette di accertare i contenuti dell'ordinanza di Tiberio Alessandro[34]. Così come P. Strasb. 4, 226, siamo in possesso anche di un altro documento che si riferisce agli avvenimenti del secondo anno di Galba, P. Oxy. 6, 899.

[Πα]ρ̣[μ]ε̣νίων εἶπ(εν)· ἀναγνωσθήτω τὰ ἐ[π]ὶ τῶν τοι[ού]των κ[ε]κριμένα. ἀναγνωσθέντος . . . [. . .]

δ[ι]ατ̣[άγ]ματος Τιβερίου Ἀλεξάνδρου ἀπαγορ[εύον]τος γυναῖ̣κ̣α̣ γ̣ε̣ω̣ργία̣ π̣ρ̣ο̣σ̣ά̣γε[σ(?)]θαι(?) ἐπὶ τοῦ β (ἔτους) Γάλβα [. . .]

. ι̣ κ̣α̣ὶ̣ Οὐαλερίου Εὐδαίμονος τοῦ ἡγεμονεύσαντος τὸ αὐτὸ κεκρικότο[ς ἐ]πὶ τοῦ ε̣ (ἔτους) Ἀντωνί[ν]ου [. . .]

di un lustro dall'editto del prefetto precedente, C. Caecina Tuscus. Questo perché l'*edictum provinciale* del prefetto d'Egitto era pubblicato a intervalli fissi, circa ogni cinque anni, per assicurare la piena efficacia delle misure prese. La tesi di Reinmuth non viene accettata, però, da Chalon, il quale afferma che l'editto di Tiberio Giulio Alessandro non è né un editto provinciale né un editto periodico. Infatti, quel poco che sappiamo sull'editto provinciale del prefetto d'Egitto porterebbe a credere che fosse piuttosto la riproduzione per conto del prefetto responsabile degli editti pretoriani di Roma e l'editto di Tiberio non avrebbe nulla in comune con editti di questo tipo. Cfr. Reinmuth 1963 (1935): 48-49; Chalon 1964: 69-78.

[31] BGU 1563 = CPJ 2, 418c.

[32] P. Strasb. 4, 226 = CPJ 2, 418d.

[33] Si citano in questa sede solo i righi che si riferiscono al prefetto Tiberio Giulio Alessandro, mentre della prima parte del documento papiraceo, che concerne il prefetto Mettius Rufus, si tratterà in seguito.

[34] Tcherikover e Fuks proponevano comunque la seguente traduzione, nonostante la frammentarietà del testo: '*by an edict of Tiberius Julius Alexander . . . adjudged to the treasury in the course of time . . . ousiac land (?) . . . power . . . being able to cancel the agreements so that . . . no single one is heard of again. Year 2 of Servius Galba, Tybi 24*'. Tcherikover e Fuks 1960: 196.

κα̣ὶ Μ̣ι̣νικίου Κορελλιανοῦ ἐπιστρατήγου ἐπὶ τοῦ ι (ἔτους) Ἀντωνίνου Καίσαρος τοῦ κ[υ]ρ[ίο]υ, Παρμενίων εἶπ(εν)· ἀ̣κ̣ο̣λ̣[ού-]

[θω]ς̣ τ̣[οῖς] ἀναγνωσθεῖσι δύναται ἡ Ταθυνν̣ . . . . τ̣ῆ̣ς γεω[ρ]γίας ἀπηλλάχθαι τ̣ . . . .[. .]τ̣ο̣[.] . . . .[. . .]

ἑ̣[τ]έ̣ρ̣ο̣[υ]ς [γ]εωργοὺς εἰς τὴν γεωργίαν μεταδιατάξαι. Ἀπολλ[ων]άριον ἡ καὶ Ἀριστάνδρα ἐπιδέδωκα. ἐσ̣η̣μ̣ι̣ω[σ]ά̣[μην].

[. .] (ἔτους) ζ Φαμενὼθ ς.[35]

Il documento papiraceo risale al 200 d.C. ed è parte di una petizione di Apollonarion allo stratego del *nomos* di Ossirinco per sollevarsi dalla responsabilità di un quantitativo di terreno pubblico imposto su di lei. Il caso sembra essere stato preceduto da una petizione originale di Apollonarion al *dioiketes*, che cita le decisioni dei governatori precedenti d'Egitto che sostenevano il principio secondo il quale le donne non dovevano essere gravate della coltivazione obbligatoria dei terreni. Tra i prefetti nominati nel documento, c'è anche il nostro Tiberio, ma in questo caso non desumiamo molte informazioni delle sue disposizioni ufficiali[36]. Con l'avvento al potere di Galba, Tiberio Giulio Alessandro si trovò infatti nella difficile situazione di appoggiare il nuovo imperatore, nonostante il suo antico legame con Nerone. In quel periodo l'Oriente romano era in mano a tre sostenitori di Nerone. La Siria era affidata a Licinio Muciano, che era stato relegato in Oriente da Claudio e che, in seguito, era stato riabilitato proprio da Nerone, prima come governatore della Licia e poi della Siria dal 67. In Giudea operava, per reprimere la rivolta scoppiata nel 66, un esercito agli ordini di Vespasiano, il quale, non appena ricevuta la notizia della rivolta contro Nerone, aveva accelerato le operazioni belliche, sospendendo le attività all'annuncio della morte dell'imperatore. La terza figura di rilievo era proprio Tiberius Iulius Alexander, che, come prefetto d'Egitto, oltre a disporre di due legioni e di altri distaccamenti militari, teneva in mano le chiavi del granaio di Roma e dell'Impero[37]. Tutti e tre riconobbero il nuovo sovrano, dando però al loro atteggiamento un carattere di provvisorietà. Secondo la tesi esposta da Barzanò, il

[35] Si riportano unicamente i rr. 28-34, che si riferiscono al nostro prefetto (Johnson 1975: 116-117). Trad.: 'Parmenione disse: 'Lasciate che i giudizi su questi casi siano letti'. Non è stato letto. . . un decreto di Tiberio Alessandro nel secondo anno di Galba, che vieta alle donne di essere coltivatrici,. . . e (una decisione di) Valerio Eudaimon il prefetto per lo stesso caso nel quinto anno di Antonino,. . . e un altro di Municius Corellianus, epistratego nel decimo anno di Antonino Cesare signore; così Parmenione disse: 'In accordo con le sentenze lette, Tathun [. . . dovrebbe essere] lasciata alla coltivazione. . ., e. . . altri coltivatori nominati al suo posto per la terra'. Io, Apollonarion chiamato anche Aristandra, ho presentato la petizione. [Firma], anno 7, Phamenoth 6'. Cfr. Rowlandson 1998a: 203.

[36] Un altro documento potrebbe riportare menzione di un editto di Tiberio Alessandro. In P. Vindob. Bosw. 1, 16, una petizione dei sacerdoti di Neiloupolis concernente il diritto ereditario agli uffici sacerdotali a Soknopaiou Nesos, si leggerebbe, infatti, [[κατ'ἐνκέλευσιν Τιβερίου]]. La lettura risulta, tuttavia, incerta perché le parole sarebbero state cancellate dallo scriba. Dal momento che la parola ἐνκέλευσιν di solito è applicata a decreti di alti funzionari e raramente a quelli dello stesso imperatore, gli editori suggeriscono che il riferimento sia a un decreto di Tiberio Giulio Alessandro. Purtroppo, anche se supponiamo che sia qui menzionato un decreto, cosa che non risulta affatto certa, resterebbe impossibile accertarlo. Cfr. Tcherikover e Fuks 1960: 197.

[37] Barzanò 1988: 538.

consenso dei tre grandi dell'Oriente romano era subordinato alla concessione di una garanzia, cioè l'adozione di Tito come erede al trono. Per avvallare tale tesi si ricorda il viaggio a Roma di Tito subito dopo l'arrivo in Oriente della notizia dell'avvento al trono di Galba, attestato dalle fonti letterarie[38]. Solo Giuseppe Flavio afferma, tuttavia, che con lui era presente anche il re Agrippa II[39]. Sia Tito sia Agrippa II sarebbero andati a Roma con l'identico fine di rendere omaggio a Galba e di chiedere istruzioni sui Giudei. Indubbiamente era proprio Agrippa II colui che, approfittando dell'occasione offertagli dalla sospensione delle operazioni belliche in Giudea ordinata da Vespasiano alla morte di Nerone, aveva più interesse a convincere il nuovo imperatore a tentare una soluzione negoziata del conflitto, che risparmiasse stragi e distruzioni alla Giudea. Che Agrippa II volesse parlare con l'imperatore, fosse o non fosse Galba, è dimostrato dal fatto che egli proseguì il viaggio anche dopo aver appreso la notizia dell'avvento al potere di Otone[40]. Secondo Tacito, alla morte di Galba, Tiberio Giulio Alessandro riconobbe quindi Otone come legittimo imperatore[41], notizia confermata da P.Med. inv. 69.66 verso:

] . λ̣ . . . . .

αρ . . . . . ọμọι .

Τὸṿδὲ τοῦ ἰδίου λόγου διαλο-

γισ̣μὸ[ṿ] Λυσίμμαχος ὁ ἐμὸς

ὑπερ[θέ]σ̣θῳ. Ὕστερον γὰρ ἀνα-

πλε[ύ]σ̣[α]ςτοὺς νομοὺς

[38] Tac. *Hist.* 1.10.3; Svet. *Tit.* 5.1.

[39] I nomi di Agrippa II e Tiberio Giulio Alessandro si trovano in un'iscrizione, AE 1967, 525. Nonostante il testo risulti frammentario e controverso, una trascrizione su cui pare lecito concordare viene proposta da Schwartz: '[Τί]τωι Μουκίωι Μάρκ[ου υἱῶι (tribù?)]/ [Κλ]ήμεντι, ἐπάρχωι στ[ρατεύματος (or στ[ρατοῦ) τοῦ]/ βασιλέως μεγάλου Ἀγρίπ[πα (*hedera*),]/ Τιβερίου Ἀλεξάνδρου ἐπάρχ[ου Αἰγύπτου,]/ ἐπάρχωι σπείρης πρώτ[ης τῆς Λεπι -]/ διανῆς ἱππικῆς (*hedera*), β[οηθῶι]/ Τιβερίου Κλαυδίο[(*cognomen*)]/ ἐπιτρόπου Σε[βαστοῦ], / Σιμωνίδης καὶ Τ [(or Ξ[) [οἱ]/ υἱοῖ τῷ ἑαυτῶν [πατρὶ]/ χα[ίρε]' (Schwartz 1984, 240-242). Si tratta di un epitaffio che riporta il *cursus honorum* invertito nel I sec. d.C. di un ufficiale militare il cui nome è stato restaurato come Tito Muzio Clemente. Nel testo si legge che Clemente prima aveva servito sotto un *procurator* Augusti, il cui nome non è ben visibile. I primi due nomina sono Tiberio Claudio, ma il *cognomen* è perduto. Partendo dal presupposto che il riferimento potrebbe riferirsi al procuratore della Giudea, si è ipotizzato che il *cognomen* perso sia Felix. In seguito, Clemente fu comandante della *cohors prima Lepidiana equitata*, presumibilmente quando era di stanza in Oriente, e poi sotto Tiberio Giulio Alessandro, o quando quest'ultimo era prefetto d'Egitto o quando era prefetto dell'esercito sotto Tito a Gerusalemme. La parte finale dell'iscrizione risulta molto frammentaria e di difficile lettura. Pertanto diversi editori hanno proposto varie soluzioni (cfr. Martin 1983: 206-209; Schwartz 1984: 241). È lecito supporre però, alla luce di una lettura più approfondita del testo, che Clemente passò dal servizio di Tiberio Alessandro a quello di Agrippa dopo un periodo di sospensione dei contatti tra i due, forse dall'assedio di Gerusalemme del 70. Cfr. Schwartz 1984: 241-242.

[40] J. *BJ.* 4.9.2.

[41] Tac. *Hist.* 1.76.3.

διαλογῖεται.

("Ετους) α Μάρκου Ὤτωνος Καίσαρος

Σεβαστοῦ Αὐτοκράτορος,

Μεχὶρ ις, ἐν Μέμφι[42].

Il papiro ci conserva il testo frammentario di un messaggio scritto o dettato dal prefetto Tiberio il 10 febbraio del 69[43] e già datato sotto il regno di Otone. Da questo documento emergerebbe, inoltre, che il prefetto, in quella stessa data, aveva interrotto tutte le sue attività amministrative ordinarie proprie e dell'idiologo Lisimaco[44], suo genero, e si accingeva con ogni probabilità a ritornare ad Alessandria da Memfi, dove si trovava per il *conventus*. Tutto lascierebbe pensare che il prefetto sarebbe stato colto di sorpresa dalla vittoria di Otone[45] e che egli ritenesse questo avvenimento un segno allarmante. Al contrario di quanto sostiene Flavio Giuseppe, preoccupato di dimostrare ad ogni costo la fondatezza della propria tesi, secondo cui Vespasiano non aveva mai aspirato al potere[46], Tacito e Svetonio testimoniano che, quando arrivò in Giudea la notizia della vittoria finale di Vitellio su Otone, era già pronto un piano per acclamare imperatore Vespasiano con l'appoggio dell'esercito romano della Giudea, di Muciano, di Tiberius Iulius Alexander e di alcuni reparti stanziati in Occidente[47]. Fu lo stesso prefetto d'Egitto, poi, a prendere l'iniziativa di porre Vespasiano davanti al fatto compiuto della sua acclamazione al trono imperiale, avvenuta il 1° luglio del 69[48]. Per la nostra conoscenza della vita e della carriera di Tiberio Giulio Alessandro dopo l'acclamazione di Vespasiano si rivela di grande importanza P. Hib. 2, 215[49].

FrA -- -- -- -- -- -- -- -- -- --

1].[.].[

[42] La trascrizione qui proposta è quella di Geraci 1977: 149.

[43] La data del testo (10 febbraio 69 d.C.), di soli ventisette giorni posteriore all'assassinio di Galba (15 gennaio 69), implicherebbe una grande rapidità nella trasmissione della notizia. Nella stagione invernale, infatti, anche con condizioni atmosferiche favorevoli pare fossero comunque necessari almeno venti giorni perché un messaggio da Roma giungesse fino ad Alessandria.

[44] Sul ruolo dell'idiologo nel *conventus* prefettizio cfr. Swarney 1970: 41 sgg.

[45] L'annuncio ufficiale dell'acclamazione di Otone dovette partire quasi immediatamente da Roma, poiché gli eventi si erano verificati nella capitale stessa, e, appena arrivato ad Alessandria, fu probabilmente recapitato subito al prefetto che si trovava a Menfi per il *conventus*. Non a caso, infatti, come sottolineava Geraci, il prefetto nella sua breve comunicazione all'idiologo si sarebbe lasciato sfuggire una grafia erronea del *cognomen* del nuovo imperatore, Ὤτων invece di Ὄθων, come sarebbe potuto accadere solo a chi allora avesse udito per la prima volta il nome del nuovo imperatore eletto. Vd. anche Geraci 1977: 150.

[46] J. *BJ*. 4.9.

[47] Tac. *Hist*. 2.74.1-2; Svet. *Vesp*. 5.1.

[48] Si è già trattata la questione dell'acclamazione di Vespasiano e del papiro P. Fouad. 1, 8 nelle pagine precedenti.

[49] P. Hib. 2, 215 = CPJ 2, 418b.

Κ]α̣ί̣[σα]ρ̣ος οἰκονόμῳ̣ ἐπακο-

[λο]υ̣θοῦντος [[Γεμινίου Αἰλιανοῦ]] \ .δ̣ε̣τ̣ου/ τοῦ κρα-

[τίστου ἐπιτρόπου τῆς Ν]έα̣ς Π̣όλεως ἵν[α]

FrB -- -- -- -- -- -- -- -- -- --

[.] .τ̣α̣[- 9 -] . [. . .] . [

ως Τιβερίου Ἰουλίου Ἀλεξάνδρου τοῦ ἡγεμο-

[νεύσαντ]ος, γενομένου καὶ ἐπάρχου πραι-

[τωρίου]

Il documento papiraceo, pubblicato nel 1955, attesterebbe che Tiberio Giulio Alessandro, in un periodo successivo a quello in cui assunse la carica di prefetto d'Egitto, ricevette anche la prefettura del pretorio (rr.7-8: ἐπάρχου πραι[τωρίου]). Il papiro, di importanza eccezionale, poiché nessuna altra fonte attesta che Tiberio abbia tenuto tale carica, è databile fra il 70 e il 130 d.C. circa ed è diviso in due frammenti: la menzione di Tiberio Alessandro si trova nel frammento b. Pare possibile affermare, pertanto, che Tiberio Giulio Alessandro fu nominato prefetto del pretorio sicuramente non prima dell'acclamazione di Vespasiano e, probabilmente, non dopo la morte di Tito[50]. Tiberio potrebbe essere stato ricompensato con la prefettura del pretorio da Vespasiano per il suo sostegno e la sua collaborazione. Flavio Giuseppe definisce Tiberio καὶ ὁ μὲν πεπιστευμένος ἤδη τὰ περὶ τὴν ἀρχὴν προπαρεσκεύαζεν αὐτῷ[51], frase che, secondo l'opinione di Barzanò[52], pare alludere a mansioni affidate a Tiberio Giulio Alessandro in aggiunta alla prefettura d'Egitto. Certo non si può sostenere questa ipotesi unicamente in base alla frase di Flavio Giuseppe. Nei fatti, quindi, non è noto se la carica di prefetto del pretorio fu assunta da Tiberio Alessandro mentre era ancora prefetto d'Egitto. Un altro passo di Svetonio[53] ricorda che Tito tenne la prefettura pretoriana durante il Principato paterno e che tale carica, fino a quel momento, era stata ricoperta solo da cavalieri. C'è ad ogni modo chi ritiene errata questa precisazione di Svetonio, ma vedendo i fatti in questa luce si potrebbe formulare anche l'ipotesi che il predecessore di Tito nella prefettura pretoriana sia stato proprio Tiberio Alessandro. Quando, però, Tito assunse la carica di prefetto

[50] Domiziano, secondo Cassio Dione, mostrò sempre un certo odio nei confronti di coloro che fossero stati amici di Vespasiano e di Tito, per cui sembra improbabile che egli potesse scegliere, come prefetto del pretorio, uno dei più cari amici del fratello (D. C. 67.2.1-2).

[51] J. *BJ*. 4.10.6.

[52] Barzanò 1988: 567.

[53] Svet. *Tit*. 6.1.

del pretorio dopo il suo ritorno in Italia e il trionfo giudaico, Tiberio non rimase in carica come suo collega[54]. Né le fonti letterarie né i testi documentari ci permettono di capire comunque con precisione se Tiberio dovette lasciare la prefettura d'Egitto quando divenne prefetto del pretorio o se mantenne in qualche modo entrambe le cariche contemporaneamente.

2.2.2. L. Peducaeus Colon

Dopo la fine del mandato di Tiberius Iulius Alexander le notizie sul successivo prefetto d'Egitto paiono in parte piuttosto confuse. Le fonti papiracee ci aiutano in questa impresa, ma sembra ancora difficile collocare con precisione i due prefetti successivi a Tiberio. Stein[55] nel 1950 nell'elenco dei prefetti d'Egitto, subito dopo Tiberio Giulio Alessandro poneva C. Liternius Fronto, il cui nome risultava controverso e che poi venne meglio identificato come C. Aeternus Fronto in base a una testimonianza papiracea[56]. Gli studi a lui successivi[57], però, tenderebbero tutti a concordare che il successore di Tiberio Alessandro fu L. Peducaeus Colon[58]. Uno dei documenti più antichi in cui compare per la prima volta questo prefetto pare così P. Oxy. 22, 2349 del 70 d.C.:

> συνεκρείναμεν ἔ-
>
> χειν τῆς σύστασιν ἐν χρηματισμῷ κ̣α̣ὶ γραφῆναι τῷ \τε/ τοῦ Ὀξυρυγχειτοῦ καὶ Ὀάσεως ἀγορανομους οὖσι δὲ καὶ μνήμοσι συν-
>
> χρηματίζειν τῷ Διονυσίῳ τῷ καὶ Θεοπόμπῳ περὶ τῶν κατὰ τὴν σύστασιν καθὰ κ̣α̣ὶ τῷσυνεστακότ̣ι Γαίῳ Ἰουλίῳ Σατορνείλῳ παρόντι
>
> ἐξῆν ὃν τρόπον καθήκει. δεῖ ἴσα [μεταδ]ο̣θ̣(ῆναι). Δημητρίου τοῦ Φίλωνος Καισαρείου τοῦ καὶ Ζηνείου ⟦Λο̣υ̣κ⟧ Λουκίῳ Πεδουκαίῳ Κολώ̣ν̣ῳ̣
>
> Γάιος Ἰούλιος Σατορνεῖλος στρατιώτης λεγεῶνος δευτέρας καὶ εἰκοστῆς κεντερας Βίου Σεουήρου οὐ δυνάμενος τὸν εἰς τὴν χώραν
>
> ἀνάπλουν ποιήσασθαι διὰ τὸ ἐν̣ σ̣τ̣ρα[τείᾳ̣ εἶναι συ]νίστημι τὸν ἠλευθερωμένον ὑπ' ἐμοῦ πρὶν τῆς στρατείας τότε χρηματισδων
>
> Πτολεμαῖος Πτολεμαίου Φυλαξιθαλάσσ̣[ιος ὁ κα]ὶ Ἀλθεαιοὺς[59].

[54] Questa è la tesi sostenuta da Barzanò, che si oppone a quanti sostengono invece che Tiberio Giulio Alessandro fu nominato prefetto del pretorio proprio a Roma, dopo il trionfo giudaico, e che pertanto sarebbe stato collega di Tito nella prefettura del pretorio almeno per un certo periodo. Cfr. Barzanò 1988: 573.

[55] Stein 1950: 39.

[56] P. Oxy. 36, 2756.

[57] Montevecchi 1988b: 130; Bastianini 1975: 274-275; Bastianini 1980: 77-78; Bastianini 1988a: 506-507; Bureth 1988: 478-479.

[58] Per le fonti: **a.** 27.7.70 = P.Oxy. 22, 2349; **b.** 16.10 (70-72 d.C.?) = P.Oxy. 36, 2757; **c.** 71/72 d.C. = P.Tebt. 2, 302 (nome in lacuna); **d.** 71/72 d.C. (?) = IGR 1, 1285 = SB 676.

[59] Si menzionano in questa sede solo i versi in cui viene citato il nostro prefetto. Nell'edizione è presente anche la traduzione del testo della ricevuta, che, in questo caso, si riporta solo in riferimento alla parte

Un certo C. Iulius Satornilus (o Saturninus), un cittadino di Alessandria che ha acquisito la cittadinanza romana per l'arruolamento nella *Legio XXII*, rilascia a Heracleides, figlio di Apione di Ossirinco, una ricevuta per il pagamento del canone di affitto di una terra, che quest'ultimo ha coltivato e poi abbandonato (rr. 1-16); mentre era in servizio attivo Satornilus si era fatto rappresentare da un *procurator*, ma, essendo ora cittadino romano, poteva apparire come parte contraente. A questa ricevuta è aggiunta una copia della decisione della corte dei crematisti (rr. 18-26) che valida la sua nomina di *procurator* insieme con la notifica della decisione dell'ἀρχιδικαστής di Ossirinco. Infine, è aggiunta una copia della petizione indirizzata al prefetto sulla base della quale era stata presa la decisione dalla corte (rr. 26-45). Nella parte finale il papiro è purtroppo fortemente danneggiato e non la conclusione non pare chiara. Fortunatamente questa testimonianza papiracea risulta di estrema importanza, poiché ha preservato il nome del prefetto in questione. Al r. 26, infatti, si legge il nome di Peducaeus Colonus, che doveva essere, dunque, in carica nel 70. A quell'epoca Tiberio Giulio Alessandro aveva già lasciato l'Egitto per seguire Tito nella guerra giudaica. Il nome del prefetto del 70 è poi riportato anche da un altro documento, P.Oxy. 36, 2757:

] Κόλωνος (mano 2) ιε

[(mano 1) ἔτους . θ]εοῦ Οὐεσπασιανοῦ Φαῶφι ιθ

[– 9 –] ὁ καὶ Τμ .ρος πρὸς Ἀπολλώνιον [. . . .]

[– 9 –] .ς τοῦ τετελευτηκότος αὐτοῦ διδύμου

[ἀδελφοῦ. ἐκ] τῶν ῥηθέντων. Πεδουκαῖος Κόλων

[. . . . . . τὸ χ]ειρόγραφον ὅτι μὲν οὐ παραπεποίηται

[δῆλον πεποί]ηκεν αὐτὸς ὁ τὴν παραποίησιν κατηγο-

[ρῶν. . . . . . .] γὰρ φωνῆς ἀκινδύνου τὸ ἔνκλημα εσ-

[– 9 –]ενγράψαι οὐ τετόλμηκεν εἰκότως

[– 9 –]ε χειρόγραφον αὐτὸ καλεσειεναλλα

di nostro interesse (rr. 23-30): 'abbiamo giudicato che l'atto di procura fosse registrato e che fosse inviato anche a quelli che sono gli *agoranomoi* del *nomos* di Ossirinco e di Oasis e i registratori associati con Dionigi, e anche Teopompo, per quanto riguarda le materie specificate nell'atto di procura, e strettamente associate con il presente Caio Giulio Satornilus. Le copie da emettere in modo corretto. Demetrio, figlio di Filone della tribù Caesareus e del demo Zeneius. A Lucio Peducaeus Colono. Io, Caio Giulio Satornilus, soldato della ventiduesima legione della centuria di Bias Severus, non essendo in grado di fare il viaggio nella *chora*, perché sono in servizio attivo, nomino mio rappresentante, da me già prima deliberato, Tolemeo della tribù Phylaxithalassian e del demo di Althean'. Cfr. anche la traduzione di Lobel e Roberts 1954: 142-147.

[- 9 -]κης τῆς ὅτι νομίμως ἐτέθη μη . .αρ

[- 9 -]ητουμένης. εἴ γε δε[[δ .[ ]] [. . . . . . .]θη

[- 9 -] .φάλισται πᾶν ὅ τι ἐὰν . .[

[- 9 -]φων τοῦτο εἶναι κ . . . .[

[- 9 -] .τουτο .[

[- 9 -]ṭον κ[[60]

Se in P. Oxy. 22, 2349 era scritto Κολώνῳ, qui invece il cognome del prefetto ricorre nella forma Κόλωνος. Questo testo prova che Peducaeus Colonus avrebbe ricoperto l'ufficio del prefetto d'Egitto e che la forma greca del suo cognome sarebbe stata Κόλων. Che Κόλωνος sia genitivo pare confermato dal r. 5, che termina con Πεδουκαῖος Κόλων. La forma latina del cognome è, invece, ancora dubbia[61]. È in virtù di questi due documenti che Peducaeus Colonus appare nelle liste dei prefetti di Montevecchi e di Bastianini[62]. Quest'ultimo, poi, riserva particolare attenzione ad un passo di Dione di Prusa (Dio. Chrys. 32.72):

> καὶ μὴν ἐκεῖνο μέμνησθε τὸ γελοῖον ὡς ὁ βέλτιστος ὑμῖν Κόνων ἐχρήσατο προελθών, οὗ μάλιστατὸ πλῆθος ὑμῶν συνειστήκει, καὶ δείξας τινὰ τόπον βραχὺν προηγόρευεν ὡς εἰ μὲν αὐτὸς ἐκεῖ προέλθοι, νενικηκὼς εἴη καὶ δέοι ὑμᾶς ἀπαλλάττεσθαι καθ' αὑτοὺς καὶ παραχωρεῖν.

Jones ha proposto su questo passo un'interessante teoria, secondo la quale l'ufficiale al comando delle truppe ad Alessandria durante la στάσις all'inizio del regno di Vespasiano, che appare nel manoscritto di Dione di Prusa come ὁ βέλτιστος Κόνων, sia proprio il nostro prefetto[63]. Ciò nonostante, ci sono altri riferimenti nelle fonti documentarie a Peducaeus Colonus come prefetto, per esempio nell'iscrizione IGR 1, 1285 (rr. 35-41):

[60] Si cita qui solo la prima colonna del papiro, perché la seconda si riferirebbe a un altro prefetto, Ti. Iulius Lupus. La traduzione di questa sezione, alquanto framentaria, è riportata dagli editori: '*Colo . . . th year of the deified Vespasian, Phaophi 19th. X, alias Tmarus (?), versus Apollonius (and Y, sons?) of his deceased twin brother. From the record. Peducaeus Colo: 'That (this?) contract has not been forged has been made clear by the very man who alleges the forgery. For he manufactures (?) the allegation out of (?) words, running no risk, but did not dare to put it in writing, naturally (and very wisely?). The contract itself will require (alteration of the will?), about which (there is no Shadow of a dispute even now?) that it was lawfully made. And if indeed . . .*' '. Coles, Foraboschi, Soliman El-Mosallamy, Rea e Schlag 1970: 33-36.

[61] Coles, Foraboschi, Soliman El-Mosallamy, Rea e Schlag 1970: 33-36.

[62] Montevecchi 1988b: 130; Bastianini 1975: 274-275; Bastianini 1980: 77-78; Bastianini 1988a: 506-507.

[63] Jones 1973: 306-307. La tesi di Jones è stata contestata in più punti da J.F. Kindstrand non soltanto per la questione del possibile prefetto menzionato nel passo di Dione Crisostomo, ma anche per la stessa datazione del dialogo riportato da Dione. Secondo Kindstrand, infatti, gli argomenti esposti da Jones non sarebbero affatto probanti per la datazione del dialogo al tempo di Vespasiano. Cfr. Kindstrand 1978: 380-381.

]ος ἐκ παραγωγῆς

]εντων ἐκ τῶν ὠ[

]μ̣μένου, τῶι δὲ δ´ (ἔτει)

]οπέδου καὶ ο̣υ̣κ̣ο̣λ̣ωνος

]γ̣εύσαντος ἐν διαλο-

[γισμῶι] κριθέντα εἰς διαμίσθω-

[σιν] στρατηγῶι η[

Il passo dell'iscrizione è controverso a causa dello stato di conservazione, anche se Thomas ha formulato l'ipotesi che il r. 38 ']οπέδου καὶ ο̣υ̣κ̣ο̣λ̣ωνος' si riferisca proprio a Peducaeus Colonus prefetto d'Egitto[64]. Nell'iscrizione al r. 37 si legge poi τῶι δὲ δ´ (ἔτει), che probabilmente si riferisce all'anno di regno di Vespasiano del 71-72 d.C. e dimostrerebbe che a quell'epoca Colonus era ancora prefetto. Ai rr. 39-40 invece gli editori sembrano concordi nel ritenere che il testo possa leggersi come ἐν διαλο[γισμῶι, dove il riferimento sarebbe al *conventus*, che noi sappiamo si teneva tra gennaio e febbraio. Questo potrebbe dimostrare che Peducaeus Colonus era ancora prefetto all'inizio del 72.

2.2.3. Ti. Iulius Lupus

Se il papiro P. Oxy. 22, 2349 prova che Peducaeus Colonus sarebbe stato prefetto prima del 27 luglio del 70 e il documento P. Oxy. 36, 2757 proverebbe che in un anno imprecisato di Vespasiano ad egli successe Iulius Lupus[65], e ciò potrebbe essere decisivo per determinare la presenza di Peducaeus Colonus come prefetto d'Egitto ancora nel 72. La notizia che il successore Iulius Lupus sarebbe stato già prefetto nel 71-72 risulterebbe, invero, ancora senza fondamento e in un primo momento si ci rifaceva soprattutto al testo di P. Tebt. 2, 302[66].

[– 27 – τῷ̣] κυρίῳ̣ ἡγεμόνι

[παρὰ – 13 – σ̣τ̣ο̣λ̣ι̣σ̣τ̣ο̣ῦ̣ Κρό]ν̣ου καὶ τῶν λοιπῶν ἱερέων παραδοχίμων ὄν-

[64] Thomas 1976: 154.

[65] Per le fonti: **a.** 2/3.73 d.C.= SB 8, 9818 = AE 1970, 634 = Bernand 1975, n. 86; **b.** 74 d.C.= J. *BJ*. 7.420; **c.** 74 d.C. = J. *BJ*. 7.433; Plin. *HN*. 19.12; **d.** s.d.= CIL 3, 31 = Bernand 1960, n. 3; **e.** s.d.= P.Oxy. 36, 2757 (II, 4); **f.** s.d.= P.Oxy. 4, 706 (riferibile anche a *M. Rutilius Lupus*); **g.** s.d.= IGR 1, 530 (riferibile anche a *M. Rutilius Lupus*); **h.** s.d.= P.Masada 724.

[66] P. Tebt. 2, 302 = W. Chr. 368.

[των τοῦ Σοκνεβτύνεως τοῦ καὶ Κρόνου κα]ὶ Ἴσιδος καὶ Σαράπιδος κ[α]ὶ Ἁρποχράτου καὶ τῶν

[συννάων θεῶν ἱεροῦ λογίμου τοῦ ὄντος ἐν κώμῃ] Τεβτύνι τῆς Π[ολ]έμωνος μερίδος

[τοῦ Ἀρσινοίτου νομοῦ.[67]

Si tratta di una petizione indirizzata a un prefetto, il cui nome perduto è in lacuna[68]; l'attribuzione a Iulius Lupus è del tutto ipotetica, perché potrebbe trattarsi anche di un altro prefetto. Tuttavia, se, come si è affermato, in base a IGR 1, 1285, Peducaeus Colonus era ancora prefetto all'inizio del 72, l'ipotesi che P. Tebt. 2, 302 si riferisca a Iulius Lupus cadrebbe. Una data precisa di attestazione per la prefettura di Iulius Lupus viene, invece, da un'iscrizione, SEG 20, 651[69]:

Ὑπὲρ Αὐτοκράτο[ρος]

Καίσαρος Οὐεσπασια[νοῦ]

Σεβαστοῦ καὶ Αὐτοκράτο[ρος]

Τίτου Καίσαρος καὶ Δομετ[ιανοῦ]

Καίσαρος καὶ τοῦ παντὸς οἴκου αὐτ[ῶν]

ἐπὶ Τιβερίου Ἰουλίου Λούπου

ἡγεμόνος καθίδρυσις ἱερ-

[ο]ῦ Πνεφερῶτος καὶ

[Πετ]εσούχου καὶ τοῖς συννά-

[οις θεοῖς]ς μεγάλοις μεγάλοις

[μεγάλοις . . .Φ]αμενὼθ τοῦ ε (ἔτους)

[Αὐτοκράτορος] Καίσαρος

[67] Si riportano qui solo i righi di nostro interesse sebbene la stessa traduzione risulti incerta a causa della frammentarietà del documento: 'A . . ., al signore prefetto, da . . .e il resto dei sacerdoti ereditari del famoso tempio di Soknebtunis anche chiamato di Cronos, Isis, Serapis, Harpocrates e degli dei associati, situato nel villaggio di Tebtunis nel distretto di Polemon del *nomos* di Arsinoite'. Cfr. Johnson 1936: 122-123.

[68] La petizione di riferisce ai beni dei templi. Cfr. Jördens 2009: 341.

[69] SEG 20, 651 = SB 8, 9818.

[Οὐεσπασιανοῦ Σεβα]στο[ῦ][70].

Questa stele, proveniente da Karanis, è un protocollo imperiale che dimostra l'associazione di Tito al trono imperiale durante il Principato di Vespasiano. Come abbiamo già ricordato in precedenza, infatti, Tito a partire dal 71 ricevette la *tribunicia potestas* e *l'imperium proconsolare*, il titolo di *imperator* e il diritto al saluto imperiale. Il documento, ciò nonostante, è di fondamentale importanza anche per le notizie che ci fornisce sul prefetto Ti. Iulius Lupus del 71. Stein aveva supposto che egli fosse morto già nel 72[71], ma questa stele renderebbe la sua teoria poco plausibile. Il prefetto era ancora vivo sicuramente nel febbraio del 73 e un'altra iscrizione latina del Colosso di Memnon, non datata, riporta la visita di questo alto funzionario a Tebe, CIL 3, 31[72]:

Ti(berius) Iulius

Lupus, pr(aefectus) Aeg(ypti),

audi Memn[onem]

hoṛạ p[rima]

fẹ[

Flavio Giuseppe, inoltre, afferma che Iulius Lupus era prefetto durante il periodo successivo della caduta di Masada, che viene generalmente datata al maggio del 73.

> Λοῦπος τότε διῴκει τὴν Ἀλεξάνδρειαν καὶ περὶ τοῦ κινήματος τούτου Καίσαρι κατὰ τάχος ἐπέστειλεν. Ὁ δὲ τῶν Ἰουδαίων τὴν ἀκατάπαυστον ὑφορώμενος νεωτεροποιίαν καὶ δείσας, μὴ πάλιν εἰς ἓν ἀθρόοι συλλεγῶσι καί τινας αὐτοῖς συνεπισπάσωνται, προσέταξε τῷ Λούππῳ τὸν ἐν τῇ Ὀνίου καλουμένῃ νεὼν καθελεῖν τῶν Ἰουδαίων. Ὁ δ' ἐστὶν ἐν Αἰγύπτῳ καὶ διὰ τοιαύτην αἰτίαν ᾠκίσθη τε καὶ τὴν ἐπίκλησιν ἔλαβεν[73].

Non si è in grado di stabilire per quanto tempo egli visse dopo questa data, ma quasi certamente si trattò di pochi mesi. Flavio Giuseppe[74] racconta infatti che, all'indomani della conquista e della distruzione operata da Flavio Silva nei confronti dell'ultimo avamposto giudaico, alcune persone della fazione dei *sicarii* erano fuggite ad Alessandria e avevano cercato di indurre i loro ospiti ad affermare la loro indipendenza. Il capo del consiglio degli anziani, tuttavia, fu convinto dagli Ebrei

[70] Trad.: 'All'imperatore Cesare Vespasiano Augusto e all'imperatore Tito Cesare e Domiziano Cesare e a tutta la loro stirpe, con il prefetto Tiberio Giulio Lupo la consacrazione del santuario di Pnepheros e Petesouchos e degli dei grandi grandi grandi che abitano lo stesso tempio . . .Phamenoth del quinto anno dell'imperatore Cesare Vespasiano Augusto'. Cfr. Bernand 1975: 178-180.

[71] Stein 1950: 40.

[72] CIL 3, 31 = Memnon 3.

[73] J. *BJ*. 7.10.2.

[74] J. *BJ*. 7.10.1.

di Alessandria a consegnare i fuggitivi ai Romani. L'agitazione che era seguita alla cattura dei *sicarii*, che comprendevano più di seicento persone, costrinse il prefetto Lupus a scrivere all'imperatore Vespasiano a Roma. Il tempo minimo per un viaggio da Alessandria a Roma, non poteva essere di molto inferiore ai settanta giorni. Ci sarà voluto, quindi, diverso tempo per far sì che il messaggio di Iulius Lupus raggiungesse Vespasiano a Roma e perché la risposta tornasse ad Alessandria[75]. Non è dato sapere quanto tempo sia trascorso tra la caduta di Masada e la cattura dei *sicarii*, ma sembra ragionevole supporre che Iulius Lupus sia morto dopo l'autunno del 73, più probabilmente nella primavera-estate del 74. La notizia che egli fosse ancora in carica nel 73 sembrerebbe confermata da un documento papiraceo, che è stato illuminante anche per il prefetto precedente, Peducaeus Colonus, P. Oxy. 36, 2757:

II Λούπου (mano 2) ι[ς

(mano 1) ἔτους ε θεοῦ Οὐεσπασια̣[νοῦ

Θαυήτιον δι᾽ ἐγδίκου Θαμου̣[. . . . πρὸς . . . . . .]

ἐκ τῶν ῥηθέντων. Ἰούλιος Λοῦπ[ος πυθόμενος]

Ἀρείου τοῦ νομικοῦ τί περὶ τῶν .[. . . . . . . κελεύ-]

ουσιν οἱ νόμοι καὶ ἐπιγνοὺς ὅτι οὔτε .[– 12 –]

ἐν ὧι δεῖ διατάσσεσθαι οὔτε γραμμα[– 12 –]

ναι, ἐξουσίαν δὲ τοῖς πατράσι δεδώκ̣[ασιν ἀποκληρο-]

νόμους ποιεῖν τῶν παίδων οὓς ἐὰν θ[έλωσιν . . . . . .]

ἐξ ἁπάντων ἐπεγνωκὼς καὶ τὴν [διαθήκην(?) μὴ οὖσαν]

πα̣ρ̣άνο̣[μο]ν̣ καὶ τὸν πατέρα ἐξουσία[ν κεκτημένον]

[οὓς ἐὰν θέλη̣ τ]ῶ̣ν πε̣ίδων ἀποκληρον̣[όμους ποιεῖν]

[– 13 –] .υ τετε̣λ[ε]υ̣τ̣ηκότ[ος (?)

[– 14 –] vac. ? [. . .]

[– 20 –] . . . .[[76].

[75] Sijpesteijn 1979: 117.

[76] Trad.: 'Lupus. Anno quinto del divo Vespasiano . . . Thauetion, attraverso il suo rappresentante, Thamou

Al r. 2 si legge ἔτους ε θεοῦ Οὐεσπασιᾳ[νοῦ, che data il documento al quinto anno di regno di Vespasiano. Bastianini e Bureth[77] tra le testimonianze che avrebbero dovuto dimostrare la prefettura di Iulius Lupus durante il regno di Vespasiano annoveravano anche P. Oxy. 4, 706[78], che riguarda un procedimento giudiziario, ma esso riguarderebbe M. Rutilius Lupus, prefetto nel 113-117 d.C.[79].

2.2.4. Valerius Paulinus

La testimonianza di Flavio Giuseppe risulterebbe di fondamentale importanza anche per il successore di Iulius Lupus, morto in carica, come si è accennato, verso la fine del 73, Valerio Paulino[80]:

> Λούππου δὲ μετὰ βραχὺ τελευτήσαντος Παυλῖνος διαδεξάμενος τὴν ἡγεμονίαν οὔτε τῶν ἀναθημάτων οὐδὲν κατέλιπε, πολλὰ γὰρ διηπείλησε τοῖς ἱερεῦσιν εἰ μὴ πάντα προκομίσειαν, οὔτε προσιέναι τῷ τεμένει τοὺς θρησκεύειν βουλομένους ἐφῆκεν[81].

Sulla base di questo passo e sull'interpretazione di P. Oxy. 10, 1266, dove nella r. 25 appare un Κọυρ̣τίου Παυλείνου, in un primo momento si era pensato che Curzio Paulino fosse prefetto e vice-prefetto d'Egitto nel 73 d.C. Flavio Giuseppe definisce Paulino διαδεξάμενος τὴν ἡγεμονίαν, titolo che, nei papiri, è di continuo attribuito non a un prefetto effettivo, ma a un vice-prefetto. Tuttavia, egli potrebbe aver usato quell'espressione pur in senso non tecnico. Il verbo διαδέχεσθαι può intendere '*succeed to*' oppure '*act for*'[82], ma solitamente, confrontando i luoghi dell'opera dove esso compare, parrebbe potersi avanzare che Flavio Giuseppe ne intenda la prima accezione. Sembrerebbe, quindi, che il nostro passo possa essere interpretato come un riferimento al reale successore di Iulius Lupus. D'altra parte, il personaggio di Curzio Paulinus, menzionato in P. Oxy. 10, 1266, viene chiarito da un altro papiro, P. Oxy. 46, 3279. Questo documento di *epikrisis* riporta al r. 20 il nome Κουρτίου Παυλείνου. Il passo di P. Oxy. 10, 1266, viene datato al quinto anno di Vespasiano (72-73 d.C.); di conseguenza, il Paulino lì riportato veniva identificato con quello

. . .dalle cose dette. Iulius Lupus, dopo aver indagato su Areius, l'esperto legale, riguardo a . . .le leggi prescrivono e prevedono che . . .perciò si deve disporre e . . .dare ai padri il potere di diseredare quale dei loro figli desiderino . . .dal momento che ho appreso da tutti sia che la volontà è in contrasto con la legge sia che il padre possedeva il potere di diseredare quale dei figli voglia . . .'. Cfr. anche Coles, Foraboschi, Soliman El-Mosallamy, Rea e Schlag 1970: 35-36.

[77] Bastianini 1975: 274-275; Bastianini 1980: 77-78. Nella pubblicazione successiva Bastianini, però, si correggeva riconoscendone il riferimento al prefetto del 113-117 d.C. Cfr. Bastianini 1988a: 506-507.

[78] P. Oxy. 4, 706 = M. Chr. 81: [–11 –] παρ' Αἰγυπτίọị[ς –18 –]/ [τοὺς ἀπελευθ]έρους τοῖς πάτρωσι, τὸν δὲ Ἡρα[κ]λείδην/ [. . . . . ἀπειλη]φέναι παρ' αὐτοῦ ἀργύριον καὶ γεγρα-/ [φέναι χειρόγρ]αφον περὶ τοῦ μηδὲν ἕξειν πρᾶγμα/ [πρὸς αὐτόν, κα]ὶ ἀναγνόντος τὸ χειρόγραφον Λοῦπος/ [βουλευσάμενο]ς μετὰ τῶν φίλων ἀπεφήνατο οὕτως·/ [ἐν μὲν τοῖς τῶν] Αἰγυπτίων νόμοις οὐδὲν περὶ τῆς/ [– 10 – καὶ τ]ῆς ἐξουσίας τῶν ἀπελευθερωσάντων/ [– 15 –] ἀ[κο]λούθῳς τοῖς ἀστικοῖς νόμοις/ [κελεύω τὸν Δαμαρί]ωνα Ἡρακλείδῃ τῷ πάτρωνι/ [– 10 – κ]ατὰ τὸν νομόν. καὶ τῷ Δαμαρίωνι εἶπεν·/ [– 11 –]ου καὶ προστίθημι ἐάν σε μέμψηται/ [– 9 – ξυ]λοκοπηθῆναί σε κελεύσω. Una conferma verrebbe anche da Purpura 1999: 199-212.

[79] Stesso errore anche per un'iscrizione, CIG 2, 2421 = IGR 1, 530.

[80] **a.** 69 d.C. = Tac. *Hist.* 3.43; **b.** 71/74 d.C.= AE 2006, 263 = AE 2007, 288; **c.** 74 d.C.= J. *BJ*. 7.434; **d.** s.d.= P.Strasb. 6, 541; **e.** s.d.= SB 8392.

[81] J. *BJ*. 7.10.4.

[82] Per la traduzione si consulti LSJ, 392.

del passo di Flavio Giuseppe. La testimonianza papiracea P. Oxy. 46, 3279 non solo rivelerebbe che il nome esatto fosse Curzio, ma dimostrerebbe che egli era un tribuno militare del terzo o quarto anno di Nerone (56-57d.C./ 57-58 d.C.). Sarebbero, perciò, due personalità diverse quelle riportate nei documenti e a torto confuse: un tribuno militare, Curzius Paulinus del 57-58 d.C. e il prefetto d'Egitto Valerius Paulinus del 73 d.C. A conferma di questo, potrà richiamarsi un altro papiro di particolare rilevanza, P. Strasb. 6, 541. Si tratta di una ricevuta bancaria databile al regno di Vespasiano, dove figura un ἡγεμών, di cui resta solo il nome, Οὐαλερίου.

. . ισ . [.] . . [.] . . μενη̣ . [

. . υρ . . [.] . γ . ρ . . . . ε[

κατὰ τὰ ὑπὸ Οὐαλερίο[υ .... τοῦ κρατίστου]

ἡγεμόνος προστετα̣[γμένα

τὴν καθήκ(ουσαν) [ἀ]ποχὴν. (ἔτους) [........ Αὐτοκράτορος]

Καίσαρος Οὐεσπ̣(ασι)α̣ν̣ο̣ῦ Σεβ̣α[στοῦ [83]

Schwartz[84] proponeva di riferire quindi, questa testimonianza e il passo di Flavio Giuseppe a un unico personaggio, Valerio Paulino, identificabile con il procuratore della Gallia Narbonese nel 69 di cui parla Tacito[85]. Quest'ultimo, secondo l'ipotesi di Schwartz, sarebbe stato poi promosso alla prefettura d'Egitto da Vespasiano, di cui era stato sostenitore al tempo della guerra civile[86]. Valerius Paulinus potrebbe essere ancora il prefetto in carica nel 75-76 d.C. in base ad un altro testo papiraceo P. Med. Inv. 71, 44[87] del 96 o 98 d.C.:

[τῆ̣ δὲ τοῦ η ∟] θε̣ο̣ῦ̣ Οὐ̣ε̣σπα̣σια̣ν̣ο̣ῦ κατ'ο̣ἰκία̣ν̣ ἀπ[ογραφ]ῆ̣ι τῆ̣ κελευσθίση̣ ὑ[π]ὸ . . .
. . ε̣πτ̣ . . . . . ν̣ο̣υ̣

τοῦ κυ]ρίο̣υ̣ ἡγεμονε[ύ]σαντ[ος ἡμεῖ]ς ἀμφότεροι ἀπεγραψάμεθα ἐν ἰδία̣[[88].

Si tratta di una richiesta di *epikrisis* per un ragazzo di tredici anni, presentato dalla madre, assistita dal figlio maggiore, appartenenti alla categoria degli ἀπὸ τῆς μητροπόλεως di Arsinoe. Il cattivo stato di conservazione fa sì che in molti punti la lettura sia incerta. La menzione del prefetto per ordine del quale fu effettuato il censimento del 75-76 è degna di nota, perché nelle denunce di censimento

[83] Si indicano qui solo i versi iniziali che contengono il nome del nostro prefetto.
[84] Schwartz 1951: 441.
[85] Tac. *Hist.* 3.43.
[86] L'ipotesi di Schwartz è stata confermata anche da Sijpesteijn 1979: 124-125.
[87] P. Med. Inv. 71, 44 = SB 14, 11270.
[88] Si citano solo i rr. 12-13, in quanto di nostro particolare interesse. Il testo integrale è riportato anche da Montevecchi 1974: 22-28.

dell'Arsinoite il prefetto solitamente non è mai nominato. Non conosciamo il prefetto del 75-76 e il papiro ha tracce quasi illeggibili del *nomen*: è mutilo là dove doveva essere il *cognomen*, mentre l'inchiostro è del tutto svanito nel luogo dove era il *prenomen*. Si è pensato a Valerius Paulinus, ma nel testo (r.13) la lettura Οὐαλερίου pare complessa; le tracce si adatterebbero piuttosto a un Σεπτιμίου Νυ o Νου[, preceduto dal *prenomen*, ma con molta incertezza, anche perché le fibre grossolane hanno contribuito a deformare la scrittura. Ipotesi ulteriori dato lo stato di conservazione del documento paiono piuttosto complesse[89].

In ogni caso, anche se potrebbe non trattarsi di Valerius Paulinus, sembra improbabile la soluzione Settimius Nu, prefetto attestato solo in questo documento per di più frammentario e corrotto. Dalla lista dei prefetti andrebbe pertanto valutata l'ipotesi di depennare sia Quinctius (o Caunius) Paulinus sia Septimius Nu, che erano riportati rispettivamente nella lista dei prefetti del Bureth e di Bastianini[90], poiché nei documenti in nostro possesso non paiono esservi efficaci riscontri per confermarli.

2.2.5. L. Iulius Ursus

Di recente un'iscrizione latina trovata a pochi chilometri da Berenice ha rivoluzionato la cronologia prefettizia di L. Iulius Ursus[91]. Il testo è datato al nono anno dell'imperatore Vespasiano, ossia al 76-77 d.C.:

Anno VIIII Imp(eratoris)

Caesar(is) Aug(usti) Vespasiani

L.Iulius Vrsus pr(aefectus) Aegy(pti) . . rediens a

Bern(icide) hoc . . loco . . ydreuma . . quaeri praecepit.

Hoc cum esset . . inuentum . . praesidium et

Lacus aedificari iussit cura(m) agente

---

[89] Lewis ha proposto di riconoscere ai rr.13-14 il nome di C. Aeternius Fronto, attestato solo nel 78-79 d.C (Lewis 1977: 149). Ad ogni modo, lo stesso segnalava che Montevecchi, da un controllo sull'originale, riteneva la lettura da lui proposta, fosse, se non impossibile, almeno molto difficile da conciliare con le tracce rimaste. Bastianini, invece, a sua volta, confermava l'idea di Montevecchi, ritenendo improbabile paleograficamente la lettura di Lewis. Bastianini era infatti più propenso a supporre al r.13 Παυλε]ίνου, cioè il nome del prefetto Valerius Paulinus (Bastianini 1980: 78).

[90] Bastianini 1975: 274-275; Bastianini 1980: 77-78; Bureth 1988: 478-479.

[91] Per le fonti: **a.** 76/77 d.C.= AE 2001, 2051; **b.** 76/77 d.C. = AE 2001, 2039; **c.** 76/77 d.C.(?)= AE 1956, 57 ; **d.** 83/84 d.C. P.Harris 2, 178; **e.** 84 d.C. (?)= P.Tebt. 492 (ex prefetto); **f.** 84 d.C.= D.C. 67.3.1; 4, 2; **g.** 84 d.C.= *fast. Ost.* a. 84, l. 1; **h.** P.Amh. 68 (ex prefetto); **i.** 98 d.C.= *fast. Ost.* a. 98, l. 4; **j.** 100 d.C.= *fast. Ost.* a. 100, l. 2; **k.** 100 d.C.= SB 9050; (ex prefetto); **l.** 101 d.C.= AE 1939, 60 (ex prefetto); **m.** s.d. = BGU 7, 1210 (ex prefetto); **n.** s.d. = CPL 238 = CEL 1, 85 (?); **o.** s.d.= P.Oxy. 49, 3468 (forse riferito a *Iulius Vestinus*); **p.** s.d.= Dig. 8, 5, 8, 7 (?).

M. Trebonio Valente . . pr(aefecto) mont<i>s

Bernicidis[92].

Nel documento si parla della costruzione di un *praesidium* per ordine del prefetto d'Egitto curata dal prefetto di Berenice M. Trebonius Valens. Il prefetto Iulius Ursus viene, poi, ricordato sempre insieme al prefetto di Berenice in un'altra iscrizione latina proveniente da Aphrodito, nel deserto orientale, AE 1956, 57[93], la cui datazione risulta ancora molto incerta[94]:

Anno IIII [- 23 -]

L. Iulius Ursus [praef(ectus) Aeg(ypti) - 22 -] hoc

loco hydreuma [ampl]iavit et cum esset

in[secur]um praesidium [forti]us aedificari iussit

curam agente operis M(arco) Trebonio Valente praef(ecto)

Bernic(idis)[95].

L'iscrizione non ha un grande valore, perché fornisce unicamente indizi sull'esistenza nell'alto Egitto della *Legio XXII Deiotariana*, già confermata da due papiri trovati ad Alessandria del 5 e dell'8 d.C[96]. Alla luce dell'iscrizione AE 2001, 2051 verrebbero a cadere le ipotesi che datavano la prefettura di Iulius Ursus al tempo di Domiziano collocandola dopo la prefettura di Laberius Maximus e prima di Septimius Vegetus[97]. Un'altra epigrafe latina riporta il nome di Iulius Ursus, il quale oltre alla prefettura d'Egitto aveva ricoperto anche quella di *praefectus annonae*, AE 1939, 60[98]. Come tale, Iulius Ursus, comunque, non è mai nominato nei documenti in nostro possesso[99].

---

[92] AE 2001, 2051: 'Anno 9 dell'imperatore Cesare Augusto Vespasiano, L. Iulius Ursus, prefetto d'Egitto, tornando da Berenice . . ., ha dato istruzioni di cercare un pozzo . . . trovato . . . ordinò che si costruisse lì un forte e una cisterna sotto la direzione di M. Trebonius Valens, prefetto del deserto di Berenice'.

[93] La stazione di Aphrodito non viene menzionata da nessuna fonte prima dell'*Antonini itinerarium*. Plinio parla solo di una stazione, senza nominarla, tra la sua Hydreuma I e Hydreuma II, perchè si trovava *in monte diei itinere* (Plin. *HN*. 6.102). Cfr. Meredith 1954: 286-287.

[94] Si era pensato in un primo momento a un anno imprecisato di Domiziano, la cui cifra poteva essere sia III che IIII, quindi circa l'83-84 o l'84-85.

[95] Trad.: 'Anno quarto (dell'imperatore . . .), L. Iulius Ursus, prefetto d'Egitto, ha ampliato in questo punto il serbatoio e, essendo il forte troppo basso, ha ordinato di costruire in modo più robusto, compito affidato a Marcus Trebonius Valens, prefetto di Berenice'. Cfr. Bernand 1977: 166. Cfr. anche Mangioncalda 2012: 113-129.

[96] BGU 4, 1108 e BGU 4, 1104.

[97] Montevecchi 1988b: 130; Bastianini 1975: 274-275; Bastianini 1980: 77-78; Bastianini 1988a: 506-507; Bureth 1988: 478-479.

[98] AE 1939, 60. Cfr. Jördens 2009: 200-201.

[99] Lo stesso avviene in P. Tebt. 492.

Nel papiro P. Amh. 2, 68 verso[100], in effetti, Iulius Ursus viene menzionato due volte (r. 39 e 67) ma senza precisazione sul suo titolo ufficiale. Piganiol aveva avanzato l'ipotesi, in base al frammento di un'altra iscrizione, AE 1940, 93, che Iulius Ursus fosse il prefetto del pretorio dell'anno 84. Per superare la situazione di stallo che si era venuta a creare, in base alle ipotesi contrarie di altri studiosi, Piganiol aveva proposto di spostare la prefettura di Iulius Ursus prima di quella di L. Laberius Maximus, anche se questo lo portava ad anticiparla ulteriormente perché Tettius Africanus era attestato come prefetto d'Egitto nel terzo anno di Tito. La prefettura di Iulius Ursus, quindi, doveva essere collocata nel 78-79, ma rimanevano vacanti, secondo questa soluzione, gli anni successivi[101]. Questa posizione pur per molto tempo osteggiata, grazie al ritrovamento dell'epigrafe latina AE 2001, 2051 farebbe oggi, di quella che era soltanto un'ipotesi di Piganiol, la soluzione più probabile. Il papiro P. Harr. 2, 178, d'altra parte, contiene una copia del giudizio estratto probabilmente dal processo verbale di un'udienza del prefetto Iulius Ursus.

Ἰούλιος Οὖρσος σκεψάμ[ενος μετὰ τῶν συν-]

εδρευαντων ἔφη· προσε̣ .[

ἀναγκαιοτάτων κ̣α̣ὶ ε̣ἰ̣ς ὑπ[

φθάνοντι ἐρῷ̣ι̣ δὲ π̣ας .[

πολλῶν κ̣α̣τ̣ὰ̣ τοῦ στρατηγοῦ [

ἀνεστράφθαι. διὸ ζημ̣ .[

αὐτοῦ τῇ μ .τρ . . . .[

ἕνεκα ου κέρδους τοῦ φίσκο[υ

κέρδος ζητοῦσιν τοῦ κυρ̣ι̣[ακοῦ λόγου

εν ἀπ[ὸ] δὲ̣ εκα̣ . . . .ε̣ . .[

μηδὲ ἐπιβῆν̣α̣[ι] τ̣ο̣ῦ νομ̣ο̣ῦ̣ [

θ̣εων κ .α̣ . . .ς διαβλ̣η̣ . .[

[100] Si citano qui solo i righi, nei quali è nominato Iulius Ursus (rr. 36-40): ἐδαφῶν ἔμπροσθεν ἐωνημένων κ(αὶ)/ παραδειχθέντων ἀπὸ ὑπολόγων, ᾧ̣ ἡ/ διάθεσις διὰ τῶν λόγων οὐκ ἀναγρ̣[. .] ./ δ̣ι̣α̣ .ρ̣ουργῳ̣ν ἤχθη, κ(αὶ) Οὖρσος, παραγ[γελλο-]/ μένου ἐν τοῖς ἐδάφεσι εἶναι ἀρούρας; rr. 65-70: εἰ παρεδείχθησαν, κ(αὶ) Οὐέγετος/ ἔκρεινε τὸν νῦν στρατηγὸν ἐξετάσαι/ ὡς Οὖρσος. οὗτος δὲ καὶ ἑξῆς βασιλικὸς/ ἐδήλωσαν μηδὲ νῦν τὰς παραδείξεις/ ἐνενηνέχθαι, καὶ Μέττιος Ῥοῦφος/ἔκρεινε.

[101] Cfr. Pfaum 1960: 130-131.

χαν̣ σ̣ον π̣ε̣ρ̣ι̣ . . . .[

. . .μ̣ιοθη̣σ̣εται̣ .σ̣ε̣ι̣ πασ̣α̣ .[

. . . .λ̣αξ̣ε̣ι̣ . . .δ̣[.] βιβλιοφυ[λα]βυβλιοφυ̣[λα

επιδ̣ε̣[–9 –] .ν̣ .[

ὑπουργεῖν τ̣[.] . . . .[

.[. .]ψ . .τρι .[. .] .ηρ .[

[– 13 –] . .[

[– 11 –] .οι . .[

La mancanza della frase introduttiva, della data, della presentazione delle parti in causa e dei rappresentanti legali inducono a escludere che si tratti della parte iniziale del dibattimento, considerazione alla quale si aggiungono le valutazioni sul tipo di manufatto, che farebbero pensare a una copia o un allegato a un altro documento. Dalla parte conservata non si ricavano che scarsi elementi utili ad individuare le questioni trattate, che pare coinvolgessero gli interessi del fisco (r. 8: κέρδους τοῦ φίσκο[υ). Il frammento, poi, non presenta una datazione precisa e anche qui il titolo ufficiale di Iulius Ursus non pare menzionato. Ad ogni modo, negli estratti dei procedimenti giudiziari il prefetto fu regolarmente indicato nel I e II sec. d.C. solo con il nome e fu solo a partire dal III sec. che si ebbe ogni volta l'aggiunta di ἔπαρχος Αἰγύπτου[102]. Si spiega, pertanto, la mancanza del titolo di prefetto nei documenti esaminati, ai quali si aggiunge P. Oxy. 49, 3468:

Λευκίωι Ἰουλίωι [–10 –]

παρὰ Ἀπολλωνίο̣υ [–10 –]

τῶν ἀπὸ Ὀξυρύγχ[ων πόλεως]

τοῦ Ὀξυρυγχείτ̣[ου νομοῦ.]

ἐδανεισάμην σὺν Θέωνι̣ Ἁσύ-

χιος παρ̣ὰ τοῦ τοῦ Θέωνος ἀδελ-

φοῦ Ἁρσιήσιος ἀργυρίου (δραχμὰς) σ ὧν

[102] Bastianini 1984: 1336-1340.

τοὺς κατ' ἔτος τόκους ἐδιορθω-

σάμην ṭῷ τε Ἀρσιῆσι καὶ τῇ τού-

του γυṿ[α]ịκὶ Τετεῦρι[103].

Questa testimonianza papiracea è una petizione indirizzata al prefetto da Apollonio, in cui quest'ultimo chiede di agire contro Harsiesis e sua moglie per impedire loro di far rispettare un disegno di legge di pignoramento per la sua parte di una casa, perché egli non è riuscito a saldare un debito. Apollonio aveva già presentato ricorso contro il pignoramento e l'ingiunzione era stata concessa dallo *strategos*. Harsiesis e Teuteuris avevano ignorato la sentenza del funzionario e avevano continuato a rivendicare la proprietà. Per questo, nel testo, Apollonio fa appello al prefetto Iulius Ursus. Difficilmente si può essere portati a dubitare che Iulius Ursus, nominato in questi testi, non sia lo stesso Ursus, che è conosciuto attraverso lo *Gnomos* dell'*Idios Logos*, BGU 7, 1210[104].

νδ θυγατρὶ μ[ι]σσικίου Ῥωμαίạ γεν[ομ]ẹνῃ Οὖρσος οὐκ

[ἐπέτρε]ψε

κληρον[ομ]ῆσαι τὴν μητέραν Αἰγ[υπ]τίαν οὖσαν.

Lo *Gnomos* dell'*Idios Logos* riassumeva il regolamento ufficiale; era un manuale per l'istruzione degli *idiologoi* creato sotto Augusto e che sopravvisse in copie successive, nelle quali erano comprese correzioni e aggiunte, elaborate dai successivi imperatori e funzionari. La maggior parte dello *Gnomos* dell'*Idios Logos* è un elenco di casi in materia di confisca dei beni senza proprietario o del pagamento delle ammende, soprattutto in relazione allo *status* sociale degli individui.

2.2.6. C. Aeternius Fronto

Un'epigrafe pare attestare che un certo C. Liternius Fronto avesse assunto la prefettura d'Egitto fra il 1° luglio e il 28 agosto del 69, AE 1937, 236. L'iscrizione, incisa sul collo di un vaso, fu pubblicata nel 1936:

1 ἔτους ια' Αὐτοκράτορος Καίσαρος Οὐεσπασιανοῦ Σεβαστοῦ ἐπὶ Γαίου Λιτερνίου Φ[ρό]ν-

[103] Si indica in questa sede solo la parte iniziale del documento, dove compare il nome di Iulius Ursus. Trad.: 'A L. Iulius . . . da Apollonius figlio di . . . dalla città di Ossirinco nel *nomos* di Ossirinco. Con Theon figlio di Hasychis io devo al fratello di Theo Harsiesis duecento drachme d'argento, sul quale io pago l'interesse annuale a Harsiesis e a sua moglie Teteuris'. Cfr. Bülow-Jacobsen e Whitehorne 1982: 126-129.
[104] Si menzionano qui i righi del papiro che si riferiscono esplicitamente al nostro prefetto (rr. 140-141).

τωνος ἐπαρχου Αἰγύπτου.

Una nuova lettura del testo ha portato oggi a correggere la data dell'iscrizione dal 69 al 79 ed il nome del prefetto da C. Liternius Fronto a C. Aeternius Fronto[105]. La correttezza di questa nuova lettura parrebbe poi confermata anche da P. Oxy. 36, 2756[106]:

ἀ]μφοδάρχ[η̣]
[Δρόμου] Θ̣ο̣[ή]ρ̣ι̣[δος
[παρὰ Νικά]νορο̣ς̣ τοῦ Σωστράτου [καὶ]
[. .] .[. .]α̣τ̣ο̣ς μητρὸ̣ς̣ Θ̣αισᾶτος [τῆς]
Πτολεμαίου ἀμφοτέρων τ̣ῶ̣[ν]
ἀπ' Ὀξυρύγ[χ]ων πόλεω[ς]. πρὸς τὰ [ταχ-]
θέντα ὑπὸ τοῦ κυρίου ἡγεμόν[ος]
Αἰτερνί[ο]υ Φρόντωνος περὶ τῶν
ἐπ' Ἀ̣λεξα̣νδρίας διατριβόντ[ων]
ἐπερωτώμενοι ὑφ' ἡ̣μῶν ὑπὲ̣ρ̣
τοῦ Ν[ι]κ̣ά̣ν̣ορος υἱοῦ Ἰσιδώρου γερδί[ου]
ἀποφαινόμεθα τοῦτον ἐπ' Ἀλεξ̣[αν-]
δρίας διατρίβειν κα̣ὶ ἐ̣ν ὁμο̣λ̣ό̣γ̣[ῳ̣ λα-]
αγραφίας τοῦ ἐνεστῶτος ἑνδεκ̣[άτου]
ἔτους Αὐτοκράτορο[ς Οὐεσπασιανοῦ]

[105] Per le fonti: **a.** 70 d.C. = J. *BJ.* 6.238; **b.** 70 d.C. J. *BJ.* 6.416-419; **c.** 78/79 d.C.= AE 1937, 236 = SB 8958; **d.** 78/79 d.C.= P.Oxy. 36, 2756; **e.** s.d.= P.Oxy. 41, 2987.

[106] Dichiarazione che concerne una residenza ad Alessandria, in cui il padre conferma il soggiorno del figlio ad Alessandria nel quartiere dove suo figlio è stato segnalato per la tassa *pro capite*. Questo documento rivelerebbe parte di quali erano i problemi della mobilità della popolazione per la riscossione delle imposte. Il ruolo dello stratego era cruciale nella riscossione di queste imposte già con Tiberio Giulio Alessandro, ma questo documento del periodo del prefetto Aeternius Fronto dimostra un cambiamento avvenuto all'inizio dell'età flavia per coloro che alloggiavano nella capitale, nonostante la loro prima residenza risultasse nella *chora*. Cfr. Jördens 2009: 312-313.

Σεβαστοῦ ἐπὶ τοῦ αὐτ̣[οῦ ἀμφόδου Δρό-]

[μο]υ̣ [Θ]οήριδος καὶ [ὀμνύομεν Αὐ-]

[τοκ]ρ̣ά̣τ̣ορα Κα̣[ί]σ̣α̣[ρα [107].

Questa dichiarazione del 78-79 d.C., inviata in base ad un ordine del prefetto, di cui riporta il *nomen* nella forma Αἰτερνί[ο]υ Φρόντωνος, è probabilmente da intendersi in connessione con il problema annoso delle *anachoresis* in Egitto. Dichiarazioni di questo tipo, dove si attesta che un determinato individuo era rimasto contribuente nella sua *idia*, nonostante la permanenza ad Alessandria, servivano a identificare gli Egiziani che si trovavano in città per motivi legittimi[108]. Ulteriore prova di conferma è il papiro P. Oxy. 41, 2987, dove si legge chiaramente Γαίωι Αἰτερνίωι Φρόντωνι al r.1. È peraltro quanto meno una curiosa coincidenza il fatto che le truppe provenienti da Alessandria d'Egitto che parteciparono all'ultima fase della repressione della rivolta giudaica con Tito fossero agli ordini di un certo Fronto[109]. Nell'elenco degli alti ufficiali che presero parte al consiglio di guerra riunito da Tito per decidere se distruggere o meno il tempio di Gerusalemme, questo personaggio viene nominato dopo Tiberio Giulio Alessandro e i tre comandanti di legione, ma prima del procuratore della Giudea: il suo incarico preciso era quello di *praefectus castrorum* delle truppe venute ad Alessandria[110]. Flavio Giuseppe aggiunge che Fronto era uno degli amici di Tito e che a lui venne affidato il compito di scegliere tra i prigionieri di guerra, dopo la conquista di Gerusalemme, quelli da uccidere, quelli da riservare al trionfo, da destinare ai giochi circensi e infine quelli da mandare in Egitto ai lavori forzati[111]. Il particolare riferimento del suo incarico nelle truppe di Alessandria potrebbe portare a ritenere che egli fosse anche uno stretto collaboratore dell'ex prefetto d'Egitto e che avesse ricevuto proprio da Tiberio Giulio Alessandro la delega a svolgere le mansioni di *routine* connesse con la prefettura d'Egitto nell'estate del 69 fino alla partenza per la Giudea nel 70. D'altra parte, secondo lo Stein[112], Fronto sarebbe stato un vero e proprio viceprefetto d'Egitto, ma i due documenti papiracei P. Oxy. 36, 2756 e P. Oxy. 41, 2987 porterebbero a ritenere piuttosto discutibile quest'ultima ipotesi e a confermare la prefettura di Fronto nel 79.

[107] Trad.: 'A . . . *amphodarca* della strada di Thoeris . . ., da Nicanor, figlio di Sostratos, e . . ., essendo sua madre Thaisas figlia di Tolemeo, entrambi della città di Ossirinco. In risposta agli ordini del signore prefetto Aeternius Fronto riguardanti quelli che soggiornano ad Alexandria, interrogati da voi su Nicandro figlio del tessitore Isidoro, noi dichiariamo che egli soggiorna ad Alessandria e che si trova nella lista ufficiale dei contribuenti della *laographia* per il presente undicesimo anno dell'imperatore Vespasiano Augusto nello stesso quartiere della strada di Thoeris; giuriamo per l'imperatore Cesare . . .'. Cfr. Coles, Foraboschi, Soliman El-Mosallamy, Rea e Schlag 1970, 33.

[108] Cfr. anche Packman 1991: 91-102; Seidl 1974: 99-110.

[109] J. *BJ*. 6.4.3.

[110] J. *BJ*. 4.4.3

[111] J. *BJ*. 4.3.14.

[112] Stein 1950: 39.

2.2.7. C. Tettius Africanus Cassianus Priscus

Si tende finalmente ad essere concordi sull'identificazione del prefetto d'Egitto degli anni 80-82, C. Tettius Africanus Cassianus Priscus[113]. La prova incontrovertibile della sua prefettura è stata data da un'epigrafe, OGIS 672[114].

ἔτους τρίτου
Αὐτοκράτορος Τίτου
Καίσαρος Οὐεσπασιανοῦ
Σεβαστοῦ ἐπὶ Γαΐου
Τεττίου Ἀφρικανοῦ
Κασσιανοῦ Πρίσκου ἡγεμόνος
ὠρύγη Ἀγαθὸς Δαίμων
ποταμὸς ἐπὶ τὰ τρία στερεὰ
καὶ ἐπὶ τὸ ἀρχαῖον ἀπεκατε-
στάθη ἕως τῆς πέτρας καὶ
ἐτέθησαν παρ' ἑκάτερα τῶν τ[οί]-
χων πλάκες ἐπιγεγραμμέ-
ναι δεκατέσσαρες.

L'iscrizione proveniente da Schedia, che riguarda la manutenzione idrica del Delta del Nilo, è stata datata al terzo anno del regno di Tito e sotto la prefettura di Γαΐου Τεττίου Ἀφρικανοῦ Κασσιανοῦ Πρίσκου, nell'anno 80-81 d.C.[115]. Il nome di questo prefetto è contenuto, questa volta con la data esatta, in un'altra epigrafe latina, CIL 3, 35[116]:

[113] Per le fonti: **a.** 80/81 d.C. = AE 1902, 160 = OGIS 672 = SB 8902; **b.** 12.2.82 d.C.= CIL 3, 35 = ILS 8759 = Bernand 1960: 44, n. 8; **c.** s.d. = CIL 11, 5382. Montevecchi 1988b: 130; Bastianini 1975: 274-275; Bastianini 1980: 77-78; Bastianini 1988°: 506-507; Bureth 1988: 478-479.

[114] L' iscrizione OGIS 672 (= SB 8902) è stata già menzionata nelle pagine precedenti per la titolatura imperiale di Tito.

[115] Jördens 2009, 415.

[116] CIL 3, 35 = ILS 1996 = Memnon 8.

Funisulana Vettulla

C(aii) Tetti(i) Africani praef(ecti) Aeg(ypti)

uxor audi Memnonem

pr(idie) Id(us) Febr(uarias) hora (prima et dimidia)

anno I Imp(eratoris) Domitiani Aug(usti)

cum iam tertio venissem.

La data riportata nel testo è il 12 febbraio dell'82, per cui non è possibile collocare con sicurezza la prefettura di C. Tettius Africanus tra gli anni 80 e 82, durante il regno di Tito. Un'altra conferma viene da CIL 11, 5382, un'iscrizione latina che risulta purtroppo molto frammentaria[117]. Il testo è iscritto su una base lapidea che riporta le tre più alte cariche della carriera dei cavalieri. Il nome del prefetto non si legge molto bene a causa della frammentarietà del testo, ma l'identificazione con il nostro prefetto è più che probabile[118].

2.2.8. L. Laberius Maximus

Le prove documentarie in nostro possesso risultano alquanto scarse, invece, per il successore di C. Tettius Africanus Cassianus Priscus, L. Laberius Maximus[119]. Egli apparteneva a una famiglia locale di Lavinio e un uomo con lo stesso nome era lì nel 42, con ogni probabilità, suo padre, proprio come il senatore romano M. Laberio Massimo sembra essere stato suo figlio[120]. Il nostro Laberius Maximus intraprese presto la carriera ufficiale e già nel 71 era procuratore della Giudea. Questa notizia ci viene fornita da Flavio Giuseppe, che lo nomina in un passo del *Bellum Iudaicum*:

> Περὶ δὲ τὸν αὐτὸν καιρὸν ἐπέστειλε Καῖσαρ Βάσσῳ καὶ Λαβερίῳ Μαξίμῳ, οὗτος δὲ ἦν ἐπίτροπος, κελεύων πᾶσαν γῆν ἀποδόσθαι τῶν Ἰουδαίων. οὐ γὰρ κατῴκισεν ἐκεῖ πόλιν ἰδίαν αὐτῷ τὴν χώραν φυλάττων, ὀκτακοσίοις δὲ μόνοις ἀπὸ τῆς στρατιᾶς διαφειμένοις χωρίον ἔδωκεν εἰς κατοίκησιν, ὃ καλεῖται μὲν Ἀμμαοῦς, ἀπέχει δὲ τῶν Ἱεροσολύμων σταδίους τριάκοντα[121].

Nel passo si parla di una lettera inviata dall'imperatore Tito a Laberio Massimo, allora procuratore della Giudea, per risolvere la questione dei veterani del suo esercito.

[117] CIL 11, 5382: [C. Tetti]o C. f. / Ouf. africano/ [p]raef vigilum/ [p]raef annonae/ praef aegypti/ piissimo/ munificentissimoq./ [e]rga patriam...
[118] Stein 1950: 41.
[119] Per le fonti: **a.** 71 d.C. = J. *BJ*. 7.216; **b.** 80 d.C.= CIL 6, 2059 = 32363 = ILS 5049; **c.** 9.6.83 d.C.= CIL 16, 29 = ILS 1996; **d.** 9.7.83 d.C.= P.Fam.Teb. 15; **e.** s.d.= CPL 283 = P.Berol. 8334; P.Giss. 84;
[120] Stein 1950: 41.
[121] J. *BJ*. 7.6.6.

Nove anni più tardi incontriamo, poi, il suo nome come *procurator praef. annonae*[122]. Nell'83 è prefetto d'Egitto e, come tale, è nominato con il suo nome completo in un'iscrizione latina, CIL 16, 29[123]:

[Imp. Caes]ar, divi Vespasiani f., Domitianu-
[s August]us, pontifex maximus, tribunic(ia) [potesta]-
[t]e II, imp(erator) III, p(ater) p(atriae), co(n)s(ul) VIIII designat(us) X
[equitibus] et peditibus, qui militant in alis
[tribus e]t cohortibus septem, quae appel-
[lantur] Augusta et Apriana et Commage
[norum; e]t I Pannoniorum et I Hispanorum
[et I Flavi]a Cilicum et I et II Thebaeorum
[et II et III] Ituraeorum, et sunt in Aegypto
[sub L. La]berio Maximo, qui quina et vice-
[na stip]endia aut plura meruerant,
[quorum] nomina subscripta sunt, ipsis
[liberis] posterisque eorum civitatem[124].

Tra i pochi documenti che riportano il nome di Laberius Maximus annoveriamo anche P. Giss. 84, che, tuttavia, non presenta una datazione precisa[125]. Fortunatamente datare la prefettura di Laberius Maximus è possibile grazie a un'altra testimonianza papiracea, P. Fam. Tebt. 15 (copia di un rapporto con annessi documenti precedenti, ma databile al 114-115 d.C.):

ἀντίγραφον ἐπιστολῆς ὁμηώματος· Λαβέριος Μάξιμος Πομπηΐωι Διονυσόδωρο στρατηγῶι Ὀξυρυγχείτου χ[α]ίρειν.

[122] Cfr. CIL 6, 2059 = ILS 5049.
[123] CIL 16, 29 = ILS 1996 = Daris 85.
[124] Si riporta qui solo la parte dell'iscrizione relativa alla menzione del nostro prefetto.
[125] Si menzionano in questa sede solo i righi 1-5, perché di nostro particolare interesse: II ὅταν δὲ ἐξέτ[ασις ἐγίνετο τῷ̣ . . . . ἔτει ὑπὸ τοῦ ἡγεμονεύσαντος]/ Λ̣α̣βερίου Μαξίμ[ου . . . . . .]/ ἐξητῆσθαι Ἀσκ[λ]ᾶν υἱὸν Πο̣υ̣έριος δ[. . . .]/ ὁ τότε ἐπιζητηθ̣ε̣ὶς ου . .ε̣ν. αἰτία δὲ . . . .α̣[. .]αφ[. .]τ̣ .[. . .]/ ὤφθης οὔτε τ̣οῖς [πε]ρ̣ὶ το̣ῦτον.

τὸ δοθέν μοι ἀναφόριον ὑπὸ Ἡρακλείδου δημοσίου βιβλιοφύλακος ἔπεμψά σοι. εἰ οὖν φησι Διονῦσι Δωρίωνος

τὸν προσκατασταθέντα αὐτῶι ἐξ ἧς <ἔπεμψας> ἐπιστολῆς βιβλιοφύλακα μὴ παραλαμβάνειν τὰ βιβλία, βούλομαί) σε

ἐπιστῆναι ὅπως τὴν παράδωσιν ποιήσηται. ἐὰν δὲ ὥσπερι τὸ ἀναφόριον περιέχι, κατὰ τοῦτο περιίστηται ὁ Διονύσιο(ς),

ἐκζητῶν διακόλλησιν τῶν βιβλίων γενέσθαι καὶ ἀναγραφήν, οὐ δοκεῖ μέν μοι ἄδικον ἐπιζητεῖν, σοὶδὲ ἀκριβέσ-

τερον ἐξέτασον παραζεύξας αὐτοῖς τινα τῶν σῶων παρακολουθητήν, ὅπως τὰ μὲν δυνάμενα τῶν βιβλίων δια-

κολληθῇ, τὰ δὲ μὴ δυνάμενα ὅποια ἐὰν ᾖ κατελιφθῇ, ἀναγραφὴ δὲ πάντων Διονυσίωι μεταδοθητο. ἔρρωσο.

(ἔτους) β Δομιτιανο(ῦ) Ἐπὶφ ιε[126].

Se non è concesso conoscere la durata del suo mandato con precisione, d'altra parte, pare sicuro ritenere la sua prefettura, in ogni caso, conclusa nel febbraio dell'85 d.C., quando era ormai in carica il suo successore Septimius Vegetus.

2.2.9. C. Septimius Vegetus

C. Septimius Vegetus fu prefetto d'Egitto sicuramente a partire dall'85 d.C. Tra le diverse testimonianze in nostro possesso[127], la prima che riporta la datazione più antica del suo mandato è P. Flor. 1, 61[128], una copia di un processo verbale di un'udienza del prefetto dell'8 febbraio dell'85:

ἀντίγραφ[ον ἐξ ὑπομνημα]τισμῶν

ἔτους δ [Αὐτοκράτο]ρος Καίσαρος Δομιτιανοῦ

Σεβαστ[οῦ Γερμανικοῦ Μ]εχεὶρ ιδ.

[126] Si citano qui solo i rr. 98-105, che si riferiscono al nostro prefetto. Il testo fa parte di una serie di documenti scoperti a Tebtynis nel 1911. Sono perlopiù testi appartenenti ad archivi familiari che riguardano diverse generazioni; tra essi il più antico risale al 89-90 e il più recente al 224 d.C.

[127] Recentemente è stata ritrovata anche un'altra epigrafe, che attesta il nostro prefetto durante la V *tribunicia potestas* di Domiziano, AE 2001, 2044. In gen. per le fonti: **a.** 8.2.85 d.C.= P.Flor. 1, 61 = M.Chr. 80; **b.** 9.85/9.86 d.C. = AE 2001, 2044 ; **c.** 17.2.86 d.C.= CIL 16, 32; **d.** 29.3.87 d.C.= P.Hamb. 4 = P.Jur.Meyer. 86 = SP 249; **e.** 86/87 d.C. (?)= P.Iand. 53 ; **f.** 86/87 d.C.= ILS 9369 = OGIS 673 = IGR 1, 1099 = SB 8903; **g.** 26.2.88 d.C.= OGIS 675 = IGR 1, 1287 = SB 8905; **h.** *ante* 4/5 88. d.C=P.Flor. 55; **i.** s.d.= AE 1956, 57 = Bernand 1981, n. 167; **j.** s.d.= IGR 1, 1233; **k.** s.d.= P.Amh. 68 *verso* II (ex prefetto); **l.** 88-89 d.C.= P.Oxy. 45, 3240 (ex prefetto); **m.** 24.6.94 d.C.= P.Oxy. 2, 273, 5 (ex prefetto).

[128] P. Flor. 1, 61 = M. Chr. 80.

La data è chiaramente indicata nei rr. 1-3 del documento, ma non siamo sicuri della provenienza del papiro. La causa, quindi, può essere stata discussa ad Alessandria oppure in qualche altra *metropoleis* dove il prefetto si recava per il *conventus*. Le parti in causa sono Phibion e un altro personaggio non meglio identificato; origine della lite pare fosse una obbligazione (prestito di cento artabe di grano) contratta dal padre del personaggio senza nome verso il padre di Phibion, obbligazione che non è ritenuta valida dal personaggio sconosciuto e dal suo avvocato. Phibion invece di seguire le vie legali e citare in giudizio il contendente e recuperare il presunto credito paterno, pare si fosse fatto giustizia da sé arrestando lui e le donne di famiglia, abuso che poteva essere punito con la fustigazione. Nella sentenza il prefetto Septimius Vegetus decide la vertenza civile, ma minaccia anche di far fustigare Phibion. La controversia era complicata dal fatto che Phibion e il presunto debitore avevano rinunziato all'eredità, ciascuno del proprio padre, perché entrambi i genitori, nella loro qualità di sitologi, erano rimasti in debito con il fisco:

> Σεπτίμιος Οὐέγετος τῶι Φιβίωνι· ἄξιος μ̣[ὲ]ν ἦς μαστιγωθῆναι, διὰ σεαυτοῦ [κ]ατασχὼν ἄνθρωπον εὐσχήμονα καὶ γυν[αῖ]καν· χαρίζο̣μαι δέ σε τοῖς ὄχλοις καὶ φιλανθρωπ[ότ]ερ[ό]ς σοι ἔσομαι. διὰ τεσ[σ]εράκοντα ἐτῶν ἐπιφέ[ρε]ις ἐπίσταλ[μ]α· τὸ ἥμισ[ύ] σοι τοῦ χρόνου χαρίζομαι· [μ]ετὰ εἴκοσι ἔτη ἐπανελεύσῃ πρὸς ἐμέ. καὶ ἐκ[έ]λευσε τὸ χειρ[ό]γ̣ραφον χιασθῆναι.

La sentenza del processo risulta enigmatica per la frase finale del prefetto rivolta a Phibion (r.62): 'tu presenti questa obbligazione dopo quarant'anni. Ti faccio grazia della metà di questo tempo: ritornerai da me fra vent'anni'. La frase riportata è incerta e potrebbe essere intesa, secondo l'editore[129], come 'tu presenti una obbligazione di quarant'anni fa. Ora se anche ti regalo vent'anni, tu ti troverai sempre a rivolgerti a me con un documento vecchio di vent'anni, cioè non più valido'. Quale che sia la giusta interpretazione grammaticale del passo, nella sentenza, comunque, si applica una prescrizione ventennale estintiva dell'azione. Al 17 febbraio dell'86 risale, invece, un'iscrizione latina contenente un diploma militare, CIL XVI, 32, dove si trova il nome del nostro prefetto Septimius Vegetus (rr. 5-6: *in Aegypto sub*

[129] Comparetti, Vitelli 1960: 113-116.

C. Septimio Vegegto). Come era avvenuto per i documenti di Iulius Ursus, anche qui il titolo ufficiale del funzionario non viene nominato. Infatti, in P. Iand. 4, 53[130] ancora una volta non c'è traccia di Septimius Vegetus come prefetto d'Egitto. Il testo risale all'anno 86-87, esattamente come un'altra epigrafe bilingue, OGIS 673[131], dove in questo caso, invece, è chiarissimo il riferimento alla prefettura egiziana. Tra i documenti nei quali Septimius Vegetus è nominato[132] ma dove non è presente alcuna informazione sul suo mandato o sulla sua probabile datazione, c'è il papiro P. Oxy. 273, un contratto di cessione di un terreno del 24 giugno del 95 (rr.5-6: ὑπὸ Γαίου Σε[πτ]ιμ̣[ίο]υ̣/ Ο[ὐ]εγέ[τ]ου τοῦ [ἡγ]εμονεύσαντος). Fortunatamente siamo in possesso di un'iscrizione proveniente da Medinet Madi nel Fayoum, anche se senza datazione.

[Ὑ]πὲρ Αὐτοκράτορος Καί[σα]-
[ρος Δομ̣]ιτιανοῦ Σεβαστ[οῦ]
[Γερμ]ανικοῦ καὶ [τοῦ παν]-
[τὸς] α[ὐτοῦ [οἴκου
] υ̣ου ἐπὶ Γαί[ου]
[Σεπτ]ιμίου Οὐεγέτου ἔπα[ρ]-
χου Αἰγύπτου Σαταβοῦ
Ἥρωνος ἐπεσκεύασεν
ἐπ' ἀγαθῶι κατ' εὐσεβίαν
] ομει̣ [133]

[130] Si riporta qui il testo integrale della terza colonna del papiro, dove risulta il nome del nostro prefetto: καὶ Μ̣[έτ]τι[ο]ς Ῥο̣[ῦ]φ[ο]ς ἐπὶ Μαρε̣ώτ̣ου [ἐ]ν [τ]οῖς τοῦ ς [(ἔτους)]·/ ἀχ[θέν]τ[ο]ς τ[ὸ]ν̣ [στ]ρατηγὸν γεγρ[α]φένα̣ι Σεπτιμ̣ίω̣ι/ Οὐεγ[έ]τω[ι] Φλῶ̣ρόν τινα ἐπιτεθεικέναι τῶ̣ν̣/ ἐπ[ιπέ]δων ἐπ̣[ὶ] χρόνῳ̣ ὄντι εἰς π[λ]ήρω̣σ̣ιν (δραχμὰς) φ/ σὺν [π]ροσδιαγρα[φ]ομένοις ἐφ' ἔτη δ καὶ μηδ̣[ὲ]ν̣/ ἀντ̣[ι]γεγρ̣[ά]φθα[ι]. Μέττιος Ῥ[ο]ῦφος ὑπέγραψεν·/ ε̣[ἰ] μ̣ὲ̣ν̣ χρόνος ἐστίν, ἀπολύω. ὁ δὲ τὸ μεμι-/ σθω[μένον ἄ]λ̣λῳ̣ καὶ ἔτι ε .[. . . . .] μ̣ετ' ἐπι-/ θέμ[ατος . . .] δ̣έξ̣α̣σ̣θ̣αι βο̣[. . . . .]σαι τεσ-/ σα̣[ρ . . . .]ντο ἐπιθ[εμα . . . .] vac. ?.
[131] OGIS 673 (= ILS 9369 = IGR 1, 1099 = SB 890): anno VI Imp(eratoris) ⟦Domitiani⟧/ Caesar(is) Aug(usti) Germanic(i)/ sub C(aio) Septimio Vegeto praef(ecto) Aeg(ypti)/ foditu(m) est flumen Philagrianu(m)/ at tria soldu(m) usque ad petras./ ἔτους ς Αὐτοκράτ[ορος]/ Καίσαρος ⟦Δ̣ο̣μ̣ι̣τ̣ι̣α̣(νοῦ)⟧/ Σεβαστοῦ Γερμανικοῦ/ ἐπὶ Γαΐου Σεπτιμίου/ Οὐεγέτου ἡγεμόνος/ ὠρύγη ποταμὸς Φιλαγριανὸς ἐπὶ τὰ/ γ' στερεὰ ἕως τῆς πέτρας.
[132] ChLA 11, 505 (r. 6: [---]tem Veg(et) praef(ect)).
[133] Nonostante la frammentarietà del testo dovuta allo stato di conservazione, Bernand proponeva la seguente traduzione del testo: '*Pour l'Empereur César Domitian Auguste Germanique et toute sa maison . . . sous Caius Septimius Vegetus, préfet d'Egypte, Stabous, fils de Héron a réparé pour le bien, par piété . . .*'- Cfr. Bernand 1975: 88-89.

La stele, trovata fra le macerie che ostruivano l'accesso al sacrario del tempio faraonico, commemora i lavori di ristrutturazione del santuario di Hemouthis sotto il prefetto d'Egitto Septimius Vegetus. L'iscrizione è databile al regno di Domiziano, ma l'anno di riferimento può essere collocato solo in base alle notizie in nostro possesso sul mandato di Septimius Vegetus come prefetto d'Egitto. Il nome dell'imperatore Domiziano è anche qui martellato, come in molti altri documenti, a causa della *damnatio memoriae* sancita dal Senato dopo la sua morte. Lo stesso non è avvenuto per il nome del prefetto d'Egitto, il cui ufficio, però, possiamo collocare cronologicamente grazie a un'epigrafe del 26 febbraio dell'88 d.C. OGIS 675[134]. Precedente a questa testimonianza è invece il papiro P. Hamb. 1, 4 del 29 marzo dell'87 (r.9: ἡγεμόνος Γαίου Σεπτιμίου Οὐεγέθου), che presenta sempre eraso il nome dell'imperatore Domiziano. Un'ultima attestazione del prefetto Septimius Severus è presente anche in un altro testo papiraceo, P. Flor. 1, 55[135]. Un tale Exakon notifica allo *strategos* di Hermopolis di aver ottenuto dai magistrati competenti l'autorizzazione ad essere immesso in possesso degli immobili descritti nel testo (r. 26 e sgg). La dichiarazione di καταγραφή, a cui è connessa l'ἔντευξις di ἐμβαδεία, è indirizzata al prefetto. Insieme al suo successore M. Mettius Rufus troviamo il nome di Septimius Vegetus in P. Oxy. 45, 3240:

[- 17 -]ε̣ι̣ . .[- 18 -]

[- 16 -] Φλαουίω[ι -15 -]

[- 16 -]η̣γη̣σ̣ας .[. .] .[- 12 -]

.[- 14 -] .εγεν̣ο .[.] . .ω̣ε̣ν̣[. . . . . . .]

. .[- 13 -]ητ̣ου διὰ ἀφορισμ̣ο̣ῦ κατὰ τ̣[ὰς]

ἀσφ[αλείας. (ἔτους) . Α]ὐτοκράτορος Καίσαρος Δομιταν̣[οῦ]

Σεβασ̣τ̣οῦ Γ̣ε̣ρ̣[μανικοῦ, Φαμ]ε̣ν̣ὼ̣θ̣ ι̣γ̣. vac. ?

ἄλλης. Μέττ̣ιος Ῥοῦφος Ἰουνίωι Ἑστιαίωι στρ(ατηγῷ) Ὀξυρ(υγχίτου) χ(αίρειν).

Διονύσιος Διονυσίου διὰ ἀναφο(ρίου) μοι ἐνέτυχε λέγων

[134] OGIS 675 (= IGR 1, 1287 = SB 8905): ὑπὲρ Αὐτοκράτορος Καίσαρος ⟦Δομιτιανοῦ⟧ [Σ]εβαστοῦ ⟦Γερμανικοῦ⟧ καὶ τοῦ/ παντὸς α[ὐτοῦ οἴκου] Ἀφροδείτηι θεᾶι μεγίστηι Πετρωνία Μάγνα καὶ τὰ ταύτης/ τέκνα τὸ ἱερὸν οἰκοδόμησαν ἐπὶ Γαίου Σεπτιμίου [Οὐ]εγέτου ἡγέμονος, στρατηγοῦντος Ἀρ[τε]μιδώρου· ἔτους ἑβδόμου Αὐτοκράτορος Καίσαρος ⟦Δομιτιανοῦ⟧/ Σεβαστοῦ ⟦Γερμανικοῦ⟧ μηνὶ Φαμενὼθ νουμ[ηνίαι].

[135] Si riportano in questa sede solo i righi che interessano la discussione sul prefetto Septimius Vegetus (rr. 20-28): [λάμενος τοῖς ἐν τοῖς]εμ . .ιμενοις ὑπαρχοῦσι ἐκχωρεῖν ἐκ το\ῦ̣/-/ [των ἐν ἡμέραις -ca.?- μ]ετὰ ταύ[τ]ας ποίηται τὰ τῆς ἐμβαδείας̣/ [κατὰ τὰ προστεταγμένα Γα(?)]ίῳ [Σεπτιμί]ῳ Οὐεγέτῳ Ἐξάκων/ [ ]ρ̣μ̣ο̣[. . . . . .]ο̣υ̣ Ἑρμο̣πολείτου τῶ̣ι φ ./ [καταγ]έγραμμαι διὰ τοῦ ἐν/ [Ἑρμοῦ πόλει ἀγορανομίου ἐξ(?)] [ἐνεχυρασί]ας καὶ προ̣σβολῆς τῶν/ [ ] ε̣νφεως ἐν̣ [κ]ώ̣μη̣ Ἰβ[ι-]/ [ῶνι - ca.10 - τοῦ Ἑρμοπολείτου νόμ]ου οἰκίαν καὶ πρ[ο]ν̣ήσιο̣[ν] ὄ̣ν̣-/ [τα (?)

[γε]γραφέναι Οὐέγετον τὸν κράτιστον Φλαουίωι Ἡρ[α-] [κλείδ]ηι τῶι πρὸ σοῦ στρατηγή̣[σα]ντι περὶ ἀρουρῶν αὐ- [τοῦ τῶν] ἡ̣ρπασμένων ὑπὸ τ̣[ῶν] γιτόνων ἵν' αὐτῶι κα- [τὰ τὰ]ς ἀσφαλείας ἀφορι̣[σθῶ]σ̣ιν, ἄχρι δὲ τούτου μηδ̣ὲ̣ν [πεποι]ῆσθαι. βούλομαι [οὖν σ]έ, εἰ μηδὲν περὶ τοῦ πρά- [γματος ἐπο]ι̣ηθηι, [[.]] γεν[όμενον] ἐπὶ τοὺς τόπους ἑκάστ(ῳ̣) [τὸ ἴδιον ἔδα]φος ἀπ̣ο̣[καταστ]ῆσαι. ἔρρωσο. (ἔτους) η [Αὐτοκράτορο]ς̣ Καίσαρος [Δομιτιανο]ῦ̣ Σεβαστοῦ Γερμανικοῦ [-20 -] . [-10 -] vac. ?[136].

Il frammento deformato rappresenterebbe parte inferiore di una colonna di una missiva che avrebbe contenuto anche copie di altre due o tre lettere precedenti (come la prassi spesso imponeva), l'ultima delle quali parrebbe ufficiale. Soggetto della parte inferiore del documento pare una disputa di confine di una certa durata, la cui storia risalirebbe almeno a Flavius Heracleides, predecessore di Iunius Hestiaeus come *strategus*, e che parrebbe esser continuata ancora per quarant'anni dopo questa lettera. La data del testo risale circa al marzo dell'89 e per tale ragione non può escludersi la possibilità che proprio il prefetto Mettius Rufus sia l'autore della lettera.

2.2.10. M. Mettius Rufus

Il successore di C. Septimius Vegetus fu, senza ombra di dubbio, M. Mettius Rufus[137]. Questo ci viene testimoniato da un numero molto elevato di documenti che

[136] Trad.: 'Flavio. . . attraverso la determinazione dei confini in base all'indennità. Anno . . .dell'imperatore Cesare Domiziano Augusto Germanico, Phamenoth 13 . . .di un altro. Mettius Rufus a Iunius Hestiaeus, stratego del *nomos* di Ossirinco, saluta. Dionysius figlio di Dionysios si rivolge a me in una petizione che il magnifico Vegetus ha scritto a Flavius Heracleides che era stratego prima di te riguardo alle sue arure che erano state rubate dai vicini in modo che i suoi confini possano essere determinati per lui in base ai titoli di proprietà, ma nulla è ancora stato fatto. Desidero, se ancora nulla è stato fatto, che tu vada nella località e restituisca a ciascuno la sua propria terra. Saluti. Anno 8 dell'imperatore Cesare Domiziano Augusto Germanico . . .'. Cfr. Bowman, Haslam, Stephens e West 1977: 98-99.

[137] Per le fonti: **a.** 88/89 d.C. = Suet., *Dom.*, 4, 2; **b.** 89/90 d.C.= P.Oxy. 45, 3240; **c.** 3.8.89 d.C. = P.Hamb. 1, 29 ; **d.** 15.8.89 d.C.= Wagner 1971: 164 (nome eraso); **e.** 89/91 d.C.= SB 9611 (88/89 d.C.); P.Oxy. 45, 3240 (88/89 d.C.); P.Oxy. 2, 237 (IV, 37; VIII, 27) = SP 219 (1.10.89 d.C.); PSI 8, 942 (5.1.90 d.C.); P.Oxy. 72 (12.4.90 d.C.); P.Ryl. 4, 597 (3/4 90 d.C.); AE 1975, 862 (89-90 d.C.); P.Strasb. 22 (20.11.90 d.C.); BGU 11, 2057 (90/91 d.C.); SB 5761 (10.2.90/91 d.C.); SB 12110 (90/91 d.C.); **f.** 89/90 d.C. = Wagner 1973: 190 (nome eraso); **g.** 10.5.90 d.C.= OGIS 674 = IGR 1, 1183 = SB 8904 (nome eraso); **h.** 7/10.12.90 d.C.= P.Hamb. 60 = CPJ 485; **i.** 90/91 d.C.= CIL 3, 13580 = Bernand 1992, n. 67 (nome eraso); **j.** 90/91 d.C.= SB 9163 (ex prefetto); **k.** 91/92 d.C.= SB 8025 (ex-prefetto); **l.** 8.11.109 d.C. = P.Oxy. 2, 237 (ex-prefetto); **m.** *post* 89 d.C.= CIL 13, 671; **n.** s.d.= IGR 1, 1152 = SB 4279; **o.** s.d.= AE 2003, 1873 (nome eraso); **p.** s.d.= Bernand 1960, n. 11 (?); **q.** s.d.= I.Didymoi 2,5; **q.** s.d.=

riportano per intero il suo nome e la sua carica. Anche Svetonio parla di lui come prefetto d'Egitto in un passo della sua opera (Svet. *Dom.* 4.2):

> *ac per omne gladiatorum spectaculum ante pedes ei stabat puerulus coccinatus paruo portentosoque capite, cum quo plurimum fabulabatur, nonnumquam serio. auditus est certe, dum ex eo quaerit, ecquid sciret, cur sibi uisum esset ordinatione proxima Aegypto praeficere Mettium Rufum. edidit naualis pugnas paene iustarum classium, effosso et circumstructo iuxta Tiberim lacu, atque inter maximos imbres perspectauit.*

Tra tutti i prefetti dell'età di Domiziano, egli è sicuramente quello meglio attestato[138], nonostante fu, proprio come l'imperatore, condannato alla *damnatio memoriae*, a causa della partecipazione del figlio, Trebonio Proculo Mettio Modesto, all'assassinio dell'imperatore nel 93. I primi documenti, grazie ai quali possiamo collocare con esattezza l'inizio della sua prefettura egiziana, sono ad oggi P. Hamb. 1, 29 e P. Oxy. 2, 237. Il primo papiro P. Hamb. 1, 29[139] è costituito da due estratti del registro dei processi del prefetto (ὑπομνηματισμοί): il primo si riferisce a un'udienza avvenuta dinanzi al prefetto d'Egitto Mettius Rufus il 3 agosto dell'89; la seconda parte del papiro si riferisce invece al prefetto M. Iunius Rufus e l'udienza dovrebbe essere avvenuta il 26 febbraio del 94. Entrambi i certificati si riferiscono al *conventus* di competenza del prefetto: il primo a quello di Alessandria e il secondo di Memphis. Il testo papiraceo P. Oxy. 2, 237, invece, è un lungo e importante papiro del 186 d.C. che contiene sul verso più di cinque libri dell'Iliade. Si tratta di una petizione indirizzata da Dionysia, figlia di Chaeremon, un ex gymnasiarca di Ossirinco, a Pomponius Faustianus, prefetto del ventiseiesimo anno di Commodo. Pochi documenti offrono la stessa difficoltà di decifrazione e interpretazione di questo testo. Il papiro contiene non meno di nove colonne, delle quali le prime tre sono occupate dai versi di Omero e manca della parte superiore. La denuncia di Dionysia, che è diretta contro suo padre Chaeremon, si divide in due parti: nella prima è narrata la storia della disputa monetaria, mentre la seconda è incentrata sulla rivendicazione dei diritti di Chaeremon di portar via la figlia dal marito anche contro la sua volontà.

P.Fam.Tebt. 15, ll. 76, 80; SB 9050 V; IGR 1, 1152 = SB 4279; PSI 1,434; BGU 2065; P.Iand. 53 (ex-prefetto); P.Amh. 68 (ex-prefetto); SEG 18, 646 = SB 9801 = SB 10044 (ex-prefetto).

[138] Ne abbiamo testimonianza anche in un'iscrizione greca del Colosso di Memnon, CIG 4761 (= Memnon 11): εἰ καὶ λωβητῆρες ἐλυμήναντο δέμας σόν,/ ἀλλὰ σύ γ'αὐδήεις, ὡς κλύον αὐτὸς ẹ̓γώ,/ Μέττιος, ὦ Μέμνον· Παϊὼν τάδ' ἔγραψε Σιδήτης.

[139] P. Hamb. 1, 29: ἀντίγραφ[ο]ν ὑπομνη(ματισμοῦ)./ (ἔτους) η Δομιτιανοῦ μη(νὸς) Καισαρείου ι./ κληθέντων τινῶν ἐκ τῶν προṭ[ε-]/ θέντων πρὸς δικαιοδοσίαν ὀνομάτ[ων]/ καὶ μὴ ὑπακουσάντων Μέττιος Ῥοῦφ[ος]/ ἐκέλευσε τὸν κ[ή]ρυκα κηρῦξαι οἱ προτε-/ θέντες ἐπ' ἐμẹ̀ καὶ μὴ ὑπακούσαντες/ ἴστωσαν, ὅṭι πάλιν ἀναγορευθήσονται κạ̀[ὶ ἂ]ν/ μηδὲ τότε ὑπακούσωσ[ι]ν ἀπόντες κριθήσον[ται]./ Ἀπολλόδωρος ῥήτωρ· πρὸς τοῦτο σοῦ τὸ κήρυγμ[α]/ οἱ συνηγορούμενοι ὑπ' ἐμοῦ Μενελαΐς ἡ καὶ/ Ποσειδωνία καὶ Ποσειδώνιος ἀναγκαίως ἀσ-/ φαλίζοντ[α]ι, ὅτι [ἄ]λλωṣ οὐ δύνανται λέγειν/ τὴν δίκην, εἰ μὴ λάβọιεν τὰ βιβλία παρὰ τῶ[ν]/ ἐπιτρόπων, καὶ ἀξιοῦσιν ὑπομνηματισθῆ[ναι]/ τὴν ἔντευξιν αὐτῶν. Μέττιος Ῥοῦφος· ὑπο-/ μνηματισθήτωι. Trad.: 'Copia dello scritto, anno 8 dell'imperatore Domiziano, Kaisareios 10. Certo delle parti che dovevano essere ascoltate al giudizio e non potendo comparire Mettius Rufus ordina all'araldo di proclamare: 'le persone che sono state convocate da me e che non riescono a comparire sono avvisate che saranno chiamate ancora una volta e se non si presenteranno saranno processate in contumacia. Avvocato Apollodoros: a questa tua notifica coloro che sono difesi da me Menelais, Poseidonia e Poseidonios necessariamente garantiscono che, se non prendono i documenti presso l'amministratore, non possono pronunciare un giudizio e pensano di registrare la richiesta. Mettius Rufus al commentatore.'. Cfr. anche la traduzione dell'editore Lewis 1983: 192-193

Nella parte finale si ritorna a parlare della disputa finanziaria, che è chiaramente collegata con la κατοχή di una proprietà (οὐσία) che lei reclama e il padre le nega[140]. Purtroppo, a causa del frammentario stato di conservazione della parte superiore del papiro, non siamo in grado di definire con precisione l'inizio della disputa o la natura della proprietà. Da quanto ricavato dal testo sembra probabile che la disputa tra Dionysia e suo padre sia iniziata per un'ipoteca sulla proprietà in questione di circa otto talenti, ma i dettagli e gli eventi che seguono sono alquanto oscuri[141]. Quando si passa, poi, dalla questione generale ai passi singoli, in cui le due parti fanno valere i loro diritti, ci sono ancora più difficoltà di decifrazione. Si deduce che Chaeremon abbia inviato una denuncia al prefetto Longaeus Rufus, accusando Dionysia di averlo truffato su istigazione del marito Horion chiedendo il permesso di recuperare quello che lui le aveva dato in occasione del suo matrimonio. Sappiamo che il prefetto aveva inoltrato la denuncia di Chaeremon allo stratego del *nomos* di Ossirinco a cui segue la lettera di Dionysia al prefetto. In questa lettera Dionysia si difende dall'accusa mossa contro di lei, dando un elenco di rimostranze nei confronti di Chaeremon e citando sia l'ultimo accordo tra lei e suo padre sia una proclamazione dell'ultimo prefetto Flavius Sulpicius Similis, avvallando un editto del prefetto d'Egitto Mettius Rufus dell'89 d.C. che regolava l'iscrizione nei pubblici archivi di contratti relativi alle κατοχαί. Questa parte relativa all'editto di Mettius Rufus, di estrema importanza per noi, è ripresa nell'ultima sezione del papiro, dove il testo dell'editto viene riportato integralmente. Nell'ultima parte del documento, infatti, Dionysia riprende la questione sulla κατοχή[142]. La proclamazione del prefetto

[140] Il termine κατοχή si riferisce al 'diritto del proprietario' (κτῆσις) come opposto all'uso' della proprietà del marito, conferito in conformità con il diritto egiziano sulla moglie e all''uso' della proprietà dei genitori, conferito da questi ultimi ai loro figli. Il caso di Dionysia rientra nella seconda categoria. La donna infatti rivendica la κατοχή di una οὐσία, che probabilmente faceva parte della sua dote e che il padre vuole riprendersi impugnando il suo contratto di matrimonio.

[141] Presumibilmente il creditore, che potrebbe essere un certo Asclepiades, menzionato in IV r.12, dovrebbe ricevere 7 o 8 talenti, ma Chaeremon non riesce a pagare il debito. Una serie di accordi, che coprono circa due anni, furono fatti tra Dionysia e suo padre, l'oggetto dei quali pare essere stato il pagamento del debito; in alcuni di essi sembra che Dionysia si faccia in parte responsabile del debito, a condizione di ottenere il reddito di alcune delle proprietà del padre. Sembra che alla fine la figlia sia arrivata a un accordo con il genitore, dal quale avrebbe ricevuto ancora una volta il reddito della proprietà, che le era stata garantita per il suo matrimonio, ma nel frattempo avrebbe dovuto mantenere questo reddito fino al rimborso del debito con Asclepiade, probabilmente con rate di 1 talento l'anno. Tuttavia, risulterebbe che poi lo stesso Chaeremon avesse richiesto alla figlia la restituzione di tutto ciò che le aveva dato per il matrimonio, compresa la proprietà in questione, finché lei non avesse pagato l'intero debito.

[142] Dionysia, dopo la sua prima petizione al prefetto Longaeus Rufus, aveva richiesto allo stratego di mettere in pratica le istruzioni del prefetto per ottenere dai custodi degli archivi un resoconto completo di tutti i contratti e di altri documenti che erano il soggetto della disputa con il padre. In base ai documenti, pertanto, lo *strategus* riconosce come Chaeremon aveva dato i diritti di proprietà in questione a Dionysia e che il suo tentativo non poteva essere accettato. L'esame dei documenti era durato quattro mesi e in carica vi era un nuovo prefetto, Pomponius Faustianus. Ad ogni modo, Chaeremon non accetta la sconfitta e rinnova il suo attacco anche se su punti diversi. Ignorando i risultati dell'indagine e la corrispondenza che aveva avuto luogo, Chaeremon invia una lettera al prefetto portando accuse di παρανομία e di ἀσέβεια contro la figlia e accusa il marito di Dionysia di averlo minacciato di usare violenza contro di lui e quindi rivendica il diritto di separare con forza la figlia dal marito. Segue una dichiarazione di Dionysia che afferma di non voler lasciare il marito contro la sua volontà e come ulteriore prova la donna allega decisioni di prefetti e altri giudici, opinioni di avvocati e proclami. Uno dei primi estratti di ὑπομνηματισμοί riporta il caso, giudicato dal prefetto Flavius Titianus nel 128 d.C, in cui un padre aveva portato la figlia via dal marito dopo un litigio. Il secondo processo menzionato aveva avuto luogo invece sei anni prima dei fatti di Dionysia ed è molto simile al primo, mentre il terzo caso è relativo a un processo

Flavius Sulpicius Similis del 182 d.C. riafferma la validità del decreto di Mettius Rufus dell'89 ed è riservata a regolare la diffusa usanza ammessa dalla legge egiziana di dare alla moglie e ai figli il diritto di possesso, sancito dal contratto di matrimonio, su tutta la proprietà del marito. Registrando i loro contratti di matrimonio in una differente βιβλιοθήκη da quella che conteneva le ἀπογραφαί delle loro proprietà, alcune persone avevano apparentemente nascosto i loro debiti sulle loro mogli per essere liberi di incorrere in successivi debiti. Il prefetto aveva proposto di fermare questa pratica richiedendo che le pretese di una moglie sulla proprietà del marito fossero garantite dal suo contratto di matrimonio, che doveva essere quindi incluso tra gli altri documenti che registravano la proprietà e depositato presso gli archivi pubblici, in modo che l'ammontare del patrimonio poteva essere noto con certezza[143]. Questo decreto era in accordo con un precedente editto di Mettius Rufus che viene riportato nel papiro[144]:

> Μάρκος Μέττι-
>
> ος Ῥοῦφος ἔπαρχος Αἰγύπτου λέγει· Κλαύδιος Ἄρειος ὁ τοῦ Ὀξυρυγχείτου στρατηγὸς [ἐ]δήλωσέν μοι μήτε τὰ ἰ[δι]ωτικὰ μ[ήτε τὰ δημ]ό̣σια
>
> πράγματα τὴν καθήκουσαν λαμβάνειν διοίκησιν διὰ τὸ ἐκ πο̣λ̣λ̣ῶν χρ̣ό̣ν̣ων μὴ καθ' ὃ̣ν̣ ἔδει τρόπον ᾠκονομῆσθαι τὰ ἐν τῇ τῶν ἐν-
>
> κτήσεων βιβλιοθήκη̣ δια[σ]τρώματα, καίτοι πολλάκις κ̣ρ̣ι̣θ̣ὲν ὑπὸ τῶν πρὸ ἐμοῦ ἐπάρχων τῆς δεούσης αὐτὰ̣ τυχε̣ῖ̣ν ἐπανορθώ-
>
> σεως· ὅπερ οὐ καλῶς ἐνδέχετ̣α̣ι̣ εἰ μὴ ἄνωθεν γένοιτο ἀντίγραφα. κελεύω οὖν πάντας τοὺς κτήτορας ἐντὸς μηνῶν ἓξ ἀπογρά-
>
> ψασθαι τὴν ἰδίαν κτῆσιν εἰς τὴν τῶν ἐνκτήσεων βιβλιοθήκην καὶ τοὺς δανειστὰς ἃς ἐὰν ἔχωσι ὑποθήκας καὶ τοὺς ἄλλους

dell'87. Il quarto documento allegato riporta infine un parere di Ulpius Dionysodorus, un νομικός che era stato consultato da Salvistius Africanus, un soldato che esercitava funzioni giuridiche. È poi il marito di Dionysia a parlare nel testo citando un decreto del prefetto Valerius Eudaemon del 138 d.C. (sul testo di Eudaemon cfr. Torrent 1984, Lemosse 1991 e Kreuzsaler e Urbanik 2008) e un altro processo del 151 d.C.

[143] P. Oxy. 2, 237 (rr.21-27): Σέρουιος Σουλπίκιος Σίμιλις ἔπαρ[χος] Αἰγύπτου λέγει· διαζη-/ τοῦντί μοι μαθεῖν ἔκ τινος ὑποθέσεως ἐτελεῖτο τὰς Αἰγυπτιακὰς γυναῖκ̣α̣ς̣ κατὰ <τὰ> ἐνχώρια νόμ̣ι̣μα κατέχειν τ̣ὰ̣ ὑπάρχο̣ντ̣α̣ τ̣ῶ̣ν̣/ ἀνδρῶν διὰ τῶν γαμικῶν συνγραφῶν ἑαυταῖς τε̣ κ̣α̣ὶ̣ τοῖς τέ̣κ̣νοις πλειστάκι̣ς̣ δ̣ὲ ἐ̣κ̣ τ̣ο̣ύ̣του ἀμφισβη̣τ̣ήσεων γενομένων,/ ἐπὶ ἐδ̣ύ̣ν̣αντο ἀγνοεῖν ο τοῖς γεγαμηκόσι συναλλ̣ά̣σ̣σοντε̣ς̣ ε̣ἰ̣ τ̣ο̣ύ̣τ̣ῳ̣ [τ]ῷ̣ δ̣ι̣κ̣α̣ί̣ῳ̣ κ̣ατέσ̣χηται̣ τ̣ὰ ὑπ̣ά̣ρχο[ντ]α̣ α̣ὐ̣τ̣ῶ̣ν̣(?)ταῖς γυναιξὶ/διὰ τ̣ὸ̣ κ̣α̣ὶ̣ ἑτέροις βιβλιοφυλακίοις τὰς συνγραφὰς καταχωρίζεσθαι, [κ]ε̣κ̣ελευκ̣έ̣ναι Μέ[τ]τιον Ῥοῦφον τὸ[ν] γενόμενον ε̣π̣ι̣ . . . ./ ἔπαρχον τὰ ἀντίγραφα τῶν συνγραφῶν ταῖς τῶν ἀνδρῶν ὑπο̣σ̣τ̣άσεσ̣ι̣ν ἐ̣ν̣τίθ̣ε̣σ̣θαι καὶ τοῦτο διατά[γ] ματι πρ̣ο̣σ̣τ̣ε̣τ̣α̣χ̣έ̣ν̣α̣ι̣ ο̣ὗ̣ κ̣α̣ὶ̣/ ἀντίγραφον ὑπέταξα, φανερὸν ποιῶν κατακολουθεῖν τ̣α̣ῖ̣ς ὑπὸ Μεττίου Ῥούφου . . . .(ἔτους) κ̣γ, Ἁθὺρ ι̣β. Traduzione: 'Servius Sulpicius Similis, prefetto d'Egitto. Quando ho voluto sapere in base a quale pretesto avvenne che le mogli egiziane avessero per la legge nativa egiziana un diritto sulla proprietà del marito attraverso i loro contratti di matrimonio sia per sé stessi sia per i loro figli in molti casi da questa controversia, potevano ignorare di unirsi a quelli sposati se per questo patto si era disposto che le loro mogli depositassero i loro contratti di matrimonio in altri uffici di registrazione, Mettius Rufus ha ordinato che le mogli devono aggiungere copie dei loro contratti di matrimonio nella proprietà dei mariti e questo è stato ordinato con un decreto, una copia che ho aggiunto per chiarire che sto seguendo i comandi di Mettius Rufus . . . Anno 23, Athur 12'. Cfr. Johnson 1975: 709-710..

[144] Si menziona qui l'intero editto del prefetto riportato in P. Oxy. 2, 237 (rr. 27-43).

ὅσα ἐὰν ἔχωσι δίκαια, τὴν δὲ ἀπογραφὴν ποιείσθωσαν δηλοῦντες πόθεν ἕκαστος τῶν ὑπαρχόντων καταβέ̣β̣ηκεν εἰς αὐτοὺς

ἡ κτῆσεις. παρατιθέτωσαν δὲ καὶ αἱ γυναῖκες τ̣α̣ῖ̣ς ὑποστάσεσι τῶν ἀνδρῶν ἐ̣ὰ̣ν̣ κατά τινα ἐπιχώριον νόμον κρατεῖται τὰ ὑπάρ-

χοντα, ὁμοίως δὲ καὶ τὰ τέκνα ταῖς τῶν γονέων οἷς ἡ μὲν χρῆσεις διὰ δημοσίων τετήρηται χρηματισμῶν, ἡ δὲ κτῆ-

σις μετὰ θάνατον τοῖς τέκνοις κεκράτηται, ἵνα οἱ συναλλάσσοντες μὴ κατ' ἄ̣γ̣ν̣ο̣ιαν ἐνεδρεύονται. παραγγέλ\λ/ω δὲ καὶ τοῖς συναλλα-

γματογράφοις καὶ τοῖς μνήμοσι μηδὲν δίχα ἐπιστάλματος τοῦ βιβλιοφυλακ[ίου τελειῶσαι, γνοῦσιν ὡς οὐκ ὄφελος τὸ] τ̣ο̣ιοῦτο ἀλλὰ καὶ

αὐτοὶ ὡς παρὰ τὰ προστεταγμένα ποιήσοντες δίκην ὑπομενοῦσι τὴν προσή̣κ̣ο̣υσαν. ἐ̣ὰ̣ν̣ δ' εἰσὶν ἐν τῇ βιβλιοθήκῃ τῶν ἐπά-

νω χρόνων ἀπογραφαί, μετὰ πάσης ἀκρειβείας φυλασσέσθωσαν ὁμοίως δὲ καὶ τὰ διαστρώματα, ἵν' εἴ τις γένοιτο ζήτησις εἰς

ὕστερον περὶ τῶν μὴ δεόντως ἀπογραψαμένων ἐξ ἐκείνων ἐλεγχθῶ̣σ̣ι̣. [ἵνα] δ' [ο] ῦ̣νβ[εβ]α̣ία τε καὶ εἰς ἅπαν διαμένῃ τῶν διασ-

τρωμάτων ἡ χρῆσεις πρὸς τὸ μὴ πάλιν ἀπογραφῆς δεηθῆναι, παραγγέλλω τοῖς β[ι] βλιοφύλαξι διὰ πενταετίας ἐπανανεοῦσθαι

τὰ διαστρώματα μεταφερομένης εἰς τὰ καινοποιούμενα τῆς τελευταίας ἑκάστου ὀνόματος ὑποστάσεως κατὰ κώμην καὶ κα-

τ' εἶδος. (ἔτους) θ Δομειτιανο[ῦ], μηνὸς Δομιττιανοῦ δ. ἐξ ὑπομνηματισμῶν Πετρωνίου Μαμερτείνου. (ἔτους) ιη Ἁδρ(ιανοῦ), Ἁθὺρ ιε[145].

[145] Johnson traduce: '*Proclamation of Marcus Mettius Rufus, prefect of Egypt. Claudius Areus, strategus of the Oxyrhynchite nome, has informed me that both private and public affairs are in a disorganized condition because for a long time the official abstracts in the property record-office have not been properly kept, in spite of the fact that my predecessors have on many occasions ordered that these abstracts should receive the due corrections. This cannot be done adequately unless copies are made from the beginning. Therefore I command all owners to register them. And when they make the return they shall severally declare the sources from which the property acquired has come into their possession. Wives shall also insert copies in the property-statements of their husbands, if in accordance with any native Egyptian law they have a claim over their husbands' property, and children shall do the same in the property-statements of their parents, where the usufruct of the property has been guaranteed to the parents by public contracts but the right of ownership after their death has been settled upon the children, in order that persons entering into agreements may not be defrauded through ignorance. I also command all scribes and recorders of contract not to execute contracts without an order from the record-office, and warn them that not only will failure to observe this order invalidate their proceedings, but they themselves will suffer the due penalty of their disobedience. If the record-office contains any registrations of property of earlier date, let them be preserved with the utmost care, and likewise the official abstracts of them, in order that, if any inquiry is made hereafter concerning false returns, those documents and the abstracts of them may supply the proofs. Therefore, in order that the use of the abstract may become secure and permanent and prevent the necessity of another registration, I command the keepers of the record-offices to revise the abstracts every five years and to transfert to the new ones the las statement of property of each person arranged under villages and classes. The 9th year of Domitian, Domitianus 4*'. Cfr. Johnson 1975: 268-269.

Il soggetto del decreto è la migliore gestione delle ἀπογραφαί e delle loro relazioni ufficiali. I titolari di proprietà erano tenuti a registrare la loro intera proprietà presso gli archivi pubblici e le mogli dovevano aggiungere alle dichiarazioni dei loro mariti una dichiarazione che annullava qualsiasi rivendicazione sulla proprietà dei mariti, mentre per i bambini si doveva aggiungere una clausola secondo la quale, se i genitori non avevano registrato a loro titolo (κτῆσις) nessuna proprietà, essi mantenevano solo l'uso della proprietà durante la loro vita. È quest'ultimo punto che ha una rilevanza importante per il caso di Dionysia, perché lei, in connessione a questo editto, aveva tutti i requisiti di legge sulla κατοχή[146]. Poiché il decreto del prefetto Mettius Rufus è dell'autunno (1° ottobre) dell'anno nono (89-90) di Domiziano e il papiro PSI 8, 942, diretto ai *bibliophylakes* Epimachos e Theon, si riferisce nell'anno nono (r. 20) di un imperatore imprecisato, non sembra esserci dubbio che si tratti di Domiziano[147]. La registrazione di questo testo papiraceo nella βιβλιοθήκη ἐκτήσεων avvenne il 10 Tybi (5 gennaio), dello stesso anno evidentemente. La nostra *apographe*, dunque, fu presentata due mesi dopo l'ordinanza del prefetto. L'editto di Mettius Rufus viene menzionato anche in altri documenti, come in P. Oxy. 2, 247[148] (r. 15) del 10 marzo del 90. Si tratta di una registrazione di proprietà[149] di una casa indirizzata ai custodi degli archivi, Theon e Epimachus, da Panechotes a nome di suo fratello minore. Sempre a questi due custodi è inviata anche un'altra ἀπογραφή, P. Oxy. 1, 72[150] da Zoilus, a

[146] Cfr. Grenfell – Hunt 1899: 141-179.

[147] PSI 8, 942: (mano 2) [ελ]( )[θ] (ἔτους), Τῦβιι./ (mano 1) [Ἐπιμάχ]ῳ καὶ Θέωνι βιβλιοφύ(λαξιν)/ παρὰ Διογένους τοῦ Διονυσίου/ τοῦ Διονυσίου μητρὸς Ἡρακλοῦ-/ τος τῶν ἀπ' Ὀξυρύγχων πόλεως./ ἀπογράφομαι τῷ ἀφ ἡλικίμου/ υἱῷ Διονυσίῳ μητρὸς Ταψọ́ιτος/ τῆς Κόμωνος κατὰ τὰ προσ-/ τεταγμένα ὑπὸ τοῦ κυρίου/ ἡγεμόνος Μεττίου Ῥούφου/ τὸὑ πάρχον αὐτῷ εἰς τὴν/ ἐνεστῶσαν ἡμέραν ἥμισυ/ [μέρος κ]ατοικιḳ(ῆς) γῆς ἀρου-/ [ρῶν -ca.?-] ἡμίσους περὶ κώ-/ [μην Νέσ(?)]λα ἐκ τοῦ Εὐδό-/ [ξου(?) κλήρ]ου ὅ περ κατήν-/ [τηκενεὶ]ς αὐτὸν ἐξόνό-/[ματος τ]ῆς μετηλλαχυ-/ [ίας αὐτοῦ] μητρὸς ἀκολού-/ [θως οἷς ἔχ] ει δικαίοις. (ἔτους) ἐνάτου/ [Αὐτοκρά]τορος Καίσαρος.

[148] P. Oxy. 2, 247: (mano 1) εχ( ) ḳ Φαμενὼ(θ) ιδ./ (mano 2) Θέωνικαὶ Ἐπιμάχωι/ βιβλιοφ(ύλαξι)/ παρὰ Πανεχώτου τοῦ/ Παυσίριος τοῦ Πανεχώ-/ του μητρὸς Τσεναμμω-/ νᾶτος τῆς Πανεχώτου/ τῶν ἀπ' Ὀξυρύγχων πόλ(εως)./ ἀπογράφομ[αι τῷ ὁμογν]ẹ-/ σίῳ μου ἀδελ[φῷ .....]/ ἀπὸ τῆς αὐτῆς πόλεως/ προσ τρέχοντι τῇ ἐννό-/ μῳ ἡλικίᾳ κατὰ τὰ ὑπὸ/ τοῦ κρατίστου ἡγεμόνος/ Μεττίου Ῥούφου προσ-/ τεταγμένα τὸὑ πάρ-/ χον αὐτῷ εἰς τὴν ἐνεσ-/ τῶσαν ἡμέραν ἐπὶ τοῦ/ πρὸς Ὀξυρύγχων πόλ(ει)/ Σαραπίου ἐπ' ἀμφόδου/ Ἱππέων Παρεμβολῆς/ [ἐ]ν τῷ Κάμπῳ τρίτον/ [μέ]ρος οἰκίας διπυργị-/ ας, ἐν ᾗ κατὰ μέσον αἴ-/ [θρ]ιον, καὶ τῆς προσ ού-/ [σης] αὐλῆς καὶ ἑτέρων/ [χ]ρηστηρίων καὶ εἰσ-/ όδου καὶ ἐξόδου καὶ/ τῶν συν κυρόντων,/ κατηντηκὸς εἰς αὐτὸν/ ἐξ ὀνόματος τῆς ση-/ μαινομένης καὶ με-/ τηλλαχυίας ἀμφοτέ-/ ρων μητρὸς Τσεναμ-/ μωνᾶτος ἀπὸ τῆς αὐ-/ τῆς {α} πόλεως ἀκολού-/ θως οἷς ἔχειδικαίοις./ (ἔτους) ἐνάτου Αὐτοκράτορος/ Καίσαρος Δομιτιανοῦ/ Σεβαστοῦ Γερμανικοῦ,/ Φαμενὼθ ιδ. Trad.: 'A Theon e Epimachus, *Bibliophylakes*, a Panechotes, figlio di Pausiris, figlio di Panechotes, essendo sua madre Tsenammonas, figlia di Panechotes, della città di Ossirinco. Registro per mio fratello . . .della stessa città, che si avvicina all'età legale, secondo gli ordini dell'altissimo prefetto Mettius Rufus, la sua proprietà in data odierna nel Campo vicino al Serapeum nella città di Ossirinco nel quartiere Campo dei Cavalieri, vale a dire la terza parte di una casa a due ali, a metà della quale c'è un atrio, e della corte attaccata e gli altri infissi e l'entrata e l'uscita e annessi e connessi. Questa è arrivata a lui dalla suddetta e morta Tsenammonas, madre di entrambi, in accordo con le sue giuste rivendicazioni. Anno nono dell'imperatore Cesare Domiziano Augusto Germanico, Phamenoth 14'. Cfr. Grenfell e Hunt 1899:197-198.

[149] Un'altra registrazione di proprietà in cui è menzionato il nostro prefetto Mettius Rufus è P. Ryl. 4, 597.

[150] Ἐπιμάχῳ καὶ Θέωνι βιβ(λι)οφύ(λαξι)/ παρὰ Ζωίλου τοῦ Ἀπολλω-/ νίου τοῦ Πτολλίωνος μητρὸς/ Πτολέμας τῆς Ἰσχυρίωνος τῶν/ ἀπὸ κώμης Σένεπτα τῆς μέ-/ σης τοπαρχίας. ἀπογράφομαι/ Μάρκῳ Πουρκίῳ Ἐπιτυνχάνον-/ τι ἀπόντι κατὰ τὰ ὑπὸ τοῦ/ κυρίου ἡγεμόνος Μεττίου/ Ῥούφου προστεταγμένα τὸν/ ὑπάρχοντα αὐτῷ εἰς τὴν ἐνεσ-/ τῶσαν ἡμέραν ἐν κώμῃ Πέ-/ τνη τῆς αὐτῆς τοπαρχίας/ ἐν τοῖς ἀπὸ νότου μέρεσι τῆς/ κώμης ψιλὸν τόπον, ὃν ἠγόρα-/ σεν παρὰ Τιβερίου Ἰουλίου Βασι-/ λείδου διὰ Τιβερίου Ἰουλίου Φιλή-/ του ἀκολούθως τοῖς εἰς αὐτὸν/ δικαίοις. Trad.: 'A Epimachus e Theon, *Bibliophylakes*, a Zoilus, figlio di Apollonius, figlio di Enepta nella media *toparchia*. Registro per Marcus Porcius, che si trova lontano, in obbedienza agli ordini del prefetto signore Mettius Rufus, un pezzo di terra senza bosco che al momento appartiene a lui nel villaggio di Petne nella stessa *toparchia* nella parte sud del villaggio, che

nome di Marcus Porcius, per l'acquisto di un pezzo di terra. L'importanza di questi documenti è fondamentale, perché, come già ricordato, anche il prefetto Mettius Rufus fu condannato alla *damnatio memoriae* insieme all'imperatore Domiziano. Molti sono, infatti, i documenti conservati che presentano il nome del prefetto eraso[151]. Nell'iscrizione greca del Dromos di Karnak[152] dell'89 d.C., appunto, il nome di Mettius Rufus è stato abraso. I rr. 3-4 presentano circa trenta lettere martellate, dove senza ombra di dubbio figurava [ἐπὶ Μέττιος Ῥοῦφος / ἔπαρχος Αἰγύπτου]. Il nome eraso si trova anche in altri testi, un'epigrafe greca di Koptos[153], di cui abbiamo già trattato, e un'iscrizione latina, CIL 3, 13580. Per quanto riguarda, invece, l'epigrafe di Gebel Tukh probabilmente ciò non è accaduto forse per l'isolamento del sito[154]. Il testo costituisce così una prova ulteriore della disgrazia in cui Mettius Rufus era caduto sotto Domiziano. Anche se i motivi che hanno portato il suo nome a essere eraso non sono ben noti, la maggior parte degli studiosi propende per la complicità del figlio nella congiura contro Domiziano. Non sono presenti in Egitto, a quanto noto, testi paralleli a questa iscrizione e non vi sarebbe alcun altro γνώμων τελωνικός. Le τελωνικοί νόμοι, del resto, sono tariffe doganali, mentre il nostro testo sarebbe una tariffa fiscale e una tassa su alcune professioni. Si tratta però, in ogni caso, di un γνώμων, in quanto, come la tariffa di Koptos, le categorie professionali menzionate sono tutte all'inizio delle linee del papiro e si trovano in genitivo. Un altro testo che presenta il nome del prefetto martellato è infine un'iscrizione greca che è stata scoperta in un muro di una casa nel villaggio di El Qasr nell'Oasi di Baharieh[155]. Fortunatamente, però, si sono conservati anche molti documenti, dove il nome del prefetto è chiaramente visibile e non hanno subito modifiche in seguito alla *damnatio memoriae*. Il papiro BGU 11, 2057 conserva una lettera del prefetto dell'undicesimo anno di Domiziano indirizzata a un certo Dionysios, forse uno stratego, perché un esattore delle tasse, un certo Kronion, aveva preso la gestione della ἐρημοφυλακία[156]. Questa era una tassa per il supporto delle guardie del deserto ed era applicabile alle dogane dei paesi ai margini dell'Arsinoite[157]. Il prefetto auspica che l'esattore fiscale Kronion sia rimpiazzato:

---

egli ha comprato da Tiberius Iulius Basilides attraverso Tiberius Iulius Philetas in base ai suoi diritti su di esso'. Cfr. anche Grenfell e Hunt 1901: 135-136.

[151] SB 9163.

[152] Wagner 1971: 164.

[153] OGIS 674.

[154] IGR 1, 1152: Ἰσιδώρου,/ Πανὶ ὁμοῦ Νύμφαι Ἰσιδώρῳ τάσδε ἔδωκαν/ λατομίας εὑρεῖν τῷ Μενιππ(ο)ίο γόνῳ,/ ἡνίκα ἀτρήσ(τ)οι(ο) κελεύσμασι Μεττίου Ῥούφου/ πάτρη ἡμετέρη κρηπίδι λαοτόμουν. Bernand traduce: '*Isidoros: En même temps que Pan, les Nynphes ont donné à Isidoros, fils de Ménippos, de découvrir ces carrières, quand, grâce aux de l'intrépide Mettius Rufus, notre patrie taillait des pierres pour un soubassement*. Cfr. Bernand 1977, n. 68.

[155] Wagner 1973: 190. Ἡρακλεῖ θεῷ μεγίστῳ [καὶ Ἄμμωνι θεοῖς συννάοις/ Αὐτοκράτωρ Καῖσαρ ⟦Δομιτι[ανοῦ]⟧ Σεβαστὸς ⟦Γερμανικὸς⟧/ ἀνώρθωσενἐκκαινῆςτὸ [προ πύλαιον καὶ τὰ συγκύροντα/ πάντα ⟦ἐπὶ Μεττίου Ῥού[φου ἔπάρχου Αἰγύπτου 4 à 8 lettres⟧ / ⟦. . . η . . . . [20 à 25 lettre⟧ / Ἔτουςἐνάτου Αὐτοκρ[άτορος Καῖσαρος ⟦Δομιτι[ανοῦ]⟧ / Σεβαστοῦ ⟦Γερμα[νικοῦ]⟧ *Mois, jour*. Wagner traduce: '*A Herakles, dieu suprême [et à Ammon dieux adorés dans le même temple] l'Empereur César ⟦Domitien⟧ Auguste ⟦vainqueur des Germains⟧ a fait reconstruire de toutes pièces le [portique] et toutes ses dépendances, ⟦sous Mettius Rufus préfet d'Egypte . . .(les noms de l'épistratège et du stratège) . . .⟧. L'an neuvième de l'Empereur [César] ⟦Domitien⟧ Auguste ⟦vainqueur des Germains⟧, mois, jour*.

[156] Cfr. Wallace 1938: 272-273.

[157] Jördens 2009: 393.

ἀ[ντί]γρ[αφο]ν̣ ἐ[π]ιστολῆς [

Μέττιος Ῥοῦφος Διονυσ̣ι̣[χαίρειν.

ἐπεὶ Κρονίων Ἀρυώτου μισ̣[θωτὴς γενόμενος(?)]

ἐρημοφυλακίας φόρου κατ̣' ἔτ̣[ος]

τῇ τε μισθώσει καὶ τῇ [. .] .τη̣[-ca.?- βούλο-]

μαι αὐτὸν ἀπολυθῆνα[ι] τῆ[ς μισθώσεως(?)]

φῆναι δέ μοι ὑπὸ σοῦ ε̣ν̣ ο . .[

. . . . σχολαζόντων, ἵνα [. .] . .[

καταστήσω. ἀ̣ντιγρα̣[

ἔ̣[τους]ι]α Α[ὐτοκρά]τ̣ορ[ος Καίσαρος Δομιτιανοῦ [158]

Altri documenti che si riferiscono al nostro prefetto trattano per lo più questioni fiscali[159]. Del 90, infatti, possediamo un papiro, P. Strasb. 4, 226[160], che riporta due documenti distinti da uno spazio bianco, riguardanti rispettivamente un resoconto di alcuni procedimenti dell'anno 89-91 del prefetto d'Egitto Mettius Rufus e un riferimento a un editto di Tiberio Giulio Alessandro, che dovrebbe riguardare i ταμιακά[161]. Dello stesso anno è anche una ricevuta di censimento, P. Hamb. 1, 60[162], dove Pascheis, figlio di Kapais, un abitante di Hermopolis Magna, menziona nella

[158] Trad.: 'Copia di una lettera. Mettius Rufus a Dionysi(. . . saluta). Poichè Kronion, figlio di Haryotes, essendo locatario . . . per l'imposta annuale sulla sicurezza nel deserto a chi affitterà e a . . .liberarsi dall'affitto . . .dimmi di te . . .liberi, per . . .ordinerò. copia . . .Anno 11 dell'imperatore Cesare Domiziano . . .'. Cfr. anche la traduzione di Maehler 1968: 79-80.

[159] BGU 11, 2065 è una petizione per una pensione (σίτησις), la cui datazione non è precisata nel documento. Il papiro è indirizzato ad un alto funzionario, forse di Alessandria (rr. 17-19: [ἐνέτυχον τῶ]ι̣ κρατίστωι/ [ἡγεμόνι Μετ]τ̣ίωι Ῥούφωι/ [. . . . χρ]η̣[μ]ατισμοῦ τυχεῖν). SB 8025, invece, è un certificato di esenzione dalla λαογραφία del 91-92 d.C. In casi eccezionali, infatti, soggetti affetti da afflizioni fisiche potevano ottenere l'esenzione dalla tassa. In questo caso un abitante dell'Arsinoite era stato probabilmente esonerato dal pagamento dell'imposta a causa della sua infermità fisica dall'ex prefetto Mettius Rufus (rr. 3-7: (ἔτει)/ Δομιτιανοῦ ὑπ[ὸ]/ Μεττίου Ῥούφου/ τοῦ ἡγεμονεύσαντ(ος)/ Σαταβοῦς Ακ . .) . Cfr. Jördens 2009: 349-351.

[160] P. Strasb. 4, 226 = CPJ 2, 418d. Si riportano in questa sede solo i rr. 1-15: Μεττ̣ίο[υ] Ῥο[ύφου]/ [(ἔτους)] ι Δ̣ομιτιαν̣ο̣ῦ̣ [τοῦ κυρίου]/ σαι ο̣σαι εκ̣[ ]/ π̣ρὸς Ἡρακ̣λ̣είδη[ν]/ Μέττιος Ῥοῦφος [ ]/ ὄντων ἀνεκ[ ]/ τ̣ο̣ κατὰ λέξιν δ̣[ ]/ [. . .]κ̣ο [.]κ̣αι . . .ν̣[ ]/ τετελευτηκότω̣[ν]/ γενό̣μενα̣ι ἐπιου[ ]/ κατέλιπον περὶ το .[ ] .[. . . .] ./ γον φανερὰν γε̣[. . . . . . . τὴ]ν τῶν ἐγκε-/ κληκότων ἐπηρείαν· εἰς δὲ τὸ μέλλον τοὺς/ .α . .ς αὐτο[. . . . .]ραδ[. .]ει[. .] . . . .ει ./ καὶ ζημίαις [καὶ ν]ουθεσίαις ἀνακο[. .]. Nonostante la frammentarietà del testo gli editori traducono: '*Of Mettius Rufus . . . year 10 of our lord Domitian . . to Herakleides . . . Mettius Rufus . . . according to what was said . . . of the objectors having become obvious*'. Cfr. Tcherikover e Fuks 1960: 195-196.

[161] Della parte del papiro sul prefetto Tiberio Giulio Alessandro si è già trattato in precedenza.

[162] P. Hamb. 1, 60 = CPJ 3, 485.

dichiarazione tutti i membri della sua famiglia per la κατ'οἰκίαν ἀπογραφή. Un'altra dichiarazione di censo del nono anno di Domiziano (89-90 d.C.) è P. Mich. Inv. 4315[163]. Il documento è indirizzato a Dionysius, stratego del *nomos* di Antaeopolite e di Heptakomia, da Psais, figlio di Herakles, che è ufficialmente un residente di Antaeopolis ma al momento della dichiarazione era residente in un villaggio del *nomos*. Le informazioni dettagliate sulle persone, per le quali il testo era stato progettato, sono state perse nella parte inferiore del foglio. Un'ultima testimonianza papiracea che riguarda il nostro prefetto sarebbe SB 9050, dove sono riportati diversi estratti da diari d'ufficio. La parte di nostro interesse è quella finale (parte V), una sezione di procedure operative del prefetto Mettius Rufus per gli strateghi:

V ἐξ ἐντολῶν Μεττίου Ῥούφου τῶν δ̣οθεισῶν τοῖς στρατηγοῖς. ἐάν τινες τῶν ἐν χρείαις ὄντων ἢ διὰ τὸ μὴ ἀναλογεῖν τὸν πόρον αὐτῶν ἢ διὰ σώματος ἀσθένειαν ἢ ἄλλως ἀνάξιοι φανέντες δόξωσί σοι ἀνẹπιτήδειοι εἶναι, ὀνόματά μοι καθ' ἕκαστον ἀποστελεῖς τρία προεξετάσας, ἵν' ὦσιν ἐπιτήδειοι πάντες οὐκ οὐσίᾳ μόνον, ἀλλὰ καὶ ἡλικίᾳ καὶ τῇ τοῦ βίου ἀγωγῇ, ἅπερ τοῖς τὰ κυριακὰ πιστευομένοις ὑπάρχειν δεῖ· διὸ προσθήσεις κ̣α̣ὶ̣ πόρον καὶ ἔτη καὶ εἰ γράμματα ἴσασιν καὶ τί πρότερον [ἐπραγματεύσαντο.

[163] Youtie 1977: 138-139.

Il prefetto qui non si rivolge a un gruppo di persone all'interno della maggioranza della popolazione, ma esclusivamente agli strateghi. Solo agli strateghi, infatti, erano indirizzate le ἐντολαί descritte nel documento sui requisiti delle liturgie, anche se la questione risultava di notevole interesse per l'intera popolazione. Il fatto che il denunciante Hermaios nella prima parte del documento non si basava sulle nuove istruzioni del prefetto Mettius Rufus, ma sulle vecchie *diataxis* di Ursus, porterebbe a concludere che le *entolai* di Mettius Rufus non avrebbero avuto la stessa valenza di un editto. Piuttosto, il termine si riferirebbe a istruzioni di servizio per ufficiali subordinati. Questo documento è inoltre di grande importanza perché getta maggior luce sul sistema liturgico, di cui sino a poco tempo fa non si avevano che scarse notizie[164].

2.2.11. T. Petronius Secundus

Dopo la fine del mandato di Mettius Rufus, il successivo prefetto d'Egitto fu Petronius Secundus[165]. Non si è certi dell'inizio della sua prefettura, ma molto probabilmente egli doveva essere già prefetto nel 91 d.C. A testimonianza abbiamo una raccolta di ὑπογραφαί prefettizie, P. Iand 53. Ogni ὑπογραφή è introdotta da un'intestazione col nome del prefetto e del *nomos*, a cui segue una breve esposizione del caso per il quale è stata emanata[166]. A una prima lettura del documento si era pensato che nella sezione II, r. 5 le parole ἐν τοῖς τοῦ ια (ἔτους) Δο[μιτι]α̣νοῦ facessero parte dell'esposizione del caso e non dell'intestazione, per cui l'anno 11 (91-92 d.C.) riportato nel testo poteva riferirsi a un antefatto e non all'anno della ὑπογραφή di Petronius Secundus, che doveva essere pertanto del 92-93 d.C. Lewis[167], invece, ha avanzato l'ipotesi che il riferimento all'undicesimo anno di Domiziano appartenga all'intestazione: καὶ [Πετρ]ω̣νιος Σεκ[οῦ]νδος ἐ[πὶ τοῦ] αὐτοῦ Ἀφρ[ο]διτο-/ πολ̣[ίτου] ἐν τοῖς τοῦ ια (ἔτους) Δο[μιτι]α̣νοῦ. In base a questa tesi, poi accettata anche da Bastianini[168], l'intervento di Petronius Secundus si collocherebbe appunto nell'undicesimo anno di Domiziano (91-92 d.C.). Il primo documento datato con esattezza della prefettura di Petronius Secundus resta, però, un'epigrafe latina del Colosso di Memnon, CIG 4720[169]:

1 Imp(eratore) Domitiano

Caesare Aug(usto) German(ico) XVI c(onsule)

T(itus) Petronius Secundus pr(aefectus) Aeg(ypti)

[164] Per le disposizioni contenute nel documento in questione cfr. Kränzlein 1952: 229-237.
[165] Per le fonti: **a.** 91/92 d.C.= P.Iand 4, 53 (II, 4); **b.** 14.3.92 d.C.= CIG 4720 = SB 8896 = Bernand 1960, n.13; **c.** 7.4.93 d.C.= SB 5793; **d.** 96 d.C. = D.C. 67.15.2; Eutrop., VIII, 1, 1; **e.** 96 d.C.= Vict. *Epit. de Caes.* 12, 8; **f.** 97 d.C.= Ioann. Antioch., *Exc. de ins.*, 83, 45; Dio, 68, 3, 3; **g.** s.d.= P.Lond. 898.
[166] Cfr. Jördens 2009: 468-469.
[167] Lewis 1976: 164.
[168] Bastianini 1980: 79.
[169] CIG 4720 = IGR 1, 1198 = CIL 3, 37 = ILS 8759d = SB 8896 = Memnon 13 = McCr. W. 523.

audit Memnonem hora I pr(idie) Idus Mart(ias)
et honoravit eum versibus Graecis
infra scriptis:
φθέγξαο Λατοΐδα, σὸν γὰρ μέρος ὧδε κάθηται,
Μέμνων, ἀκτεῖσιν βαλλόμενος πυρίναις.
curante T(ito) Attio Musa prae[f](ecto) coh(ortis) II
Thebaeor(um).

Il testo in latino del marzo del 92 d.C. è seguito da due versi in greco nei quali il prefetto, forse durante un viaggio per il *conventus* di Menfi, lascia ricordo della sua visita al Colosso di Memnon. Testimonianza del mandato di Petronius Secundus è presente anche in un altro testo papiraceo, SB 5793[170], ma è soprattutto grazie ad alcune fonti letterarie che si ha notizia di questo prefetto. Petronius Secundus divenne quindi prefetto del pretorio nel 93 d.C. e dopo tre anni prese parte alla congiura che pose fine alla vita dell'imperatore Domiziano, il 18 settembre del 96[171].

2.2.12. M. Iunius Rufus

Durante l'ultimo anno di vita dell'imperatore Domiziano, prima della congiura che pose fine all'intera dinastia Flavia, fu prefetto d'Egitto M. Iunius Rufus[172]. Il nome completo del prefetto viene riportato in un dittico ligneo, CPL 104[173] (Col. III, rr. 8-10: *Ex permissu M. Iuni Rufi praefecti Aegypti L. Nonio Calpurnio/ Torquato Asprenate T. Sextio Magio Laterano cos Kal(endis) Iulis anno/ XIII Imp(eratoris) Caesaris Domitiani Aug(usti) Germanici mense Epip die VII*). Il dittico, proveniente da Philadelphia, riporta un editto di Domiziano sui privilegi dei veterani emesso nel 94 d.C.; purtroppo, si è conservata solo la prima tavoletta, per cui siamo in possesso di poche informazioni su di esso. Il documento comprende: i nomi di nove testimoni che sono tutti veterani; la dichiarazione per il veterano Quadratus della *legio X Fretensis*; l'editto di Domiziano sui privilegi accordati ai veterani, alle loro donne e ai loro figli; un frammento di un altro editto del 93 che concerne specialmente i veterani della *legio X Fretensis*; una dichiarazione sul giuramento di Quadrato attestante che i suoi tre figli per il favore imperiale godevano del diritto della città. La prefettura di Iunius Rufus nel 94 è testimoniata anche da P. Hamb. 29.

[170] Bernand 1975: 121.
[171] D.C. 67. 15, 2; Eutrop. 8, 1, 1.
[172] Per le fonti: **a.** 26.2.94 d.C.= P.Hamb. 29 = P.Jur.Meyer. 85; **b.** 1.7.94 d.C. = CPL 104; **c.** 15.5.98 d.C. = P.Fam. Tebt. 15, 75; **d.** 21.6.98 d.C. = P.Fam.Tebt. 15, 106; **e.** 9.10.108 d.C. = P.Fam.Tebt. 15, 50, 56 (ex-prefetto); **f.** s.d.= AE 2002, 1639 = AE 2004, 1591.
[173] CPL 104 = W. 463 = Daris 104.

Ἰ[ουνίου Ῥ]ο̣ύφ[ο]υ̣.
(ἔτους) ι̣γ Δομ̣ιτιανοῦ Φαμενὼθ β.
κληθέντος Σαλβίου Μαΐορος πρὸς Ἀπρώ-
νιον Κέλερα καὶ μὴ ὑπακούσαντος τοῦ
Ἀπ̣[ρωνίου] Ἰ[ού]ν̣ι[ος] Ῥοῦφος· παρ̣ήνγει̣λας;
[Σάλβιος · παρήνγει]λ̣α̣ κ̣αὶ ταβέλλας ἐσφράγι[σα].
μη . .[.] . . .[.] .[. . . . . . . ἐ]β̣[λ]άβης ὀφθαλ̣μ̣[ούς.]
Ἰούνιος Ῥοῦφος· πῶ̣ς ἀποδεῖξαι δύνασ[αι],
ὅτι παρήνγειλας, [ὡ̣ς] ὕ̣ποπτος μάρτ[υς]
Tracce di una linea
] [[174]

Il testo riguarda gli ὑπομνηματισμοί del prefetto ed è formato da due parti rispettivamente riferite al prefetto Mettius Rufus e a Iunius Rufus. La seconda parte del papiro sul nostro prefetto riporta un'udienza del 26 febbraio del 94 d.C., avvenuta durante il *conventus* di Memphis[175]. Da pochi anni è stata scoperta un'ulteriore attestazione del prefetto, ma la datazione dell'iscrizione è incerta[176]. L'ultima attestazione sicura della prefettura di Iunius Rufus è, invece, P. Fam. Tebt. del 15 del giugno del 98 d.C.

2.3. Gli Epistrateghi

Strabone afferma che i Romani riorganizzarono la struttura amministrativa egiziana risollevandola dalle disastrose condizioni di disordine e di anarchia in cui versava sotto gli ultimi re Tolemei. Come già ricordato, l'Egitto fu diviso in tre grandi distretti (Delta, Tebaide e Eptanomide-Arsinoite) con a capo un epistratego (*procurator ad epistrategiam)*[177]. Strabone, però, pare ingorare che l'epistrategia già esisteva in epoca tolemaica, soprattutto quella della Tebaide. Il numero degli epistrateghi, che erano in carica simultaneamente in epoca romana, invero, è stato per diverso

[174] Si riportano qui solo i righi (rr. 18-28) che testimoniano il nostro prefetto, in quanto nella prima parte del documento si menziona il prefetto precedente, Mettius Rufus.
[175] Cfr. Bastianini 1988b: 595-596.
[176] AE 2002, 1639 = AE 2004, 1591.
[177] Cfr. Lewis 1969: 339-344.

tempo controverso. Martin[178] sosteneva che nel periodo tolemaico vi fosse solo un epistratego, appunto quello della Tebaide, mentre nel periodo romano sarebbero stati in carica tre epistrateghi. Questo cambiamento avrebbe avuto luogo durante il regno di Augusto e successivamente si presume che non fu modificato. Tale ipotesi ora, tuttavia, non sembra più adatta, dal momento che sono stati trovati testi in cui viene nominato nel periodo tolemaico un epistratego che non apparteneva alla Tebaide. È controverso se vi siano stati, quindi, due tipi di epistrategia, uno limitato alla Tebaide e uno al di fuori della Tebaide (due tipi che poterono anche coesistere), o se sia esistito un unico tipo di epistrategia, nata occasionalmente nella Tebaide in tempo di crisi e divenuta in seguito regolare ed estesa all'intera *chora*[179]. L'idea che nel periodo tolemaico ci fossero due epistrateghi fu avanzata nel 1952 da Van't Dack[180] e venne ripresa da Mooren, il quale, comunque, riteneva che l'epistratego della Tebaide fosse in qualche modo subordinato all'altro[181]. Thomas, invece, parrebbe suggerire che pur a fronte di una organizzazione più stratificata, l'Egitto tolemaico potesse possedere due epistrateghi, ciascuno dei quali con medesimo potere e *status* dell'altro, ma uno con talune competenze piuttosto limitate alla Tebaide e l'altro forse al resto d'Egitto[182]. Non c'è ragione di dubitare, in ogni caso, che la Tebaide ebbe il suo epistratego anche durante il periodo romano, anche se spesso ci si riferirebbe a questo funzionario senza più specifiche indicazioni sull'area di sua competenza[183]. Sfortunatamente le basi della riforma augustea che interessò l'epistrategia non sono chiare, ma sembra che essi furono in primo luogo privati dei loro poteri militari e poi confinati all'amministrazione civile. Sono pochi gli epistrateghi di cui conosciamo il nome e la carriera. Tra questi annoveriamo anche il prefetto d'Egitto Tiberio Giulio Alessandro, che risulta epistratego nel 42 d.C. in base a un'iscrizione greca, OGIS 663.

ὑπὲρ τῆς Τ[ιβερίου Κλ]αυδίου Καίσαρος Σεβαστο[ῦ Γε]ρμανικοῦ Αὐτο-

κράτορος εἰρή[ν]ης καὶ ὁμονοίạ[ς το]ὺς προκειμẹ́[νους] θεούς, ἐπὶ

Λευκίου Αἰμιλίου Ῥή[κτου] ἡγẹμόνος [καὶ] Ṭịβερίου Ἰουλίου Ἀλ[εξάνδ]ρου ἐπιστρατήγου,

Ἀρείου τοῦ Ἀρείου στρα[τηγοῦν]τος, ἔτους β´ Τιβερίου Κλαυδ[ίο]υ Καίσαρος Σεβαστοῦ

Γερμανικοῦ Αὐτοκράτορο[ς], Φαρμουθὶ η´ Σεβαστῆι.

[178] Martin 1911: 325 sgg.
[179] Montevecchi 1988: 437-439.
[180] Van't Dack 1952: 437-450.
[181] Mooren 1975: 82-97.
[182] Thomas 1982: 30-31. '*In the middle of the third century, when* strategoi *in control of nomes in Middle and Lower Egypt were instituted, a single strategos was put in charge of the whole Thebaid. At some point in the second century, perhaps not until after the middle of the century, further* strategoi *were introduced in the Thebaid who had charge of several nomes. The reason may have been a growth in administrative work or the necessity for the original strategos, who from now on if not before took the title στρατηγὸς τῆς Θηβαΐδος to devote more time to military duties in an unruly district. Later still, perhaps not until the first half of the first century, the organisation of the Thebaid was more or less assimilated to that prevalent elsewhere in Egypt by the introduction of* strategoi *who controlled a single nome. Into this set-up was introduced in the reign of Epiphanes an epistrategos who controlled the whole* chora'. Thomas 1982: 53. Vd. anche Thomas 1982: 80-86; 132-136.
[183] Thomas 1982: 34-43; 86.

Egli viene menzionato come epistratego della Tebaide e forse aveva presieduto un avamposto militare nella Tebaide prima di questo ruolo[184]. Successivamente, come già indicato in precedenza, egli divenne procuratore della Giudea e infine prefetto d'Egitto. Fino ad ora, non siamo in possesso di nessun documento che riporta il nome di qualche epistratego attivo durante la dinastia Flavia. In realtà, l'unico epistratego dell'epoca da noi conosciuto potrebbe essere Claudius Geminus. Il suo nome viene riportato in un'epigrafe del Colosso di Memnon:

1 Κλαύδιος Γέμινος,

ἀραβάρχης καὶ ἐπιστράτη-

γος Θηβαΐδος, ἤκουσα

ἀναπλέων ὥρας γ΄,

5 καταπλέων ὥρας β΄,

{²ll.6-7 alia manu}

6 καὶ ἀναπλέων π[άλιν]

ἤκουσα Τῦβι κε΄ ὥρα[ς γ΄(?)][185].

Nell'iscrizione egli viene ricordato come ἀραβάρχης καὶ ἐπιστράτηγος Θηβαΐδος, cioè egli sarebbe stato allo stesso tempo epistratego e arabarca. Questa non sembra una combinazione probabile, ma sappiamo così poco dell'ufficio dell'arabarca che non è possibile escludere tale possibilità. Ciò nonostante, il testo è datato al giorno 25 del mese di Tybi, ma non è menzionato l'anno preciso, anche se gli studiosi avevano avanzato l'ipotesi di collocarlo durante il regno di Domiziano. Gli editori hanno suggerito che Claudius Geminus potrebbe essere identificato con un uomo dallo stesso nome che era un ufficiale, conosciuto per essere stato procuratore dell'*Idios Logos* durante la prefettura di Mettius Rufus[186] nel 91 d.C. Nel complesso, l'identificazione è probabile e, in tal caso, il suo mandato come epistratego avrebbe dovuto precedere quello da idiologo, dal momento che Plaum ha dimostrato che quest'ultimo era di grado superiore. Sembrerebbe ragionevole, pertanto, supporre dalle testimonianze che ogni epistratego avesse una base fissa all'interno della sua epistrategia, ma sono state vagliate dagli studiosi anche due ipotesi alternative: la prima è che gli epistrateghi non avessero una sede fissa di residenza, ma erano itineranti; la seconda è che risiedevano ad Alessandria, insieme con il prefetto e gli

[184] Si veda anche Baillet 1923-1926.

[185] Memnon 67. Trad.: Io, Claudio Geminus, arabarca e epistratego della Tebaide navigando sul fiume ho sentito [Memnon] alla terza ora; navigando sul fiume alla seconda ora e ancora l'ho sentito il 25 di Tubi alla terza ora.

[186] SB 10044; P. Vindob. Bosw. 1 (r. 33: [ὑπέγραψε δὲ Κ(?)]λ̣αύδιος Γέμι[νος).

altri funzionari, e che effettuassero viaggi regolari nei *nomoi* di loro competenza. Nessuno di questi due punti di vista può essere smentito del tutto, ma Thomas ha affermato che molto meno probabile è l'ipotesi che ogni epistratego avesse una sede fissa nella sua epistrategia[187]. Per ciò che riguarda i compiti di questo funzionario, risulta dai documenti che spettava a lui l'assegnazione di alcune liturgie, mediante estrazione a sorte da una lista di nomi proposti dallo stratego, e la designazione dei funzionari che dovevano operare al di fuori del *nomos* di loro residenza. L'epistratego era, inoltre, destinatario di petizioni riguardanti l'esenzione da liturgie[188]. Sembra essere il responsabile del benessere degli abitanti dei *nomoi* della sua epistrategia, colui che protegge dagli abusi dei funzionari; visitava per ispezione i *nomoi* e doveva essere presente al *conventus* nella sua epistrategia. Per di più egli poteva essere delegato dal prefetto ad esercitare funzioni giudiziarie e aveva potere coercitivo di polizia, inviare citazioni, e funzionare come arbitro. Gli studiosi si sono trovati d'accordo nel riconoscergli, poi, competenze in campo amministrativo, ma poteri giudiziari limitati e in ogni caso delegati dal prefetto. Tuttavia, queste competenze non erano così specifiche, dato che dai documenti si può constatare che per le stesse questioni si potevano indirizzare petizioni allo stratego, all'epistratego e al prefetto.

2.4. Il *Dikaiodotes*

Il *dikaiodotes* fu un funzionario introdotto dal governo romano, giacché non vi è traccia di lui in età tolemaica. Questa opinione si basa sul passo di Strabone che concerne la struttura dell'autorità romana in Egitto, dove vengono elencati i funzionari romani inviati dall'imperatore in Egitto separati dagli altri magistrati egiziani. Come gli altri funzionari romani in Egitto, anche lo *iuridicus* faceva parte dell'ordine equestre. Il candidato che entrava nell'ufficio del *dikaiodotes* aveva spesso avuto successo nella carriera militare o in quella amministrativa. Frequentemente questo mandato costituiva un primo passo verso una carriera ancora più elevata come prefetto d'Egitto o procuratore in un'altra provincia. Se Strabone parla di un ὁ δικαιοδότης ὁ τῶν πολλῶν κρίσεων κύριος[189], il titolo più frequente nei documenti è invece *iuridicus Alexandreae*, perché egli risiedeva in questa città, anche se la sua competenza si estendeva a tutto il paese, come dimostrano le testimonianze documentarie. Da Strabone[190] risulterebbe anche che egli era competente di gran parte dei processi. Tra i documenti pervenutici di età flavia in cui il *dikaiodotes* è esplicitamente menzionato ricordiamo qui P. Oxy. 49, 3466[191]. Si tratta di una petizione indirizzata all'*archidikastes* Antoninus da

[187] Thomas 1982: 57.

[188] C'erano tre modi in cui un caso giudiziario poteva essere presentato davanti all'epistratego: petizione diretta, delega di un funzionario superiore o rinvio di un magistrato inferiore. Il primo tipo è quello più comune nelle fonti. La petizione diretta era quella mandata all'epistratego in prima istanza, opposta a quella mandata a lui solo dopo che il caso era stato riferito da un altro ufficiale.

[189] Str., 17.1.12.

[190] In epoca romana egli veniva chiamato anche ὁ κράτιστος. Cfr. Kupiszewski 1953-1954: 190.

[191] P. Oxy. 49, 3466: Ἀντωνείνῳ ἱερεῖ καὶ ἀρχιδικαστῇ καὶ πρὸς τῇ ἐπιμελείᾳ τῶν χρημα-/ τιστῶν καὶ τῶν ἄλλων κριτηρίων/ παρὰ Θέωνος τοῦ Διονυσίου τῶν ἀπὸ Ὀξυρύγχων πόλεως τοῦ/ Ὀξυρυγχείτου. τοῖς ἔμπροσθεν χρόνοις προεικάμην τῷ τοῦ/ ἀδελφοῦ μου Σαραπίωνος υἱῷ Φανίᾳ χειρόγραφον ἐνγύης ὧν/ εἶχεν ἡ ἀδελφὴ αὐτοῦ Δημητρία χρυσίου μναιαίων εἴκοσι ./ μετὰ δὲ ταῦτα γενομένης τῷ τε Φανίᾳ καὶ

Theon, figlio di Dionysius, in risposta a una registrazione pubblica (δημοσίωσις) di suo nipote Phanias per un atto di fideiussione, che Theon aveva dato a lui per ottenere un prestito di venti mine d'oro alla sorella di Phanias Demetria. Non vi è alcuna menzione di una convocazione di Teone, ma, dato che era possibile registrare una nota a mano e avvertire poi della sua esecuzione, si può presumere che l'*archidikastes* abbia autorizzato l'effettuazione di un avviso (μετάδοσις) e che questo documento sia l'ἀντίρρησις di Theon. In questa fase, quindi, l'appello di Teone all'*archidikastes* è solo quello di competenza amministrativa di quest'ultimo come capo degli archivi centrali. Al r. 8 (ἐπὶ πάροντί μοι ἐπὶ [̣]ουπίο̣υ̣ Κ̣ά̣ρου τοῦ γενομένου δικαιοδότου) si fa esplicito riferimento a un (ex?) *iuridicus* [̣]ουπίο̣υ̣ Κ̣ά̣ρου, di cui non sappiamo praticamente nulla a parte questa menzione. Il nome nel testo è incompleto a causa della sua frammentarietà, ma tra le possibilità più accreditate dagli studiosi vi erano Rupius, Cupius, Lupius e Pupius. Ad ogni modo, non si ritiene possibile che un membro della classe dirigente imperiale potesse avere un *nomen gentile*. Inoltre, lo *iuridicus* apparteneva all'ordine equestre romano e, quindi, anche a una famiglia importante di una città dell'impero. Nel periodo dei Flavi, questo significa che con ogni probabilità egli veniva dall'Italia o da qualche altra provincia occidentale. Dato che alcuni dei nomi proposti dagli studiosi nei documenti sono alquanto rari, sullo stato attuale delle nostre conoscenze della classe dirigente ricca, quindi, si potrebbe ipotizzare che il nome di questo *iuridicus* dell'epoca di Domiziano fosse Pupius[192]. Il

τῇ Δημητρία̣/ ἐπὶ πάροντί μοι ἐπὶ [̣]ουπίο̣υ̣ Κ̣ά̣ρου τοῦ γενομένου δικαιοδότου/ ἀμφισβητήσεως, τοῦ μ̣ὲ̣ν Φανίου μετερχομένου τὴν Δη-/ μητρίαν τα προκείμενα χρυσίου μναιαῖα εἴκοσι , τῆς δὲ Δημητρί̣-/ ας ὡσαύ̣τως μετερχομένης τὸν Φανίαν [ἀ]ργυρίου δραχμὰς/ τρ[ισχιλίας ἑξ]α̣κοσί[ας] ̣ ̣ν̣[̣]ο̣κα κατείχε̣[το] παρ' ἑαυτῇ μέχρι τῆς/ τ̣ο̣[ῦ δανείου κομ]ι̣δῆ[ς], ἀπ̣[οπεφ]ηνότος το̣[ῦ Κά]ρο̣υ̣ ἀκολούθως/ τ̣ο̣[ῖς γενομέ] ν̣ο̣[ις ὑ]π' α̣[ὐτ]οῦ ὑ̣π̣ο̣μ̣ν̣η̣[ματι]σ̣μοῖς κατέχεσ̣-/ θ̣αι [ὑπὸ τῆ]ς Δ̣η̣μ̣[η]τ̣ρίας μ̣έ̣χ̣ρ̣ι̣ [τῆ]ς [τοῦ δανε]ίου ἀργυρίου δρα-/ χμῶν τρισχε̣ι̣λίων ἑξακοσίων κομιδῆς τὰ σημαιν̣όμε-/ να χρυσία. ἀπηλλαγμένο̣υ δέ μου ἀπὸ τῶν τοῦ Κάρου ὑπομνη-/ μ[α]τ̣ισμῶν̣ τ̣ῆς ἐνγύη[ς ὁ Φα]ν̣ίας τιν[ί] π̣[ο]τε̣ τῶν τρόπων/ ἐν̣ε̣[χ]θεὶς τ[ε]τ̣όλμηκε[ν δη]μοσιῶσα̣ι̣ [ὃ] ε̣ἶχέν μ̣[ο]υ̣ τῆς τ̣ῶν/ χρυσίων ἐνγύης χειρόγ[ρ]α̣φον. ἐπεγνωκώς τ̣ε τὸν Φαν[ί-]/ α̣ν καὶ τὴν Δημ̣η̣[τ]ρ̣ί̣αν π̣[ρο]εῖσθα ἑ̣α̣υ̣τοῖς τῷ Παῦν̣ι̣ μηνὶ/ τ̣οῦ διεληλυθότ̣[ος] ἔ̣τ̣[ους χειρό] γραφα ὁμολογούντων αὐ-/ τ̣ῶ̣ν̣ ἀ[π]εσχηκέν̣αι, τ̣[οῦ μὲν Φ]ανίου π̣[αρὰ] τῆς Δημητρία̣̣[ς]/ τὰ τοῦ χ[ρυσ] ίου μνα̣[ι]α̣ῖα̣ ε̣[ἴκο]σ̣ι , τῆ̣ς δ̣ὲ̣ Δημ̣[ητρί]α̣ς παρὰ τοῦ Φα-/ ν̣[ίου τὰς τοῦ ἀργυ]ρ̣ίου δραχ[μ]ὰς τ̣ρ̣ι̣[σ]χ̣ιλίας ἑξα]κ̣οσίας κατὰ τὸ/ ἀ̣ν̣α̣[γκαῖον κατα]φε̣ύ̣[γω] ἐ̣π̣[ὶ σὲ τὸν κύριον καὶ ἀξιῶ σ]υντ̣άξαι γ[ρ̣ά-]/ ψαι τῷ [τοῦ] Ὀ̣ξυρυνχεί̣τ̣ο̣[υ στρατηγῷ μεταδοῦν]αι τῶι Φαν[ία̣]/ τοῦδε [το]ῦ̣ ὑπομν̣ήμα̣[τος ἀντίγραφον ὅπ]ως εἰδῇ μηδέ-/ να αὐτῷ [κ]αταλείπ̣[εσ]θα̣[ι λόγον περὶ τούτου μ]ήτε περὶ τῆς/ τῷ̣[ν μναιαίω]ν κο̣[μιδ]ῆ̣ς [ἵν' ὦ εὐεργετη]μένος. ̣[̣ ̣]ως/ [̣ ̣ ̣ ̣ ̣ ̣ ἔγραψα ὑπὲρ αὐτοῦ γράμματα μὴ] ε̣ἰδ̣[ότ]ο̣[ς]./ (mano 2) [ἔτους Δο] μ̣ιτιανοῦ. Trad.: 'A Antoninus, sacerdote, *archidicastes*, e sovrintendente dei chrematisti e d'altri uffici, da Theon figlio di Dionysius della città di Ossirinco nell'Ossirinchite. In passato ho rilasciato a Phanias, figlio di mio fratello Sarapion, il *cheirographos* di una fideiussione di venti mine d'oro che sua sorella Demetra ha tenuto. In seguito quando tra Phanias e Demetria mentre io ero presente . . .essendo Caro il magistrato della controversia, richiedendo Phanias le venti mine d'oro da Demetria, mentre Demetria allo stesso modo tramilaseicento drachme d'argento da Phanias . . .li teneva in suo possesso fino al ritorno del prestito, avendo dichiarato Caro in base ai verbali da lui emessi che le mine d'oro dovevano essere conservate da Demetria fino al ritorno del prestito di tremilaseicento drachme d'argento. Ma anche se mi è stata rilasciata copia della garanzia da Caro, Phanias portato in qualche modo fuori di senno, ha avuto il coraggio di pubblicare il *cheirographos* che lui aveva avuto da me come garanzia per l'oro. Dopo aver scoperto che Phanias e Demetria avevano rilasciato l'un l'altro nel mese di Pauni dell'anno passato dei *cheirographoi* accordando ciò che loro avevano ricevuto, Phanias da Demetria venti mine d'oro e Demetria da Phanias tremilaseicento drachme d'argento, per necessità io ricorro a voi signore e chiedo di dare l'ordine di scrivere allo stratego dell'Ossirinchite per inviare una copia della notifica di Phanias perché deve sapere che non ha ulteriori motivi di azione in relazione a questo, né in relazione al ritorno delle mine, che io possa essere beneficiato . . .ha scritto per lui in quanto è illetterato . . .di Domiziano'. Cfr. anche Bülow-Jacobsen e Whitehorne 1982: 124.

[192] Eck 1999: 205.

dikaiodotes, del resto, faceva parte del *consilium* del prefetto e in caso di vacanza di quest'ultimo poteva sostituirlo con l'autorizzazione dell'imperatore. Poiché riceveva il suo mandato direttamente dall'imperatore, quindi, egli non era un delegato del prefetto. Pare che fosse competente solo in materia civile e che avesse un tribunale permanente ad Alessandria, ma che la sua giurisdizione, anche se molto estesa, non fosse esclusiva[193]. Lo *iuridicus* si occupava, poi, anche di *iurisdictio contentiosa* o *voluntaria* in materia di eredità, di tutela, di proprietà reale, di contratti e non ebbe mai la giurisdizione penale, riservata invece al prefetto. Sembra, quindi, che il prefetto e il *dikaiodotes* avessero un potere giurisdizionale in parte concorrente, ma che, mentre il primo lo esercitava o in Alessandria o nel *conventus*, il secondo presiedeva il proprio tribunale quando il prefetto era impegnato con il *conventus*[194].

2.5. L'*Idios Logos*

Il funzionario πρὸς τῷ ἰδίῳ λόγῳ ἐπίτροπος τοῦ ἰδίου λόγου esisteva già in epoca tolemaica e la carica fu probabilmente istituita nel II a.C., in un periodo di disordini e di rapidi mutamenti di proprietà, confische e abbandono di terre. La prima testimonianza sicura di questo ufficio risale al 162 a.C.[195], quando era stato creato per registrare pagamenti di vendite di proprietà dello Stato. L'attività dell'*Idios Logos*, infatti, consisteva soprattutto nel vendere le proprietà confiscate o abbandonate e registrarne i pagamenti. Con la conquista romana non ci furono reali cambiamenti nelle sue funzioni, bensì un ampliamento di tali competenze. Anzi, col tempo crebbe anche l'importanza del funzionario ad esso preposto, un procuratore fiscale e un giudice del contenzioso fiscale. L'idiologo controllava tutte le fonti di reddito irregolari o sporadiche, gli *adespota*, i *bona vacantia* e la γῇ ἐν ὑπολόγῳ (le terre statali divenute aride e che non potevano essere affittate). Inoltre, tale funzionario aveva anche il compito di investigare e giudicare in caso di illegale occupazione di tali terre e le metteva in vendita mediante asta a cura dello stratego o di altri funzionari. Sembrerebbe che l'idiologo avesse anche il compito di vendere gli uffici sacerdotali e di controllare i templi e i collegi sacerdotali. Il procuratore dell'*Idios Logos*, comunque, era un cittadino romano di ordine equestre, anche lui nominato direttamente dall'imperatore, ma non è nota l'effettiva durata del suo mandato. Come nel caso del *dikaiodotes*, anche questo funzionario era indipendente dal prefetto e la sua sede ufficiale era ad Alessandria; forse faceva parte del *consilium* del prefetto, mentre di certo, in base ai documenti a nostra disposizione, sappiamo che partecipava al *conventus*. Norme stabilite da Augusto regolavano il funzionamento di questo dipartimento e una raccolta di estratti di tali norme ci è pervenuta quasi integra, lo *Gnomos* dell'*Idios Logos* dell'età degli Antonini. Gli articoli da 1° al 120 li conosciamo grazie a un unico papiro del II d.C., BGU 7, 1210. Si susseguono nel testo le istruzioni per gli *idiologoi* create sotto Augusto e correzioni e aggiunte di successivi imperatori e funzionari. La maggior parte dello *Gnomos* è una lista di casi che concernono la confisca di proprietà o pagamenti di terreni. Molte delle istruzioni presenti in questo papiro menzionano gli imperatori dell'età flavia, ma

[193] Kupiszewski 1953-1954: 194-195.
[194] Montevecchi 1988a: 432.
[195] BGU 8, 1772.

troviamo, come già ricordato in precedenza, anche il nome di un prefetto dell'epoca di Vespasiano, Iulius Ursus (rr. 140-141: θυγατρὶ μ[ι]σσικίου Ῥωμαίᾳ γεν[ομ]ένη Οὖρσος οὐκ [ἐπέτρε]ψε/κληρον[ομ]ῆσαι τὴν μητέραν Αἰγ[υπ]τίαν οὖσαν). La maggior parte delle voci presenti probabilmente erano in vigore durante il regno di Adriano, ma ciò non getta luce sul problema della datazione del testo dello *Gnomos*, dal momento che il suo utilizzo potrebbe essere iniziato in un periodo compreso tra il 90 e il 160 d.C. Poco sappiamo sugli idiologi di età flavia per povertà di testimonianze. Sicuramente uno dei pochi funzionari di questo dipartimento che conosciamo con certezza è Lisimaco, il cognato del prefetto d'Egitto Tiberio Giulio Alessandro. Lisimaco fu nominato idiologo da Nerone, ma non siamo sicuri della data precisa in cui questo avvenne[196]. Sul finire del 66, infatti, il tesoriere del re Agrippa II, appena ritornato da Alessandria in Giudea, era un certo Tolemeo[197]. Se in questo personaggio si possa identificare l'ex idiologo Norbano Tolemeo, allora si potrebbe anche legittimamente ipotizzare che Lisimaco fosse stato in precedenza chiamato all'ufficio dell'idiologo e, quindi, che la sua nomina fosse avvenuta contestualmente all'assunzione della prefettura da parte del suocero o comunque immediatamente dopo[198]. A quanto sappiamo il suo successore fu un certo Mummius Gallus, del quale abbiamo notizia in un papiro del 16 settembre del 73, P. Ryl. 4, 598:

]Ἀρσινοε[ί]το[υ] τὸ

ἐ]κωλύθησαν

παρα]δείγματος δέ σοι

].[.] .[. .] . ὑπὸ Μομμίου Γάλ-

[λου τοῦ πρὸς τῶι ἰδί]ῳι λόγ[ωι] ἐπιστολῆς ἥτις

ἐκεῖ]να ἐνπεριείληφεν.

(ἔτους)] ς μη(νὸς) Σεβαστοῦ ιθ.

στρατηγ(?)]ῶι Ἡρακ[λ]είδου μερίδος χ(αίρειν).

] περὶ π[ρ]οφητείας ἱεροῦ

ἐ]πιστολ[ῆ]ς Ἀριστοκλέους

---

[196] SB 6, 9016.

[197] J. *BJ*. 2.21.3: Καθ' ὃν καιρὸν ἀπὸ Δεβαρίθθων κώμης νεανίσκοι τινὲς τῶν ἐν τῷ μεγάλῳ πεδίῳ καθεζομένων φυλάκων ἐνεδρεύσαντες Πτολεμαῖον τὸν Ἀγρίππα καὶ Βερνίκης ἐπίτροπον ἀφείλοντο πᾶσαν ὅσην ἦγεν ἀποσκευήν, ἐν ᾗ πολυτελεῖς τε ἐσθῆτες οὐκ ὀλίγαι καὶ πλῆθος ἐκπωμάτων ἀργυρῶν χρυσοῖ τε ἦσαν ἑξακόσιοι.

[198] Thomas 1984: 107-112.

συντ]άξει[ς] οὖν τῷ Ἀπολλω-

[νίῳ προ]φητε. . αὐτοῦ κα̣ὶ̣ τὰ ἀπὸ

[ὑπὸ τῶν] θεῶν Σεβαστῶν φυλαχθέν-

[τα ἐρρῶσθα]ι. (ἔτους) ε Οὐεσπασιανοῦ Μεχ(εὶρ) κα.

[ὑ]πογραφῆς ταῦτά μοι ἐφυλά-

[χθη

Questi sono i quindici righi finali di un dossier che forma parte di una petizione che richiede di conservare certi privilegi in connessione con una προφητεία. Il testo include una lettera inviata da un alto funzionario romano, Mummius Gallus, che sembra essere stato idiologo appunto nel 73. Sfortunatamente non è chiaro se l'intervento dell'idiologo in questo caso sia stato di natura puramente fiscale oppure sia una generale supervisione religiosa come ἀρχιερεύς[199]. In base a questo testo, comunque, sembrerebbe che Lisimaco non sia stato idiologo continuamente dal 69 all'88 d.C. D'altra parte, è testimoniato anche un altro idiologo in questi anni, Ti. Claudius Blastus[200], al quale sarebbe succeduto nuovamente Lisimaco[201]. Un altro idiologo attivo, invece, durante il regno di Domiziano fu Claudius Geminus, che era succeduto a Lisimaco nell'89 d.C. Il suo nome, infatti, viene riportato in un'epigrafe greca, SEG 18, 646[202], e in un papiro, P. Vindob. Bosw. 1, 26[203].

2.6. L'*Archidikastes* e il *Dioiketes*

L'ἀρχιδικαστής è uno dei funzionari ricordati da Strabone (Str., 17.1.12) tra quelli già esistenti in epoca tolemaica e che i Romani avrebbero mantenuto. Sulla base del testo straboniano si ritenne dapprima che questo funzionario rivestisse carattere puramente municipale, ma più tardi, grazie a numerosi altri testi documentari, si

[199] Cfr. Roberts e Turner 1952: 78-79.

[200] CPR 1 = Mitteis, Chrest., 220 = Wessely, Text gr., 1, 1.

[201] Pfaum 1982: 135.

[202] SEG 18, 646: (*hedera*) Θεοῖς > κατ αχθονίοις > (*hedera*)/ Πο[μπω]ν̣ία Μοῦσα ἀνειέρωσεν κηπόταφον Μαξί-/ [μωι τῶι υἱῶι] α̣ὐ̣τῆς καὶ Μάρκωι Ἀντωνίωι Θεοφίλωι ἀνδρὶ καὶ ἀπελευθέ-/ [ροις καὶ ἀπε]λευθέραις ἑαυτῶν καὶ τούτων ἐγγόνοις κοινὸν καὶ ἀδι-/ [αίρετον καὶ] ἀνεξαλλοτρίωτον καὶ ἀκαταχρημάτιστον ἐκ παντὸς τρό-/ [που καὶ ἀκληρο]νόμητον εἰς τὸν αἰεὶ χρόνον > (*hedera*)/ [Μανίου Μου]μμ[ε]ίου Ῥούφου καρπιστοῦ προσελθόντος Μ̣[ά]ρκωι/ [Μ]εττίωι Ῥούφωι τῷ ἡγεμόνι διερχομένῳ καὶ ἐπι[δ]εδωκό-/ τος ἀναφόρι̣[ο]ν, δι' οὗ ἐδήλου ἀνόμως πεπραμένον εἶναι τοῦ-/ τον τὸν κη[πό]ταφον· ὃς λαβὼν τὸ ἀναφόριον Κλαυδίῳ Γεμείνῳ/ ὄντι ἰδίωι [λόγωι ἐ]πέδωκεν πρὸς ἐξέτασιν· ὃς ἀκούσας τοῦ/ πράγμ[α]τ̣[ος ἀπέφη]νεν μεθ' ἕτερα τὰ ὑπογεγραμμένα. (*hedera*)/ Κλαύδιο[ς Γέμ]ε̣ι̣[νος]· ἐκ πάντων μὲν φαν[ε]-/ ρόν ἐστιν ὅτι τὸ[ν ἀκαταχρημάτι]στον τάφον προφάσει μισθώ-/ σεως ἐπώλησαν· [οὗτοι μὲν οὖ]ν ὅσον κακῶς εἰλ[ή]φασιν ἀπαι-/ τηθήσονται, τὸ δ[ὲ μνημεῖον] μενεῖ τοῖς ἐνκ[ειμέν]οις σώ-/ μασιν ἀκαταχρημά[τιστον ἀεί. (*hedera*) Δι]ονύσιος· ενο [– 9 –] ν/ των τὰς τετρακισχε̣[ιλίας – 10 –]μός ἐστιν ὁ αν̣ – 9 – φος/ Κλαύδιος Γέμεινος· ἐὰν τοῦτο ἀ̣[λη]θὲς ἦν, καὶ αὐτὸς [τὸ ἐ]π̣ιβάλλον/ ἑαυτῶι μέρος ὑπεύθυνος εἶν̣αι ὀφείλει. (*hedera*) Μάνιος Μούμ-/ μειος Ῥοῦφος κληρονόμος κατα ⟨λ⟩ ελειμμένος ἐκ διαθήκης Πομπη-/ (*hedera*) ΐου Ἐπαφρᾶ ἐφ[ρ]όντισεν καὶ ἐκαρπίσατο διὰ ἐτῶν δέκα.

[203] Swarney 1970: 86.

incominciò a pensare che l'informazione di Strabone non fosse del tutto esatta, a meno che non si potesse supporre, secondo l'interpretazione tradizionale datale dai commentatori, che la competenza territoriale dell'*archidikastes* fosse stata col tempo estesa dalla cerchia municipale di Alessandria a tutto l'Egitto solo dopo la conquista romana. Al giorno d'oggi si può ritenere sicura l'idea che in epoca romana l'*archidikastes* estendesse la sua attività all'intero Egitto, pur mantenendo la sua residenza ad Alessandria. Quale sia stata, comunque, la sua funzione in epoca tolemaica è ancora poco chiaro data la grande scarsità di fonti. L'altro grande problema è, poi, la durata effettiva del suo mandato; infatti, a favore della tesi che la carica dell'ἀρχιδικαστής non fosse a durata indeterminata ma annuale ci sarebbero pochi indizi[204] che non ci permettono di affermare questa ipotesi con assoluta certezza. D'altra parte, risulta da più documenti l'attività di sostituti che reggevano l'ufficio di questo funzionario in caso di vacanza e, poiché sembra che a questo sostituto si facesse frequentemente ricorso, Calabi ha ammesso come molto plausibile l'idea che l'*archidikastes* fosse sempre stato uno solo[205]. Quanto alla nazionalità degli *archidikastai*, per quel poco che si può dedurre dai nomi nei documenti, pare che per il I sec. d.C. fossero tutti greci, mentre nei secoli successivi iniziò una mescolanza di nomi greci e romani, anche se non si sa se al nome romano potesse effettivamente corrispondere la cittadinanza romana. Dal titolo ufficiale (ἱερεὺς καὶ ἀρχιδιστὴς καὶ πρὸς τῇ ἐπιμελείᾳ τῶν χρηματιστῶν καὶ τῶν ἄλλων κριτηρίων) e dai pochi documenti che lo riguardano si ricava che egli aveva una forma di controllo sui tribunali superstiti dell'età tolemaica ad Alessandria e che aveva giurisdizione nel processo di esecuzione di debiti[206]. Come prova è possibile menzionare una petizione inviata all'ἀρχιδικαστής durante il regno di Domiziano, P. Oxy. 49, 3466, di cui si è già parlato in precedenza. La sua funzione meglio conosciuta, tuttavia, è quella di direttore dell'archivio detto καταλογεῖον, ufficio dove venivano registrati i contratti con carattere di pubblicità: a lui faceva capo la procedura per dare validità pubblica (δημοσίοσις) ai contratti privati (χειρόγραφα). Tra questi ultimi siamo in possesso di un altro documento del dicembre dell'81 d.C., P. Oxy. 12, 1471[207], un contratto di prestito di 38 drachme per la durata di quattro mesi al 12%

[204] P. Strasb. 1 5.

[205] Calabi 1952: 409.

[206] P. Flor. 1, 86.

[207] P. Oxy. 12, 1471: (mano 2) ὀφ(είλημα). κ̣ὸ̣λ̣(λημα) [̣]γ./ (mano 1) Πάλλαντι ἱερεῖ κ[αὶ ἀρ]χιδικαστῇ καὶ πρὸς τῇ / ἐπιμελείᾳ τῶν χρη[μα]τιστῶν καὶ τῶν ἄλ[λων]/ κριτηρίων/ παρὰ Μάρκου Λογγείνου Κ[αστρ]ησίου/ ἀπολελυμένῳν ἐτ̣ε̣ί̣μ̣[ως][καὶ π]αρὰ Τετε-/ τετεω[ρ]ις/ τῆς Π̣[. . .]ος Π̣ε̣[ρσίνης μετὰ]/ κυρίου τ[ο]ῦ υἱ[οῦ – 14 –] / ἀ[μ]φοτέρων [τῶν ἀπὸ τῆς μητροπό]- /λεως/ τοῦ Ὀξυρ[υ]γ[χίτου.] σ̣υ̣γ[χω]ρ[εῖ ἡ]/ Τετεῶρις ἔχειν παρὰ τοῦ Μάρκου Λογ-/ γείνου/ καστρησίου δάνειον διὰχειρὸ[ς] / ἀργυρίου Σεβαστοῦ νομίσματος δρα-/ χμὰς/ τριάκο[ντα] ὀκτὼ τό κωνδρα-/ χμιαίων/ ἑ̣κ̣ά̣[στη]ς μνᾶς κατὰ μῆν[α,]/ ὀν καὶ εὐτακτήσειν [τ]αύτην τῷ/ Μάρκῳ Λογγείνῳ καστρησίῳ, τὸ δὲ/ κεφάλαιον ἐπάναγκον ἀποδώσειν/ ἐνμησὶν τέσσαρσιν ἀπὸ Τῦβιτοῦ/ ἐνεστῶ τος πρώ του ἔτους Αὐτοκράτορο[ς]/ Καίσαρος Δομιτιανοῦ Σεβαστοῦ/ ἀνυπερθέτως, ἢ εἶναι αὐτὴ[ν ἀγωγί]-/μην/ καὶ συν έχεσθαι μέχρι τοῦ ἐκτεῖ-/σαι/ τῷ Μάρκῳ Λογγείνῳ καστρησίῳ/ παρα χρῆμα τὸ [μ]ὲν δάνειον τὰς τοῦ/ ἀργυρίου δραχμὰς τριάκον[τ]α ὀκτὼ/ σὺν ἡμιολίᾳ τ[οὺς] δὲτόκους/ καὶ τοῦ ὑπερπεσόντος χρόνουτοὺς [ἴ]-/ σ̣ους,/ τῆς πράξεως οὔσης τῷ Μάρκῳ/ [Λο]γγείνῳ καστρησίῳ παρά τε τῆς Τετεώρι[ος]/ [καὶ] ἐκτῶν [ὑπαρ]χόντων αὐτῇ πάν-/ [τ]ων/ {αὐτῇ [πάντ]ων} καθά περ ἐγδίκ[ης.]/ [(ἔτους) α Αὐ]τοκρά[τορος Κ]αίσαρος Δομιτι[ανο]ῦ/ [Σεβ]α̣σ̣[τοῦ Τῦβι] ε./ (mano 2?) [– 21 –] ̣[– 10 –]. Trad.: 'a Pallas, sacerdote, *archidicastes*, e sovrintendente dei chrematisti e altri uffici, da M. Longinus Castresius, un veterano congedato con onore, e da Teteoris figlia di P. . ., persiano, con il suo tutore, suo figlio . . ., entrambi residenti nella *metropolis* del *nomos* di Ossirinco, Teteoris riconosce che lei ha ricevuto da M. Longinus Castresius da mano in mano un prestito di 38

di interesse, nella forma di un συγχώρησις inviato a un *archidikastes* di nome Pallas. L'ἀρχιδικαστής, inoltre, aveva un tribunale permanente ad Alessandria, ma pare che egli partecipasse anche al *conventus* del prefetto. Probabilmente la sua nomina spettava all'imperatore, ma non siamo a conoscenza della durata del suo mandato.

Anche il διοικητής sembra che risiedesse ad Alessandria in epoca romana. Nel III a.C. era il più potente ministro delle finanze del re, ma in epoca romana aveva certamente perso la sua importanza e le sue attribuzioni. Nel periodo romano, infatti, il suolo pubblico e le entrate erano ancora controllate da un reparto chiamato διοίκησις, ma il prefetto augusteo aveva soppiantato il *dioiketes* tolemaico come capo di questo dipartimento[208]. Già sotto Augusto il termine διοικητής, dunque, è utilizzato nei documenti in riferimento ad un piccolo funzionario dell'amministrazione del *nomos*. È possibile che l'eclissi di questo magistrato alessandrino e la comparsa di *dioiketai* minori nei *nomoi* abbia avuto luogo nel tardo periodo tolemaico, anche se non siamo certi della precisa datazione. In generale, poche sono le attestazioni a noi giunte di questo funzionario e dei suoi compiti, ma ancora più scarse risultano nell'era dei Flavi. Un documento papiraceo sul διοικητής è P. Oxy. 14, 1661 del 12 novembre del 74 d.C.:

r Ἀρθοῶνις Ἡρακλείδηι τῷ διοι-
κη[τῆ]ι χαίρειν. Ἁρπαῆσις
[Παπ]ọντῶτος ὁ κομίζων σοι
τὴν ἐπιστολήν ἐστιν ὑπο-
γέωργος Θεμιστοκλέους,
κὰ διὰ σπόρου ζ (ἔτους) ποιῶ αὐτὸν
ὑπογέωργον. ἔρρωσο.
(ἔτους) ζ Αὐτοκράτορος Καίσαρος
Οὐεσπασιανοῦ Σεβαστοῦ μηνὸς
Νέου Σεβαστοῦ ις.

drachme di monete imperiali d'argento all'interesse di 1 drachma per mina ogni mese, che lei dovrà pagare regolarmente a M. Longinus Castresius, ed è tenuta a restituire il capitale entro quattro mesi da Tubi del presente anno primo dell'imperatore Cesare Domiziano Augusto senza alcun ritardo; altrimenti rischia l'arresto e la detenzione finchè lei non paghi per intero a M. Longinus Castresius subito il prestito di 38 drachme aumentato della metà e l'interesse per il tempo straordinario allo stesso tasso, M. Longinus Castresius avendo il diritto di esecuzione sia su Teteoris che su tutti i suoi beni, per decisione legale'. Cfr. anche la traduzione degli editori Grenfell e Hunt 1916: 208.

208 Hagedorn 1985: 171-172.

V Ἡρακλείδηι διοικη(τῆ)[209].

Si tratta di una breve lettera a Heraclides, un *dioiketes* probabilmente di Ossirinco, in cui si dichiara che un certo Harpaesis era un ὑπογέωργος ed era stato designato come scrittore ufficiale per il settimo anno di Vespasiano. Il termine ὑπογέωργος è nuovo e sembra riguardare qualcosa in materia statale piuttosto che lo stesso senso di ὑπομισθωτής, cioè sublocatario. Lo scrittore di questa lettera era probabilmente un funzionario minore, un *komogrammateus* o un toparca, piuttosto che un *basilikos georgos*. Heraclides, quindi, non era evidentemente un alto funzionario delle finanze ad Alessandria e che egli fosse un amministratore di un terreno privato sembra improbabile. Più verosimile pare che egli fosse un *dioiketes* locale. Questo insieme con altri documenti sembrano indicare che in epoca romana tale funzionario esercitasse il controllo contro gli abusi locali, soprattutto in relazione con la riscossione delle imposte. Forse egli prendeva anche parte al giudizio e rilasciava lettere di raccomandazione e di garanzie. Non è chiaro se ci fosse un solo *dioiketes* per *nomos* o se un certo numero di *dioiketai* potessero essere sparsi in diversi villaggi. L'evidenza suggerisce anche che in questo periodo non c'era un ordine fisso per gli uffici e che tali funzionari potevano essere spostati da un posto a un altro a seconda delle esigenze locali. Basandosi su vari documenti di epoca augustea, sarebbe comuque possibile sostenere che con i Romani il ruolo del διοικητής mantenne alcuni dei suoi privilegi, ma anche che ebbe, comunque, meno potere rispetto all'epoca tolemaica. Molti dei liberti imperiali con compiti finanziari non ufficiali delle province potevano, invero, essere stati così potenti e ricchi da essere chiamati *dioiketai* a livello non ufficiale[210]. Alcuni, pertanto, hanno ipotizzato che, sia nel periodo tardo tolemaico che in quello augusteo, il termine διοικητής fosse utilizzato per indicare un funzionario che risiedeva nella μητρόπολις del *nomos* e che si occupava di questioni giudiziarie. *Dioiketai* locali, d'altra parte, sono documentati nel periodo romano fino a che i procuratori imperiali non li sostituirono, ovvero poco prima del II d.C.

2.7. Lo Stratego

Le μητροπόλεις, dove risiedevano i funzionari del *nomos*, non erano che grossi villaggi, facenti parte essi stessi del *nomos*, senza alcuna autonomia cittadina. Ma nel corso del dominio romano si creò per ciascuna di esse un'amministrazione separata, cui sovrintendeva lo stratego del *nomos*. Nel periodo tolemaico, questo funzionario era chiamato συγγενής e la strategia era nelle mani di poche potenti famiglie della corte. Nell'Egitto tolemaico le sue competenze non erano legate all'amministrazione del singolo *nomos*, ma la sua autorità era estesa a diverse aree in *nomoi* vicini. Esattamente come le cleruchie tolemaiche persero il loro carattere

[209] Trad.: 'Harthoonis a Heraclides il *dioecetes*, saluti. Harpaesis figlio di Papontos, portatore di questa lettera, è il sub-locatario di Themistocles, e dalla lista delle coltivazioni del settimo anno io lo rendo sublocatario. Saluti. Anno 7 dell'imperatore Cesare Vespasiano Augusto, Neus Sebastus 16. A Heraclides, *dioecetes*'. Cfr. Grenfell e Hunt 1920: 115-116.

[210] Cfr. anche Capponi 2005: 34-35.

militare e divennero progressivamente di natura civile nel corso del III sec. a.C., così anche si può notare un parallelo incremento dei poteri civili nella strategia. Nei primi tre secoli della dominazione romana in Egitto lo *strategos* rimase la figura più rappresentativa del governo centrale a livello del *nomos*. Egli aveva la direzione amministrativa e finanziaria di tutto il *nomos* e veniva nominato direttamente dal prefetto. Generalmente, questo magistrato proveniva da un altro *nomos* e aveva alle sue dipendenze le forze di polizia[211] e anche le commissioni degli ἐπισκέπται (ispettori), dei κατασπορεῖς (supervisori dell'emissione di grano) e dei χωματεπιμεληταί (sorveglianti dei lavori ai canali). La sua carica sembra dovesse essere remunerata e della durata di tre anni, anche se in età giulio-claudia ci furono parecchie deroghe a questa norma[212]. Se nel periodo tolemaico lo stratego era un funzionario di carriera con poteri militari, in età romana si delinea la tendenza a trasformare le cariche in *honores*; perciò la scelta si operava entro una cerchia abbastanza limitata di persone appartenenti a famiglie con notevoli disponibilità finanziarie e di discendenza greca. Questa carica era riservata, dunque, all'elemento greco più autentico, soprattutto alessandrino, cui poteva venire concessa la cittadinanza romana. Una caratteristica dell'ufficio di epoca tolemaica, che continuò poi anche con i Romani, fu la combinazione della strategia con altri uffici. Grazie alla documentazione pervenuta, siamo a conoscenza di alcuni nomi di *strategoi* che operarono sia in Arsinoite sia a Ossirinco durante il Principato dei Flavi. Nei primi anni di regno di Vespasiano troviamo, infatti, in Arsinoite Ammonios[213], documentato in BGU 11, 2088[214]. Per il periodo di Tito purtroppo nulla ci è pervenuto che testimoni il nome di altri strateghi, ma fortunatamente la documentazione egiziana è molto più ricca per il regno di Domiziano. In P. Strasb. 4, 210 viene menzionato lo stratego Claudius

---

[211] Sebbene la maggior parte dei documenti riguardanti il sistema di polizia romano risalga al II sec. d.C., fu Augusto ad abolire le forze di polizia del periodo dei Tolemei e a riformare l'intero apparato di sicurezza. Il capo della polizia nel periodo tolemaico era l'ἐπιστάτης φυλακιτῶν, o l'ἀρχιφυλακίτης, e con i Romani i due nomi continuarono a essere utilizzati nei vari documenti. L'*epistates* aveva, poi, ai suoi ordini truppe di ufficiali chiamati ἔφοδοι, comandati da un ἀρχέφοδος. Altri incarichi di polizia erano eseguiti da un corpo di ufficiali paramilitari, i μαχαιροφόροι, documentati soprattutto nel III sec. d.C.

[212] Questa norma viene riaffermata nel 68 d.C. nell'editto di Tiberio Giulio Alessandro come reazione agli abusi reiterati nel corso degli anni (OGIS 2, 669 = SB 5, 8444). Whitehorne 1988: 601.

[213] Il suo nome è noto anche grazie a BGU 11, 2066 e SB 18, 13324.

[214] BGU 11, 2088 è una dichiarazione di censo del 76-77 d.C indirizzata allo stratego. Il papiro è fortemente danneggiato e, pertanto, la lettura è molto frammentaria: Ἀμμωνίωι στρα[τ]η̣γῷ̣ι Ἀ̣[ρσι(νοίτου) Ἡρακλ(είδου)]/ μερ[ίδος]/ vac. ?/ [π]αρὰ Π . . . [. . . . .] . . [ ]/ σ̣ιος τῶν ἀπὸ τῆ[ς Σ]οκνοπ[αίου]/ Νήσου τῆς αὐτῆς μερίδο[ς. τῶι]/ διεληλυθότι πέ<μ>πτῳ ἔτ̣[ει]/ Αὐτοκράτορος Καίσαρος/ Οὐ̣εσπασ̣ι̣ανοῦ Σεβασ̣[τοῦ]/ μηνὶ Παῦνι ἐμισθωσά[μην]/ παρὰ Πανεφρέμμιος [τοῦ]/ Τεσενούφ[ιος]/ ἀπὸ τῆς Σ[οκνοπαίου]/ Νήσου αυ̣[ ] . υ[ ]/ μενον ἐλα̣ιουρ̣[γῖον σὺν τοῖς]/ διὰ τῆς μισ̣[θ]ώ̣σεως εἰ[ρη(?)-]/ μένοις δικαίοις πα̣̃σ̣ι[ν]/ ἐπὶ τῷ παρέχεσθαί μο[ι τὸ]/ ἐλαιουργῖον ἐν[εργόν, ἐν ᾧ]/ μηχανὴ καὶ ὄρ[γ]α̣[να καὶ τὰ]/ ἄλλα τὰ προσδεό̣μ[ενα]/ συν[. .] . ουσοενκαλ̣[ ]/ των̣ . . δὲ δαπαν̣η . [τῆς]/ ἐπ̣ισ̣κευῆς καὶ ἀν̣[οικοδο-]/ μ̣ῆ[ς]. Gli editori traducono integrando: (*An Ammonios, Strategen des Herakleides-Bezirks des Arsinoites), und Diomedes, (königlichen Schreiber desselben Bezirks), und Papos, (Stadt)schreiber, (und . . .) und Dioskurides, Stadtteilvorsteher (des Stadtviertels . . ., und . . ., Kopsteuer-Einehmer?) desselben Stadtviertels, (von . . ., Sohn des . . .), Name der Mutter: Helene, (aus der Hauptstadt . . .), registriert (im Stadtviertel . . .Ich besitze) den viertel Teil (eines Hauses und Hofes?, in dem ich wohne, und) ich melde mich (und meine Angehörigen zu der Einwohnerzählung des 8. Jahres des) Imperator Caesar Vespasianus Augustus in demselben Stadtviertel, in demi ch mich auch im 8. Jahr (des Nero . . .) gemelle hatte. (Und ich bin . . ., der oben genannte,) 48 Jahre alt, Kennzeichen: eine Narbe unterhalb des rechten Knies, (und . . .) . . ., ohne Kennzeichen, (und . . .,) . . .30 Jahre alt, die die Tochter ist (. . ., und den Besitz? der) im 9. Jahr (des . . .) registrierten (? . . .), ohne Kennzeichen, und die von . . . geborenen (Kinder? . . ., und einen Teil?) desslben vom Großvater geerbten (Hauses? . . .) und Artemis (?) . . .*'. Cfr. Maehler 1968: 157-159.

Hermias[215], il successore di Archelaos[216] attivo in Arsinoite durante il periodo dall'89 al 92 d.C. La datazione del testo è incerta, ma, dato che il mese egiziano *domitianus* (Athyr) è attestato a partire dell'88 d.C., il papiro potrebbe essere degli anni 90-95 d.C.

Τιβερ[ί]ωι Κλαυδίωι̣ Ἑρμ̣ί̣α̣ στρατηγῶι

Ἀρσινοίτου Ἡρακλείδου μερίδος

παρὰ Στοτοήτεω[ς] τοῦ Ἀπύγχεως τ[ῶν]

καταγεινομένων ἐν κώμῃ Σε̣β̣ε̣ρ̣ ̣[

̣ν τῆς αὐτῆς μερίδος ἐλαιουργοῦ. ἔ̣τι

[ἀ]πὸ τῆς κβ τοῦ Δομιτιανοῦ μηνὸς τοῦ ἐνε̣(στῶτος)

ἔτους ὁ σὺν ἐμοὶ ἐργαζ[όμε]νος ἐπὶ

̣ ̣τ̣α̣μονῃ ἐργά[τη]ς Ἀγχορίμφις Μύσθου

̣ ̣ωι ε[̣ ̣ ̣ ἐλ]αιουργίωι ἐν μισθώσει

ἐν τῇ προκειμένῃ κώμηι τῆς Δορυ-

φ[ο]ριανῆς οὐ[σ]ίας ἔφυγε ε̣ἰ̣ς ἀγνοουμένο(υς)

τόπους καὶ [ἔ]πειτα ὀφείλω̣ν μοι κατε-

φρ[̣ ̣ ̣ ̣ ̣ ̣]ν̣α[-ca.?-] ̣ ̣ους

π ̣ ̣[̣ ̣ ̣ ̣ ̣ ̣] ̣ ̣ ̣[̣ ̣ ̣ ̣] ̣ ̣[

και[ο]ν ὅτι ̣ρη ̣εντος τη ̣[

] ̣ ̣ ̣ ̣α[

Si tratta del documento di una vedova che scrive allo stratego per la registrazione di suo figlio, che ha già raggiunto l'età di quattordici anni, nella lista delle persone privilegiate che pagano la tassa pro capite nella forma ridotta di dodici drachme. Tra gli strateghi di Ossirinco attivi sempre con i Flavi troviamo, poi, Τιβέριος Κλαύδιος

[215] Nominato anche in P. Vind. Worp 1.

[216] P. Fam. Tebt. 15, dove vengono nominati anche altri strateghi a lui successivi, Ἄρριος Ἡρακλείδης del 98 d.C. e Πομπήιος Διονυσόδωρος dell'83 d.C., rispettivamente strateghi di Arsinoite e di Ossirinco.

Ἡρώδης[217] nel 70 d.C. in P. Oxy. 66, 4526[218]e Σουτώριος Σωσίβιος[219] nel 72-73 d.C. in P. Oxy. 12, 1452, una ricevuta di *epikrisis* (rr. 44-46: τῷ ε (ἔτει) θεοῦ Οὐεσπ(ασιανοῦ) ὑπὸ Σουτωρί[ου]/Σωσιβ(ίου) στρα(τηγήσαντος) καὶ Νικάνδ(ρου) γενομέ(νου) βα[σιλ(ικοῦ)]/ γρα(μματέως)). Di datazione incerta è invece la strategia di Claudius Herakleius[220], da collocare tra il 77 e l'80 d.C., mentre risale al 25 giugno dell'86 d.C. il papiro P. Oxy. 7, 1028, un'altra dichiarazione di una vedova indirizzata allo *strategus* Κλαύδιος Μακεδόνιος per ottenere la riduzione della λαογραφία per il figlio quattordicenne. Tra l'87 e l'89, invece, sempre ad Ossirinco, abbiamo due nomi di strateghi documentati nei papiri, Τίτος Φλάυιος Ἡραλκλείδης e Ἰούνιος Ἑστιαῖος. Tito Flavio Herakleides[221] è presente, infatti, in un documento del 5 novembre dell'88 d.C., P.Köln 3, 137:

vac. ? (mano 1) σι(τολόγοις) Ταλαὼ [

(mano 2) Φλαύιος Ἡρακλεί[δης στρ(ατηγὸς) Ὀξ(υρυγχίτου)]

Πλούτῳ καὶ μετọ́χ(οις) [σιτολ(όγοις) ......]

χαί(ρειν). μετρήσατ[ε ἐκ τοῦ καλλίστου]

δείγματος συ[νεπιστελλόντων]

[Γ]ạịου βα(σιλικοῦ) γρα(μματέως) καὶ τ̣[- 10 -][222].

[217] P. Oxy. 49, 3508; SB 4 7339.

[218] P. Oxy. 66, 4526 è un'istruzione da parte dello stratego a una banca pubblica per l'autorizzazione al pagamento di metà del ναῦλον dovuto per undici διεραματῖται (funzionari liturgici locali incaricati di supervisionare imbarco e trasporto delle tasse frumentali, specie grano) da Ossirinco. L'intero ναῦλον, pagabile sul trasporto del grano a Neapolis, era stato fissato a trentacinque drachme per cento artabe. In che modo le istruzioni (ἐπιστάλματα) fossero regolarmente rilasciate dagli strateghi ai bancari, pare noto dalle richieste allo stratego e dalle ricevute di pagamento bancarie autorizzate dallo stesso. Ai righi 14-24 in corrispondenza di ciascun nome dei διεραματῖται seguono due cifre di artabe e poi l'ammontare della somma in drachme. A prima vista si poteva supporre che il più alto numero di artabe si riferisse alle tonnellate di ogni barca e la più bassa all'ammontare attualmente trasportato. Una più corretta interpretazione parrebbe tuttavia suggerire che la cifra più alta rappresenti la cifra più bassa ma incrementata del 6%. In ogni caso sembra piuttosto improbabile che le barche siano ricordate con il tonnellaggio come 318, 371, 212 e 424 artabe. Il tonnellaggio delle barche usato sul Nilo solitamente veniva poi dato come un multiplo di cinquanta in aggiunta a cento artabe, e in multipli di dieci per barche di meno di cento artabe. Ciascun διεραματίτης avrebbe potuto pertanto essere responsabile di un determinato ammontare di grano ma parrebbe anche richiesto di essere garante per questo ammontare più del 6% dello stesso. Oltre a tale tassazione parrebbe poi che lo Stato effettuasse un'ulteriore detrazione (o trattenuta) rispetto alla somma effettivamente erogata (rr. 25-27). Cfr. Chapa, Cockle, Obbink, Parsons e Thomas 1999: 186-191. Adams 2017: 175-208. In gen. si veda anche Bowman e Wilson 2017.

[219] Cfr. anche P. Oxy. 2, 257; P. Oxy. 10, 1266; ed ancora P. Oxy. 46, 3276; P. Oxy. 46, 3277; P. Oxy. 46, 3279; P. Oxy. 46, 3282; P. Oxy. 46, 3283.

[220] P. Oxy. 2, 276 e P. Oxy. 45, 3264.

[221] P. Coll.Youtie 1, 22; PSI 12, 1235; P. Oxy. 45, 3240.

[222] Si indicano in questa sede solo i primi righi del papiro dove viene menzionato il nostro *strategos* (rr. 1-6). Trad.: '(mano 1) Al sitologo per Talao[(mano 2) Flavius Herakleides, lo stratego di Ossirinco, saluta Plutos e i suoi colleghi sitologi. Fornisci della migliore qualità con il consenso di Gaio, *basilikos grammateus*, e [ ] . . .'. Cfr. Kramer, Erler, Hagedorn e Hübner 1980: 59-65.

Lo stratego manda questa dichiarazione al sitologo Pluto e ai suoi colleghi per fornire i fratelli Herakleos, Demas, Thonis e Papontos di 25¼ artabe di grano per un terreno di loro proprietà di circa 25¼ arure sito presso il villaggio di Talao. Ἰούνιος Ἑστιαῖος, invece, dovrebbe essere successivo e precisamente del'88-89 d.C., dato che l'unica sua menzione si trova in P. Oxy. 45, 3240, testo di cui abbiamo già trattato in riferimento al prefetto Mettius Rufus. Uno stratego, di cui siamo a conoscenza, attivo negli ultimi anni di regno di Domiziano è poi Tiberius Claudius Areius nominato nel decreto del prefetto Mettius Rufus, P. Oxy. 2, 237[223] e in P. Oxy. 47, 3334[224]. Quest'ultimo tratta di un'offerta di denaro per l'acquisto di due lotti senza padrone da parte del governo attraverso il dipartimento dell'*Idios Logos*. Altri importanti documenti di questo stratego sono PSI 10, 1109[225] (93-94 d.C.), una dichiarazione che concerne lo *status* di abitante di una *metropolis* di Dionysius figlio di Komon, e P. Oxy. 18, 2185[226], un ordine dello stratego di Ossirinco ai *sitologi* di Pakerke per adempiere a una fornitura di semi a

[223] Anche in P. Oxy. 47, 3333.

[224] P. Oxy. 47, 3334: Τιβερίωι Κλαυδίωι Ἀρείωι στρατηγ\ῷ// παρὰ Τρύφωνο[ς] τοῦ Δημητρίο[υ] τοῦ/ Τρύφωνος καὶ Ἰσιδώρας τῆς καὶ Θαήσιο(ς)/ τῆς Ἀφροδισίου ἀμφοτέρων τῶν ἀπ' Ὀξυρ(ύγχων)/ πόλεως, τῆς δὲ Ἰσιδώρας μετὰ κυρίου/ τοῦ ἀνδρὸς Σαραπ .[. .]ς τοῦ Σαραπίωνος./ βουλόμεθα ὠνήσασθαι ἐκ τοῦ δημοσίου/ ψιλοὺς τόπους ἀδ̣[ε]σ̣π̣ό̣τους βίκων τεσσάρω(ν)/ ὀφείλοντας ἐξ ἰδίου λόγου πραθῆναι/ κατὰ τ̣ὸ̣ν γνώμ[ο]να ὄντας ἐν τοῖς ἀπὸ νό-/ του κ[αὶ] ἀπηλιώτο[υ] μέρεσι Σύρων κώμης,/ ὧν γείτονες νό[τ]ου πρότερον Πτολεμ̣α̣ί-/ ο̣υ̣ Δημητρίου, βορρᾶ ἐ̣γ μ[ὲν] τοῦ ἀ̣π̣ὸ̣ ἀ[π]ηλιώ(του)/ μέρους δημοσία ῥύμη, ἐγ δὲ τοῦ ἀπὸ λιβ(ὸς)/ [. . . . . .] . . . [. .], ἀπη[λ]ιώτου τα . . . ( )/ [– 25 –] . . [. .]. Trad.: 'A Tiberius Claudius Areius, stratego, da Tryphon figlio di Demetrius figlio di Tryphon e da Isidora che è Thaesis figlia di Aphrodisius, entrambi della città di Ossirinco, Isidora con suo marito Sarapas (?) figlio di Sarapion come tutore. Vogliamo comprare dalla terra pubblica lotti liberi senza padrone dell'area di quattro *bikoi* che devono essere venduti dall'*Idios logos* secondo le normative. I lotti sono nella parte sud-est del villaggio di Syrion; i loro confini, a sud, prima appartenenti a Tolemeo figlio di Demetrius; sulla sezione orientale della frontiera nord, una strada pubblica, e sulla sezione occidentale . . .; a est . . . '. Cfr. Coles e Haslam 1980: 64.

[225] Cfr. Whitehorne 1982: 254-256.

[226] P. Oxy. 18, 2185: [Κλ]αύδιος Ἄρειος στρα(τηγὸς) Ὀξυρυγχ(ίτου)/ Π̣απαντῶτ(ι) καὶ τοῖς μετόχ(οις)/ σ̣ι(τολόγοις) Πακέρκ(η) ἀπηλλ(ιώτου) χαί(ρειν). μετρή(σατε)/ ἐπακλοθ τῇ καταθέσι τῶν τε/ [κ]α̣τ̣ασπ(ορέων) καὶ τῶν προκε̣χιρ̣ι̣[σ]μ/ [σ]υνεπιστέλλ(οντος) Ἁρποχ( ) β(ασιλικοῦ) γρ(αμματέως)/ [Ἡ]ρακλε[ί]δ(η̣) Ἡρακλείδ(ου) τοῦ Πτολε-/ μαίο(υ) μητ(ρὸς) Διογεν̣ίδ(ος) τῆς Σαρα̣-/ π̣ι̣( ) τῶν ἀπ' Ὀξυρύγχ(ων) πόλ(εως) ὡς/ (ἐτῶν(?)) [. .] ο(ὐλὴ) ἀντ(ικνημίῳ) ἀρ(ιστερῷ), ὃ̣ν γνωριεῖται/ ἰδί\ῳ/ κεινδύνῳ, εἰς σπ(έρματα) ἀπὸ γε-/ νήματ(ος) δι(ελθόντος) (ἔτους) εἰς κατασπ(ορὰν) τοῦ/ ἐνεστῶτ(ος) ιβ (ἔτους) Αὐτοκράτορος/ Καίσαρος Δ[ο]μιτιανοῦ Σεβασ̣(τοῦ)/ Γερμανικοῦ, εἰς ἃς ημ( ) Ἀμ-/ [μ]ώνιο(ς) κωμογρ(αμματεὺς) Ψώβθ(εως)/ κ̣αὶ Περώ(θεως) γεωργ(εῖν) αὐτὸν/ περὶ μὲν Ψῶβθ(ιν) ἀπηλλιω̣τ/ [οὐ]σι(κῆς(?)) Ἀτικράτ(ους) καὶ Σωστρά(του) ἀρού(ρας) λ/ καὶ περὶ Περώθ(εως) ὀ̣ν̣όμ(ατι) Πτολεμαίο(υ)/ τοῦ Ἀραίο(υ) ἄρου(ραν) . καὶ τοῦ . . . με-/ ν̣ους ἀρού(ρας) ια̣ δ´ ὡς γεινετ ἐπὶ/ τὸ αὐτ(ὸ(?)) οὐσια(κῆς) προ(σόδου) γην ἐκ ⟦ . .⟧ νει-/ λοβρό(χου) ἀρού(ρας) μα . δ´ (πυροῦ ἀρτάβας) μα . δ´,/ ἃς καὶ καταθ(ήσει) εἰς τὴν γ(ῆν) ὑγι(ῶς)/ μ̣ηδενὸς ὑπολ(ογουμένου) εἰς ὀφειλ(ὴν) ἢ {ετ}/ ἕτερόν <τι> ἁπλῶς, π̣α̣ρ̣' οὗ καὶ λά-/ βεται τὴν καθ(ήκουσαν) χειρ̣ογρα(φίαν)/ περὶ τοῦ ἐγ νέῳ̣ν̣ ἀποκαταστ(ήσειν)/ ἅμα τοῖς τῆς γ[ῆς] κ̣αθήκου-/ [σι τ]ε̣λ̣[έσμασι . (ἔτους) ιβ] Α̣ὐ̣τ̣[οκράτο-]/ [ρος Καίσαρος Δο]μ̣[ιτιανοῦ Σε-]/ [βαστοῦ Γερμανικοῦ . . . .]. Trad.: 'Claudius Areius, stratego del *nomos* di Ossirinco a Papontos e i suoi colleghi, sitologi of Pakerke nella *toparchia* orientale, saluta. Misurate con l'autorizzazione anche di Harpoch. . . *basilikos grammateus*, mentre gli ispettori del seme e gli ufficiali deputati osservano la semina, di Eraclide, figlio di Eraclide, figlio di Tolemeo, essendo sua madre Diogenis, figlia di Sarapi. . , abitante della città di Ossirinco, anni. . . , con una cicatrice sulla gamba sinistra, che si riconosce a proprio rischio, per le sementi dalla produzione dello scorso anno e per la semina del presente dodicesimo anno dell'imperatore Cesare Domiziano Augusto Germanico per . . . Ammonio, *komogrammateus* di Psobthis, e di Peros coltivare a Psobthis nella parte orientale (della *toparchia*) dell'*ousia* di Anticrates e di Sostrato 30 arure e a Peros in nome di Tolemeo, figlio di Araeus, ½ arura e di. . . Menes(?) 11 ¼ arure, totale 41 ½ ¼ arure di terra irrigata dal Nilo, 41 ½ ¼ artabe di mais; ed egli deve seminare sul terreno in buona fede, senza alcuna deduzione per debiti o qualsiasi altro scopo. E si deve prendere da lui il corretto giuramento scritto che egli rimborsa fuori dalle nuove colture insieme con le quote fisse sul terreno. Anno 12 dell'imperatore Cesare Domiziano Augusto Germanico . . .'. Cfr. Lobel, Roberts e Wegener 1941: 132-133.

Herakleides, coltivatore di γῆ οὐσιακή. Come dimostrato dai documenti presi in esame, dunque, lo *strategos* riceveva dichiarazioni di censo, di bestiame e di terra, dirigeva l'ufficio della documentazione pubblica e si occupava delle requisizioni di derrate per l'esercito[227].

2.8. Il *Basilikos Grammateus*

Collaboratore dello stratego era il βασιλικὸς γραμματεύς, che conservava il suo anacronistico nome di origine faraonica[228]. Sia nel periodo tolemaico che in quello romano questo funzionario era probabilmente bilingue e aveva anche il ruolo di interprete tra gli ufficiali del *nomos* di lingua greca e gli abitanti egiziani. Nella documentazione egiziana del periodo da noi trattato, così come per gli strateghi, sono riportati diversi nomi di questi funzionari, attivi in Arsinoite e a Ossirinco. Tra le prime attestazioni durante il Principato dei Flavi abbiamo BGU 11, 2088, una κατ'οἰκίαν ἀπογραφή per il censimento in Arsinoite dell'anno 75-76 d.C. Il dichiarante invia il documento al *basilikos grammateus* Διομήδης[229] e sottolinea nel testo che egli viveva nello stesso quartiere di Arsinoite anche durante il precedente censimento nell'ottavo anno del regno di Nerone. P. Gen. 1, 7 è, invece, una copia di una lettera ufficiale (rr. 1-12) al *basilikos grammateus* di Herakleides, Nemesion, attivo in Arsinoite, in risposta a una precedente lettera dell'*archiprophetes*, affinché i titoli sacerdotali rimanessero intatti, in conformità con le pratiche tradizionali. La lettera è datata al 30 settembre dell'86 d.C., ma il papiro contiene un'altra lettera inviata nella stessa data all'ἀρχιπροφήτης Apollonides (rr. 13-19). L'ignoto autore delle due lettere dovrebbe essere un alto funzionario, ma non siamo sicuri della sua identità. In ogni caso, se si guarda bene al procedimento amministrativo si desume che il

[227] In P. Oxy. 1, 44 Paniscus, stratego di Ossirinco, invia una lettera a Asclepiades basilikos grammateus, sulla difficoltà di trovare persone che si prendano la responsabilità di alcune tasse sull'agricoltura. Lo strategus ha trattato dell'argomento già con il prefetto e ora scrive al *basilikos grammateus* per metterlo al corrente dello stato delle cose. Il testo è: [Πα]πίσκος [κσμητεύ]σ̣ας στρατηγὸς Ὀξυρυ[γ]χ(ίτου)/ [Ἀσ] κληπιάδ[ηι βασιλικῶ]ι γραμμα(τεῖ) τοῦ αὐτοῦ νομοῦ/ χαίρειν./ ἐπὶ τῆς γενομένης διαπράσεως τῶν τελωνι-/ κῶν ὑπό τε ἐμοῦ καὶ σοῦ ἐπὶ παρόντων καὶ/ \τῶν/ εἰωθότων, δυσπειθούντων τῶν τὸ ἐν-/ κύκλιον ἀσχολουμένων καὶ τοῦ τὸ ἀγο-/ ρανόμιον δημιοσιωνῶν ὡς ἱκανὰ βλαπτο-/ μένων καὶ κινδυνευόντων μεταναστῆ-/ ναι, <τὸ> δόξαν ἠμεῖν ἔγραψα τῶι κρατίστωι/ ἡγεμόνι περὶ τοῦ πράγματος. ἀντιγράψαν-/ τος οὖν αὐτοῦ μοι περὶ τοῦ ἐφιδόντα τὰς/ π[ρο]τέρας μισθώσεις κατὰ τὸ δυνατὸν/ [ἀνα]κουφίσαι τοὺς τελώνας ὑπὲρ τοῦ μὴ/ φυγ[ά]δας γενέσθαι τ[ο]ὺς πρὸς β[ίαν] ἀ[γο-]/ μένους(?), καὶ πρότερόν σοι τὸ ἀντίγρ[αφο]ν/ τῆς ἐπιστολῆς μετέδωκα ἵν' εἰδῇς, καὶ/ ὅτι ἀποδημοῦντός σου καὶ τῶν ὠνῶν/ μὴ ἐπιδεδεγμένων ὑπὸ τῶν τελωνῶν/ μηδὲ μὴν ἄλλων προσερχ[ομ]ένων αὐ-/ τοῖς ⟦πολλάκις⟧ πολλάκις προκηρυχθεισῶν/ ἔλαβον χειρογραφείας τῶν τε τὸ ἐνκυ-/ κύκλιον καὶ τὸ γραφεῖον ἀσχολουμένων. Trad.: 'Paniscus, stratego del *nomos* di Ossirinco, a Asclepiades, *basilikos grammateus* dello stesso *nomos*, saluta. Durante l'ultima vendita di imposte tenuta da me e da te, alla presenza dei funzionari di rito, l'esattore dell'imposta sulle vendite e l'esattore dell'imposta dovuta per l'ufficio di registrazione non solo si sono rifiutati di fare un'offerta, con la scusa che avevano sostenuto già una perdita sufficiente, ma sembrava probabile che tentassero la fuga. Pertanto, ho pensato che fosse meglio scrivere all'eccellente prefetto in materia. Lui mi ha risposto che chiede di esaminare le condizioni alle quali le imposte erano state precedentemente affidate, e per quanto possibile, di alleggerire il carico degli esattori, al fine di evitare la scomparsa di quelli che stavano per fare un'offerta. Ti ho quindi già inviato la copia della sua lettera per informarti e per avvisarti del fatto che in tua assenza, dato che le imposte sono state rifiutate dagli attuali esattori e nessun altro tra tutti si è fatto avanti per intraprendere la responsabilità, anche se le imposte sono state messe all'asta diverse volte, ho preso le dichiarazioni degli esattori della tassa sulle vendite e quelle dovute alla carica di registrazione'. Cfr. Grenfell e Hunt 1898: 100-101. Su questo stratego cfr. anche Hagedorn 1988: 153-154.

[228] Cfr. Oates 1992: 255-258.

[229] Anche in P. Harr. 1, 70.

basilikos grammateus era l'unico destinatario delle dichiarazioni degli epistrateghi, poiché soltanto lui era competente in questioni riguardanti gli ordini sacerdotali[230]. Le competenze del βασιλικὸς γραμματεύς in materia sacerdotale derivavano probabilmente dalla sua funzione finanziaria e un altro testo testimonia questa sua funzione in relazione alla vendita di posizioni sacerdotali, P. Vind. Bosw. 1, la cui interpretazione, tuttavia, a causa delle sue pessime condizioni di conservazione rimane in alcuni punti ipotetica. Il documento è una denuncia presentata durante il regno di Domiziano da diversi sacerdoti del santuario di Iside Nepherses sempre a Nemesion, il *basilikos grammateus* di P. Gen. 1, 7[231]. Quest'ultimo compare anche in P. Hamb. 1, 4 del 29 marzo dell'87 d.C., una copia di una dichiarazione indirizzata al βασιλικὸς γραμματεύς da un certo L. Vettius Epaphroditos. Il dichiarante aveva presentato una denuncia al prefetto, il quale aveva a sua volta incaricato lo *strategos* di citare davanti al tribunale gli imputati, ma a quanto pare quest'ultimo nel frattempo era stato rimosso dalla carica, per cui il dichiarante si rivolge al basilicogrammateo. Questo dimostra che al momento della scrittura del documento il nuovo stratego non era stato ancora nominato e il βασιλικὸς γραμματεύς si trovava a dover svolgere le sue funzioni. D'altra parte, ad Ossirinco nei primi anni di regno di Vespasiano[232] i papiri testimoniano la presenza di un *basilikos grammateus* di nome Νίκανδρος (72-73 d.C.) in P. Oxy. 2, 257[233], una dichiarazione di *epikrisis*:

θεοῦ Οὐεσπασιανοῦ ὑπὸ Σουτωρίου Σωσ[ιβίου]

στρατηγήσαντ[ο]ς καὶ Ν[ικ]άνδρου γενομέν[ου]

βασιλ(ικοῦ) γρα(μματέως) καὶ ὧν [ἄ]λλω[ν] καθῆκει ἐπίκρισι[ν]

ἐπικεκρίσθαι [τ]ὸν πατέρα μου Διογένη[ν Θε-]

ογέ[ν]ους τοῦ Φιλίσκου μητρὸς Σινθοών̣[ιος]

Ἀχιλλέως ἐπὶ τοῦ αὐτοῦ ἀμφόδου, καθ' [ἅς]

ἐπήνεγκεν ἀποδείξεις ὡς ὁ πατὴρ [αὐ-][234].

Il documento risale al 94-95 d.C., ma il nome del dichiarante è andato perduto. In ogni caso, sappiamo che quest'ultimo richiedeva che suo figlio Theogenes di tredici anni

[230] Kruse 2002: 737-739.
[231] Anche in P. Münch. 3, 64, un atto di vendita di un ὑπόλογος dell'86-87 d.C.
[232] Tra il 69 e il 70 d.C. anche: Ἀσκληπιάδης in SB 20, 14095 e P.Oxy. 1, 44; Ἑρμαῖος in P. Oxy. 66, 4526.
[233] Il nome del *basilikos grammateus* non è certo a causa dello stato di conservazione del documento, tanto che gli editori precedenti avevano proposto Α̣[̣] ̣ετ̣ρου.
[234] Riportiamo qui solo i righi che si riferiscono al nostro funzionario (rr. 13-19). Trad.: '[nel quinto anno] del divo Vespasiano, essendo ex stratego Sutorius figlio di Sosibius ed ex *basilikos grammateus* Nikandrus e tutti gli altri, facendosi avanti per la sua selezione, dichiaro che mio padre Diogenes, figlio di Theogenes, figlio di Philiscus, essendo sua madre Sinthoonis, figlia di Achilleus, era stato selezionato per la valutazione . . .'. Cfr. la traduzione degli editori Grenfell e Hunt 1899: 217-225.

fosse selezionato per la classe degli οἱ ἀπὸ γυμνασίου. Il significato di questa frase si spiega con le prove addotte dal richiedente per provare che il figlio apparteneva a una classe privilegiata. Egli, infatti, mostra che i suoi genitori erano entrambi discendenti di *gymnasiarchi*[235] e che sua moglie invece discendeva in linea maschile da un certo Ammonio, la cui precisa posizione non ci è data conoscere per una lacuna nel testo. Sembrerebbe, quindi, che l'espressione οἱ ἀπὸ γυμνασίου ricorra proprio ad indicare i discendenti dei *gymnasiarchi*. Le prove documentali presentate sono nel caso del padre il fatto che egli era stato incluso nel 72-73 d.C. per il fatto che a sua volta il padre era stato incluso nella classe privilegiata dei οἱ ἀπὸ γυμνασίου come nipote di un *gymnasiarca*. La necessità di dare queste informazioni nel documento era dovuta sicuramente al fatto che il dichiarante non era stato incluso nella lista e, pertanto, la richiesta di *epikrisis* poggia sulla discendenza del ragazzo in questione, il quale doveva essere esentato parzialmente o totalmente dal pagamento della tassa pro capite. Sempre nel 72-73 d.C. a Ossirinco è testimoniato anche un altro βασιλικὸς γραμματεύς, Πάμφιλος, in P. Oxy. 10, 1266, un'applicazione di *epikrisis* già nominata per il prefetto Curzio Paulino, mentre durante il regno di Tito è menzionato un unico basilicogrammateo, Ἑρμόφιλος, in P. Oxy. 45, 3264 dell'80-81 d.C.[236]. Con Domiziano, invece, nel *nomos* di Arsinoite e precisamente nella divisione di Polemon, il papiro SB 5, 7599, una vendita di ὑπόλογος a Tebtunis, riporta il nome di Harpocration:

> [Ἁρποκρατίων βασιλικὸς γραμματεὺ]ς Ἀρσινοίτου [Πολέμωνος μ]ερίδος Εὐτ[ύχωι κωμο]γραμμ̣α̣τεῖ Τεβτύν̣[ε]ως χαίρειν.
>
> [τοῦ ἐπεσταλμένου μοι χρηματισμοῦ] ἀπὸ τ̣οῦ τ̣ὸ̣ν̣ ν[ομὸν γράφοντ]ος τὸ ἀν̣τ̣ί̣[γραφον ὑπόκειτα]ι. ἐπ[ε]λθὼ̣ν̣ ἐπὶ τὰ̣[ς] ἀπ̣[ὸ] ὑ̣π̣ολ[ό]γου δ̣ηλ̣ο̣υ̣-
>
> [μένας δι' αὐτοῦ ἀρούρας] πέντε κἂν ὦσι ἀπ[ὸ τοῦ εἰ]ς πρᾶσιν ἐπικεχωρημένου ὑπολόγου καὶ μὴ ἀπὸ ἐμβρόχου
>
> [- 15 - ν]τ[ω]ν̣ μ̣ήτε τάξεων μὴ ὀφειλο̣υ̣σ̣ῶν παραδικνύσθαι οἵ τ̣ε ὠνο̣ύ̣μενοι, εἰ οὔκ εἰσιν τῶν κωλυομένων
>
> [ὠνεῖσθαι ἐπι]θ̣ε̣ὶ̣ς τὰς γ̣ι̣[τ]ν[ί]α̣ς καὶ ὡς διὰ γραφῆς ὑπολόγου ἀναγράφονται μετὰ χει̣ρογραφίας προσφώνησο̣ν στοχασάμε-
>
> [νος τοῦ μηδὲν ἀγνοηθῆν]αι μηδὲ πρὸ[ς] χάριν οἰκον̣[ο]μηθῆναι ὡς πρός σε τοῦ [λ]όγου̣ ἐσομέν(ου). (ἔτους) ιδ Αὐτοκράτορος Καίσαρο[ς]
>
> [Δομιτιαν(οῦ) Σεβασ(τοῦ) Γερμ]αν̣[ι]κ̣οῦ, Τῦβι η Σεβ(αστῇ). (mano 2) Ἁρποκρ̣ατίων σ̣εση(μείωμαι).
>
> (mano 3) [Πισῖς ὁ γράφων τὸν νομ]ὸν Ἁρπ[ο]κρα̣τ̣ί̣ωνι βασιλικῷ γρ[α]μμα̣τ̣ῖ̣ Ἀρσινοείτου Πολέμωνο[ς] μερίδος χαίρειν. τοῦ ἐπε̣γεκαθέντος μοι χρημα̣τισμοῦ

[235] L'ufficio del *gymnasiarca* era molto importante nell'Egitto romano come nelle altre province in cui predominavano istituzioni greche. Era un posto di grande onore non è, quindi, sorprendente che i discendenti di un *gymnasiarca* ricevessero privilegi speciali da parte dello Stato.

[236] Sempre ad Ossirinco dall'86 al 92 ci sono altri due funzionari di questo ufficio: Γάιος in P. Oxy. 7, 1028, P. Köln. 3, 137, SB 20, 14286 e SB 20, 14287; Ἁρποχ( ) in P. Oxy. 18, 2185.

[τὸ ἀντίγραφον ὑποτέτακ]ται, κ[αὶ ἐὰν ὦ]σι ἀπὸ τοῦ εἰς πρᾶσιν συγκεχωρημένου ὑπολόγου, ἐπιχωρηθήτω, ὡς καθήκει, ἀπὸ κατοικικοῦ ὑπολόγου εἰς σιτοφόρ(ον)

[– 32 –]σουσι ὡς ἐπὶ τῶν ὁμ[ο]ίων. (ἔτους) ιδ [Α]ὐτοκράτορος Καίσαρος Δομιτιαν(οῦ) Σεβασ(τοῦ) Γερμανικοῦ, Τῦβι ϛ. Πισῖς σεσημίωμαι[237].

L'offerta iniziale di acquisto (ἀναφόριον) è qui chiamata χρηματισμός, quando lo stratego la inoltra con la sua lettera di accompagnamento al γράφων τὸν νομόν, che era chiaramente un ufficiale dell'*Idios Logos*[238]. La domanda contiene il prezzo di acquisto e la garanzia di proprietà per la prole e, infine, la richiesta per gli strateghi di informare le autorità competenti subordinate per l'esecuzione della domanda[239].

Un ultimo papiro di rilevante importanza è BGU 3, 981, che illumina la nostra conoscenza sulle funzioni e sulla vita privata di un *basilikos grammateus* nell'Egitto romano durante il Principato dei Flavi. Il papiro è costituito da quattro documenti, tra i quali innanzitutto compare una copia di un contratto di lavoro tra Tolemeo e Chairemon, il quale ingaggia Tolemeo come suo segretario (col. I, 1-35). Chairemon, infatti, oltre ad essere un cittadino di Alessandria è anche un βασιλικὸς γραμματεύς del *nomos* di Diopolite nella Tebaide (dopo l'aprile del 77 d.C.). Segue una copia di un contratto (col. I, 36 - col. II, 5), in cui un tale, il cui nome è andato perduto, si fa garante di suo fratello Tolemeo, e un ordine di Chairemon al suo *phrontistes* Apollonio di consegnare un assegno a Tolemeo per permettergli di ritirare il suo stipendio (col. II, 6-20):

ἔστιν δέ, ὡς δέον ἐστί σε ἐπιστεῖλαι

τῶι μελλήσοντί με γραμματεύειν ὡς ὑπόκειτ(αι)·

Ἀπολλώ(νιος) Ἀπολλω(νίου) φροντιστὴς Χαιρήμο(νος) τοῦ Ἀνδρομάχ(ου)

τοῦ καὶ Διοσκόρου τοῦ Χαιρήμο(νος) Ἀγαθοδοτείου τοῦ καὶ

Ἀ[λ]θαιέως βασ[ιλι]κ(οῦ) γραμμ(ατέως) Διοπ[ο]λ(είτου) μεικροῦ Θηβαΐδ(ος) τινί

[237] Si menziona in questa sede solo la prima parte del papiro che concerne la lettera al *basilikos grammateus* (rr. 1-10), tralasciando la parte dedicata invece allo *strategos* (rr. 11-34). La traduzione della parte riportata (rr. 1-7) è la seguente: 'Harpocration *basilikos grammateus* della divisione di Polemon del *nomos* di Arsinoite, a Eutychus *komogrammateus* di Tebtunis, saluta. Copia di un documento mandatomi dallo scriba del *nomos* è aggiunto. Ispeziona cinque arure di terreno dalla detrazione da lui indicata e se fanno parte della detrazione assegnata per la vendita e non della terra allagata . . .non per le classi alle quali non sono consentite sovvenzioni, e se gli acquirenti non sono tra quelli a cui è vietato comprare, aggiungendo confini delle terre, e che sono iscritti nel Registro della detrazione, asserisci ciò con una dichiarazione giurata, facendo tuo l'obbiettivo di non omettere particolari o mostrare favori nell'esecuzione del tuo dovere, visto che il conto sarà per il tuo rapporto. Anno 14 dell'imperatore Cesare Domiziano Augusto Germanico, Tybi 8. Harpocration ha firmato'. Cfr. anche Roberts e Skeat 1933: 459.

[238] Roberts e Skeat 1933: 455-467.

[239] Kruse 2002: 485-486; 507-508.

τινὸ(ς) τρ[α]π̣(εζίτῃ) [χα(ίρειν). χρη]μά̣[τισ]ο(ν) τ[ιν]ί τ[ιν]ὸ̣ς γρ[α]μμ[α]τεῖ αὐτοῦ

τοῦ προ[γ]εγ[ραμ]μ(ένου) Χαιρ[ή]μο(νος) εἰς λόγ[ο(ν)] σα[λ]α̣ρίου

ἀκολούθω[ς] ᾧ̣ ἀ̣π̣έσχον αὐτοῦ χειρογράφωι ἐπὶ λόγο(υ)

ἀργ(υρίου) (δραχμὰς) ϡ. ἔτος μῆνα ἡμέρα(ν).

τελε[ι]ωθέντων τούτων ὥς σοι προέγραψα

ἀκολ[ούθ]ως πᾶσι τὸ χειρόγραφον τό [τ]ε αὐτοῦ

τοῦ γραμματέως καὶ τοῦ ....του

ἐγγυη[τ]οῦ δὲ ὁμοίως καὶ τὸ τῆς τραπ(έζης) ἀντίγραφο(ν)

δια[γρα]φῆς συνελίξας τὰ τρία [.]....φαν̣ω̣( ) ἐ̣μοὶ

πέμψον σὺν ἑνὶ τῶν ἐμῶν[240].

Infine, il papiro si chiude con una copia di un pagamento bancario, in cui il *basilikos grammateus* Chairemon paga quarantotto drachme a Tasouchion per l'affitto di un fienile e un cortile per alcuni asini. Secondo Kruse, BGU 3, 981 sarebbe un *tomos synkollesimos* in cui Chairemon avrebbe incollato insieme documenti diversi, ma Smolders al contrario ritiene il papiro un singolo documento conservato da Apollonios, il *phrontistes* di Chairemon[241].

In base a quest'ultima soluzione proposta, i primi due documenti sarebbero copie di contratti presenti su un singolo papiro e Chairemon richiederebbe in quello che pare il terzo documento, il contratto di Tolemeo, il contratto del garante e la copia del pagamento del salario. Apollonios, quindi, avrebbe concluso il contratto con il segretario e il garante a nome del βασιλικὸς γραμματεύς, al quale avrebbe poi dovuto inviare gli originali dei contratti[242].

---

240 Trad.: 'Questo è ciò che è necessario inviare alla persona che sarà il mio segretario, come segue: Apollonio, figlio di Apollonio, *phrontistes* di Chairemon, figlio di Andromachos *alias* Dioskoros, figlio di Chairemon, del *phylum* Agathodoteia e della tribù Althaus, *basilikos grammateus* del *nomos* del piccolo Diopolite nella Tebaide di un banchiere . . ., saluti. Ho pagato per uno scriba, che è lo scriba del suddetto Chairemon a causa del suo stipendio, in accordo con un *cheirographos* che ho ricevuto da lui 900 drachme d'argento sul conto. . . Una volta terminato questo come ho scritto a voi sopra in accordo con tutte le (disposizioni) del *cheirographos* dello scriba e del . . . E allo stesso modo di una copia del versamento bancario e . . . inviarlo attraverso una delle mie persone'. Cfr. anche la traduzione dell'editore Smolders 2005: 93-94.

241 Kruse 1995: 85-94; Smolders 2005: 94.

242 Kruse 2002: 791-797; 818-819; 919.

2.9. Altri Funzionari

Le metropoli dei distretti sono in questo periodo non solo la sede abituale dello stratego e del basilicogrammateo, ma anche degli altri funzionari del *nomos*. Più villaggi costituivano, difatti, una τοπαρχία, amministrata da un τοπάρχης e da un τοπογραμματεύς[243]. Quest'ultimo redigeva le liste di tutti i terreni[244], sia privati sia dello Stato, esistenti nella toparchia e la lista delle persone, come base per le finanze della toparchia stessa; il τοπάρχης pare che avesse invece soprattutto compiti fiscali. Il τοπογραμματεύς, inoltre, era originariamente lo scriba delle toparchie in cui il *nomos* era diviso.

Il *basilikos grammateus* sovrintendeva sia sul τοπογραμματεύς che sul κωμογραμματεύς. Nei villaggi poi il *komogrammateus* rimase per secoli uno degli ufficiali più importanti, mentre in alcuni *nomoi* questo ufficio fu fuso con quello del suo immediato superiore, il *topogrammateus*, così che entrambi i titoli a volte erano tenuti simultaneamente da due persone. Nel periodo tolemaico il κωμογραμματεύς aveva un mandato annuale, ma poteva essere riconfermato anche per molto tempo[245]. I compiti di questo funzionario venivano espletati nella circoscrizione amministrativa di sua competenza, che oltre al villaggio vero e proprio comprendeva anche una certa parte di terreno circostante. Si occupava dell'amministrazione della proprietà della terra e degli animali.

Nel periodo romano il funzionario mantenne le sue funzioni e assunse anche il controllo della popolazione della sua circoscrizione occupandosi di documenti di *epikrisis*, di censimento, di dichiarazioni di nascita e di morte. Tra queste ultime ci sono giunte due dichiarazioni di morte, che fanno entrambe riferimento al *komogrammateus* del villaggio di Bacchias nel Fayoum, P. Strasb. 4, 200 del 25 aprile del 70 d.C. e P. Strasb. 6, 522 dell'87, nel regno rispettivamente di Vespasiano e Domiziano.

---

[243] Abbiamo diverse attestazioni di questi due funzionari e della *toparchia* nel periodo dei Flavi. P. Oxy. 2, 276 è una ricevuta del 5 settembre del 77 d.C. indirizzata da tre timonieri di una barca da carico, uno dei quali è un ebreo (figlio di Jacob), ai sitologi del villaggio. La ricevuta senza dubbio è relativa a un carico di grano che era stato trasportato ad Alessandria. In P. Oxy. 44, 3163, una ricevuta del 16 luglio del 71 d.C. consegnata al granaio a Seryphis da un contadino per il pagamento di alcune tasse, nomina la *toparchia* dell'ovest (rr. 1-5: ἔτους τρίτου Αὐτοκράτορος/ Καίσαρος Οὐεσπασιανοῦ Σεβαστοῦ, Ἐπεὶφ κβ./ μεμέ(τρηνται) εἰς τὸ δη(μόσιον) διὰ Διογέν(ους)/ καὶ μετόχ(ων) σι(τολόγων) λιβὸς τοπ(αρχίας) Σερύφ(εως); trad.: 'Anno terzo dell'imperatore Cesare Vespasiano Augusto, Epeiph 22. Hanno misurato nel granaio statale grazie a Diogenes e ai sitologi associati del distretto di Seryphis della *toparchia* occidentale'. Cfr. Bowman, Haslam, Shelton e Thomas 1976, 73-74). P. Oxy. 41, 2972, invece, è una copia di una vendita di una casa e di alcune terre del 30 agosto del 72 inviata da Promachus, il cui padre Aritiοn agisce in suo nome perché egli è lontano da casa. In questo caso nel testo viene nominata chiaramente la *toparchia* di Ossirinco (rr. 1-2: ἀντίγρα(φον). ἔτους πέμπτου Αὐτοκράτορος Καίσαρος Οὐεσπασιανοῦ/ Σεβαστοῦ <μηνὸς Σεβαστοῦ> β, ἐν κώμηι Νεμερῶν τῆς μ̣έσης τοπαρχίας τοῦ Ὀξυρυγχείτου; trad. 'Copia. Anno quinto dell'imperatore Cesare Vespasiano Auguto, Sebastus 2, nel villaggio di Nemerae della media *toparchia* del *nomos* di Ossirinco'. Cfr. Browne, Coles, Rea, Shelton e Turner 1972: 60-63).

[244] P. Oxy. 2, 273; P. Oxy. 49, 3489.

[245] Sul *komogrammateus* in epoca tolemaica cfr. anche Criscuolo 1978: 18 sgg.

Un'altra funzione di questo funzionario era di procedere al prestito e alla distribuzione delle sementi nel suo villaggio e intervenire anche in casi collegati all'amministrazione della giustizia e alla riscossione dei tributi[246]. Un documento in questo senso è P. Oxy. 62, 4334 del periodo di Domiziano (94-95 d.C.).

παρὰ Διογένους κωμογραμματέως

Σενẹ́π̣(τα) καὶ ἄλλων κωμῶν κατ' ἄνδρ[α]

συντάξεως τοῦ ιδ (ἔτους) Αὐτοκράτορο[ς]

Καίσαρος Δομ̣ιτιανοῦ Σεβαστοῦ Γερμα[νικοῦ].

ẹ[ἶ]ναι δέ·

τοπογρ(αμματ) Σ̣ .[. . .]εως.[247]

Ventiquattro persone disposte in elenco sono tenute a versare una artaba di grano a testa per σύνταξις. Come una tassa sul terreno, la σύνταξις era generalmente una tassa per sostenere i templi e l'importo di una artaba a testa era molto flessibile[248]. In questo caso, comunque, il documento, che è indirizzato al *komogrammateus* del villaggio di Senepta, si tratta di un pagamento per supportare l'ufficio del *topogrammateus*, comparabile alla tassa di denaro ὑποκείμενα τοπγραμματεύς.

Altro funzionario del *nomos* che aveva compiti soprattutto fiscali era il nomarca, di cui purtroppo i testi scarseggiano soprattutto per il nostro periodo. Nella documentazione egiziana del periodo dei Flavi una delle poche menzioni di questo funzionario è riportata nel papiro P. Tebt. 2, 350, una ricevuta di tasse del regno di Vespasiano (70-71 d. C.)[249]. Durante il regno dei Tolemei l'amministrazione

[246] P. Lond. 3, 897.

[247] Si indica qui solo la prima parte del papiro (rr. 1-6), mentre tralasciamo l'elenco dei nomi dei contribuenti. Trad.: 'A Diogenes, *komogrammateus* di Senepta e di altri villaggi. Elenco dettagliato dei contributi per l'anno 14 dell'imperatore Cesare Domiziano Augusto Germanico, cioè: 'Per il distretto (?) del *topogrammateus* di S. . . Anthestis figlio di Dionysius, figlio di Anth( ), grano 1 artaba. Apollos figlio di Achilleus, 1. Heras figlio di Ptollion, 1. Harsiesis figlio di Diodorus, 1. Sentheus figlio di Petronius, 1. Suo fratello Hermus, 1. Tkuchis figlia di Tolemeo, 1. Tolemeo figlio di Heracles, 1. Suo fratello Zoilus, 1. Charmus figlio di Inarus, 1. Amois figlio di Diogenes, 1. Eseremphis figlia di Papont( ), 1. Apollos figlio di Nechthenibis, 1. Sinthoonis figlia di Phatreus, 1. Antiochus figlio di Ammo(nius?), 1. Hatymis figlio di Diogenes, 1. Hatres figlio di Philon, figlio di Hermus, 1. Charmus figlio di Diog( ) il vecchio, 1. Amois figlio di Apollonius, 1. Saras figlio di Apollonius, 1. Papontos figlio di Harpaesis, 1. Suo fratello Anetrais, 1. Amois, altro (fratello), 1. Harbekis figlio di Apollon . . ., 1'. Cfr. Shelton e Whitehorne 1995: 121-123.

[248] Wallace 1938: 240.

[249] P. Tebt. 2, 350: ἔτους τρίτου Αὐτοκράτορος Καίσαρος/ Οὐεσπασιανοῦ Σεβαστοῦ ἐγ δη(μοσίων(?)) νομοῦ./ πέπτωκεν ἐπὶ τὴν ἐν Πτολεμαίδι Εὐερ[γ(έτιδι)]/ τοῦ Ἀρσι(νοίτου) τῆς νομαρχας τράπεζαν τοῖς τὸ/ ἐνκύκλιον πραγμα(τευμένοις) δυσὶ Τιβ[ε]ρίοις Κλαυδίοις/ Ἀντωνίνωι καὶ Ἀμμωνίωι καὶ Χαιρήμονι Ἀπολλωνίου Καισαρείωι τῷ καὶ Ἀλθαιεῖ/ παρὰ Ταπνεβτύνιος τῆς Λ̣ε̣μ̣ή̣σ̣ε̣ω̣ς/ τέλος ἡμίσους μέρους οἰκίας ἐν Τεβτύν(ει)/ παρὰ Ὥπεως τοῦ Ὥπεως καὶ Ἀλεξᾶτος/ [καὶ . . .]φ[. . . .] . .[.] Λ̣ε̣μ̣ή̣σ̣ε̣ω̣ς τῶν τριῶν. Trad. 'Terzo anno dell'imperatore Cesare Vespasiano Augusto, dalle tasse del *nomos*. Ha pagato nella banca della *nomarchia* di Ptolemais Euergetis nel *nomos* di Arsinoite agli agricoltori dell'imposta sulle vendite, a

dei *nomoi* era divisa in tre uffici: il nomarca, l'*oikonomos* e il *basilikos grammateus*; tra i più importanti magistrati di Alessandria, invece, vi erano l'ἐξηγητής e lo ὑπομνηματογράφος, che continuarono a esistere anche con la dominazione romana.

In realtà, le funzioni dell'*exegetes* non erano chiare neanche in epoca tolemaica, ma sembrerebbechesioccupasseprevalentementediquestionireligiose.GrazieaStrabone deduciamo che la sua importanza rimase pressocché invariata nell'Alessandria romana. La sua sfera di influenza era molto ampia e comprendeva responsabilità giuridiche e finanziarie: controllo dello *status* di donne e bambini[250], fornitura di grano, supervisione dell'ufficio dell'annona. Il termine ἐξηγητής era usato anche per indicare un funzionario minore con mansioni similari a quello di Alessandria, che è documentato in capitali di *nomoi* e villaggi. Del regno di Vespasiano possono citarsi due documenti entrambi databili allo stesso anno, il 78 d.C., P. Amh. 2, 85[251] e P. Amh. 2, 86[252]. Questi papiri sono proposte di affitto di una proprietà fondiaria

Tiberius Claudius Antoninus, Tiberius Claudius Ammonios, e Chaeremon figlio di Apollonios della tribù Caesarian e del demo di Althaean, da Tapnebtunis figlia di Lemesis la tassa su metà parte di una casa a Tebtunis (comprata) da Opis figlio di Opis e Alexas e . . . figli di Lemesis, tutti e tre ...'. Cfr. Grenfell – Hunt 1907: 183-184.

[250] SB 12, 11232.

[251] P. Amh. 2, 85: Ἑρμαίωι Ἀπολλωνίου Φιλοκλαυδίωι τῶι καὶ Ἀλθαιεῖ ἐξηγητῆι Ἑρμοπολ(ίτου)/ παρὰ Ἀπολλωνίου τοῦ Ἀμμωνίου καὶ Ὡρίωνος τοῦ Ὡρίωνος/ Ἑρμοπολειτῶν. βουλόμεθα ἑκουσίως μισθώσασθαι εἰς ἔτηι πέν-/ τε ἀπὸ τοῦ ἐνεστῶτος δεκάτου (ἔτους) Οὐεσπασιανοῦ τοῦ κυρίου/ τὰ καταλελιμμένα πάντα καθ' ὁνδηποτοῦν τρόπον τοῖς/ αὐτοῦ υἱοῖς ὀρφανοῖς ὑπὸ Σαραπίωνος Κάστορος ἀπὸ Κουσ-/ σῶν καὶ ὅσα ἄλλα ἐὰν ἀφευρω ἐπ' ὀνόματος τῶν υἱῶν ὀρφανῶν/ αὐτοῦ Σαραπίωνος φόρου κατατ ἔτος χωρὶς τῆς κατ' ἄρουραν ἀρτα-/ βιηας καὶ ναυβίου ἀργ(υρίου) δραχμὰς ἑξακοσίας {χωρὶς κατ' ἄρουραν/ ἀρτα-/ βιηας καὶ ναυβίου}. ἐὰν δ[έ] τ̣ι̣ ἄλλα ἐὰν ἀπαιτηθῶμεν ἢ ἐκ-/ πραχθῶμεν χωρὶς τῆς κατ' ἄρου[ρ]αν ἀρταβιηαν καὶ ναυβίου παρα-/ δεχθήσεται ἡμῖν ἀπὸ τοῦ προκειμένου φόρου. τὸν/ δὲ φόρον ἀποδώσομεν ἐξενίαυτα ἐν μηνὶ Φαῶφι οἷς ἐὰν/ σὺ ὁ ἐξηγητὴς ἐπιστ[εί]λῃς, ἐὰν δέ τι ἄβροχος γένηται/ ἢ καὶ ποταμοφόρητος ἢ ὕφαμμος ἢ κατεξυσμενηι/ γένηται ἀπὸ τοῦ ἰσιον ἑνδεκάτου (ἔτους) παραδεχθήσεται ἡμῖν/ ἀπὸ τοῦ προκειμένου φόρου κατὰ τὸ ἀνάλογον, ἐὰν φαινη/ προτεθ[ῆ]ναι τῆσδε τῆς μισθώσεως ἀντίγραφον ἐπὶ τὰς/ καθηκούσας ἡμέρας δέκα ὅπως μηδενὸς προσαγαγον/ ἐπίθεμα μένηι ἡμῖν μίσθωσις βεβαία ἐπὶ τὸν πέν-/ ταετ[ῆ] χρόνον ἀμεθεστάτους. (ἔτους) δεκάτου Αὐτοκράτορος/ Καίσαρος Οὐεσπασιανοῦ Σεβαστοῦ Φαμενὼθ κγ. (mano 2) Ὡρίων Ὡρίωνο(ς)/ ἐπιδέδωκα. (mano 3) Ἀπολλώνιος Ἀμμωνίου συνεπιδέδωκα/ καθὼ[ς πρό]κειται. Trad.: 'A Hermaeus figlio di Apollonio, del demo di Philoclaudian o Althean, esegeta del *nomos* di Hermopolite, da Apollonio figlio di Ammonio, e Horion figlio di Horion, abitanti di Hermopolis. Noi desideriamo volontariamente affittare per cinque anni dal presente decimo anno di Vespasiano signore tutti i beni di ogni genere lasciati in eredità da Sarapion figlio di Castor, di Cusae, ai suoi figli orfani, e qualsiasi altra cosa io possa trovare essere di proprietà dei figli di Sarapion, ad un canone annuo, esclusa la tassa di una artaba su ogni arura e il naubion, di seicento dracme d'argento. Se qualsiasi altro onere è richiesto o preteso da noi, oltre la tassa di una artaba su ogni arura e il naubion, un assegno deve essere fatto a noi per il suddetto affitto. Pagheremo l'affitto annuale nel mese di Phaophi a chiunque l'esegeta decida di nominare. Se una qualsiasi parte della terra diventa senz'acqua o viene portata via dal fiume o coperta da sabbia o portata via dal prossimo anno undicesimo in poi, una tolleranza proporzionale deve essere fatta a noi per il suddetto affitto. Queste disposizioni sono soggette al consenso alla pubblicazione di tale contratto di locazione per il periodo legale di dieci giorni in modo che, se nessuna obiezione viene portata contro di esso il contratto di locazione può rimanere garantito a noi per il periodo di cinque anni senza modifiche. Decimo anno dell'imperatore Cesare Vespasiano Augusto, Phamenoth 26. Io, figlio di Horion Horion, ho presentato questa dichiarazione. Io, Apollonio figlio di Ammonio, ho presentato congiuntamente questa dichiarazione come sopra.'. Cfr. Grenfell e Hunt 1975: 105-106.

[252] P. Amh. 2, 86: Ἑρμαῖος Ἀπολλωνίου Φιλοκλαύδιος ο κ(αὶ) Ἀλθεευς ἐξη-/ γητῇ Ἑρμοπολείτου/ παρὰ Ἑρμίου τοῦ Ἑρμίου Ἑρμοπ(ολίτου). βούλομαι μισθώ-/ σασθαι εἰς ἔτη πέντε ἀπὸ τοῦ ἐνεστῶτος δεκάτου (ἔτους)/ Αὐτοκράτορος Καίσαρος Οὐεσπασιανοῦ Σεβαστοῦ τὰ ἀπολε-/ λιμμένα ὑπὸ Διδύμης Ἑρμίου \ ἀδελφῆς μου/ τετελ(ευτηκυίας) ὀρφανοῖς τέ-/ κνοις δυσὶ Ἑρμοφίλῳ καὶ Σαλιωνος(?) ἀμφο(τέροις) Ἀρείου ἐδά-/ φη καὶ ὑπάρχοντα καὶ ἃ ἐὰν ἄλλα ἐφεύ[ρ]ωι αὐτῶν/ καθ' ὁνδήποτε οὖν τρόπον ἐπὶ φόρου κατ' ἔτος/ ἀργυ(ρίου) δραχμ(ῶν) διακοσί\ων/ ἐξήκοντα χωρὶς γνη-/ σίων δημοσίων, ἃς καὶ ἀπ[οδ]ώσω

inviate a Hermaeus, *exegetes* del *nomos* di Hermopolite[253]. L'estensione del terreno non è menzionata in nessuno dei due testi, ma l'affitto era di 600 drachme nel primo documento, 260 drachme nel secondo. Per le tasse sulla terra, inoltre, erano responsabili i locatari e una caratteristica importante di entrambi i documenti è la clausola finale con la quale l'ἐξηγητής doveva pubblicare la proposta in dieci giorni, durante i quali potevano essere portate delle obiezioni; qualora nessuno si fosse opposto, il contratto di locazione sarebbe stato confermato. I due papiri risultano di estrema importanza perché fanno in parte luce sulle mansioni dell'*exegetes*, di cui sappiamo molto poco.

Notizie scarse sono anche quelle che riguardano lo *hypomnematographos*, che nel periodo tolemaico teneva aggiornate le istruzioni date ai funzionari superiori ed era responsabile dei registri dell'attività commerciale e degli ὑπομνηματισμοί[254]. Non è chiaro se mantenne queste funzioni con la dominazione romana, ma sappiamo che era scelto tra le famiglie più importanti di Alessandria e che si occupava ancora sicuramente di *epikriseis*, di scrutini di schiavi e di alcune altre categorie di persone[255].

κατ' ἔτος ἐξενί-/ αυτα ἐν μηνὶ Φαῶφι οἷς ἐὰν σὺ ἐπιστείλ(ῃς) ὁ ἐξηγη-/ τής. ἐὰν δέ τις ἄβροχο(ς) γένηται παραδεχθήσεταί/ μοι κατὰ τὸ ἀνάλογον τοῦ φόρου. ἐὰν δὲ ἕτερα ἐκ-/ πραχθῶι χωρὶς γνησίων δημοσίων ὁμοίως/ παπαραδεχθήσεταί ⟦tracce⟧ μοι. ἐπιθέματος δὲ γενομ[έ]νο(υ)/ ἐξεῖναί συ ἑτέροις μεταμισθοῦν ἐὰν οὖν φαίνηται/ μισθῶσε μοι ἐπὶ τούτοις. (ἔτους) δεκάτου Αὐτοκράτορος/ Καίσαρος Οὐεσπασιανοῦ Σεβαστοῦ Φαμενὼθ/ (mano 2) ἑβδόμηι. Trad.: 'A Hermaeus figlio di Apollonius, del demo Philoclaudian o Althean, esegeta del *nomos* di Hermopolite, da Hermias figlio di Hermias, di Hermopolis. Voglio affittare per cinque anni dal presente anno decimo dell'imperatore Cesare Vespasiano Augusto le tenute, le proprietà e qualsiasi altra cosa io possa trovare di qualsiasi descrizione lasciata in eredità da Didyme figlia di Hermias, mia sorella, deceduta, ai suoi due figli orfani Hermophilus e Salion, entrambi figli di Arius, al canone annuo di duecentosessanta drachme d'argento escludendo le spese pubbliche, e io pagherò ogni anno la somma annuale nel mese di Phaophi a chiunque l'esegeta voglia nominare. Se una qualsiasi delle terre diventi senz'acqua un assegno proporzionale del canone di affitto deve essere fatto per me. Se sono richiesti da me altri pagamenti oltre alle spese pubbliche, un'indennità simile deve essere fatta per me. Se non viene fatta alcuna obiezione tu permetti di affittare la proprietà ad altri. Se tu acconsenti di affittare la proprietà in questi termini. Anno decimo dell'imperatore Cesare Vespasiano Augusto, Phamenoth 7'. Cfr. Grenfell e Hunt 1975: 106-107.

[253] Al 78 risale anche un altro papiro in cui compare l'exegetes di Hermopolite, P. Heid. 4, 337, un contratto di locazione.

[254] In origine lo *hypomnematographos* era un alto ufficiale della corona incaricato di sovrintendere la cancelleria imperiale. Nel II sec. a.C., a quanto pare, acquisì la responsabilità in questioni civiche. Capponi 2005: 40-41.

[255] La menzione nei testi del III sec. d.C. di diverse persone che si fregiano del titolo di γενόμενος ὑπομνηματογράφος, le quali giocano un ruolo prominente nella *boule* di Ossirinco, ha portato prima Jouguet e poi Grenfell e Hunt a cercare di distinguere uno *hypomnematographos* delle metropoli da quello di Alessandria. Allo stesso tempo, era stato sostenuto che probabilmente i funzionari di Alessandria erano divisi in due gruppi, uno degli ufficiali civici e uno di quelli di Stato. Questo punto di vista, che è stato ripreso più completo da Stein, sembra ora essere stato abbandonato, dato che una combinazione di doveri civici e statali si spiega facilmente e storicamente in termini di cambiamenti che l'ufficio subì nel II sec. d.C. Whitehorne, invece, sosteneva che ci sia stato sempre e solo un tipo di *hypomnematographos*, ossia quello di Alessandria, anche se il numero di tali funzionari poteva essere stato aumentato nel III d.C. Ma, mentre Rea credeva che lo ὑπομνηματογράφος fosse un cittadino alessandrino designato per vari compiti amministrativi e giudiziari anche fuori da Alessandria, Whitehorne affermava che non solo risulterebbe molto improbabile che un magistrato di Alessandria fosse nominato per affrontare questioni che esulino dalla città e che non riguardino gli Alessandrini, ma che nella maggior parte dei documenti pervenuti in ogni caso l'azione dello *hypomnematographos* risulterebbe collegata con questioni di Alessandria. Cfr. anche Whitehorne 1987: 101-107.

Un ultimo funzionario ben attestato nel periodo flavio è l'ἀγορανόμος, che era tradizionalmente associato con la supervisione dei mercati delle città greche. Pare, infatti, che le sue funzioni somigliassero a quelle di un edile romano, ossia si occupava di affittare spazi nell'agora, controllava i prezzi garantendo che il νόμος ἀγορανομικός che stabiliva i prezzi fosse rispettato, si accertava che i prodotti fossero idonei e regolava pesi e misure. Inoltre, l'*agoranomos* si preoccupava che non venissero fatte frodi e pare che a Ossirinco questo magistrato avesse partecipato anche alle questioni sull'emancipazione degli schiavi[256]. Le lettere inviate agli *agoranomoi* riguardavano sostanzialmente tre tipi di questioni distinte: la manomissione degli schiavi, il trasferimento di privilegi su immobili e il registro dei terreni catecici. Del periodo della dinastia flavia siamo in possesso di due documenti della prima categoria, P. Oxy. 2, 380 e P. Oxy. 38, 2843. P. Oxy. 2, 380[257] è un documento del 29 agosto del 79 d.C., in cui un uomo anziano il cui nome è perso acquista una schiava a Sarapion. L'altro testo che riguarda sempre una questione di manomissione di schiavi è P. Oxy. 38, 2843 dell'agosto dell'86 d.C.:

> ἔ̣τ[ο]υ̣ς π̣έμπ̣του Αὐτοκρά̣τ̣ορ̣ος Κ̣αίσαρος Δομιτιανοῦ
>
> [Σ]ε̣βασ[τ]ο̣ῦ Γερμ̣α̣ν̣ικοῦ Ὑπερβ̣[ερ]ε̣τ̣α̣ί̣ο̣υ ἐπ̣αγο(μένων) vac. ?
>
> μ̣ηνὸς Κ̣α̣ι̣σ̣αρε̣[ίο]υ̣ ἐπ̣αγο(μένων) vac. ? ἐν [Ὀ]ξυρύγχων πόλει τῆς
>
> Θ̣ηβαίδο̣ς ἐ̣π̣' ἀ̣γορ̣α̣ν̣ό̣[μω]ν̣ Θ̣έ̣ωνος καὶ Δίου καὶ Διονυσίου
>
> ἀφεινκε̣ν ἐ̣λευ̣[θ]έ̣ραν ὑπὸ̣ Δ̣ία Γ̣ῆν Ἥλιον Ἀλίνη Κόμωνος
>
> τοῦ Διονυσίου μ̣ητρὸς Κλεωπά̣τ̣ρας τῆς Διονυσίου τῶν
>
> ἀπ' Ὀξυρύγχων πόλεως ὡ̣ς (ἐτῶν) [̣][258].

Il documento dell'epoca di Domiziano è un atto di affrancamento eseguito dall'*agoranomos* di Ossirinco. Il soggetto è una donna schiava Euphrosyne affrancata dalla sua padrona Aline, figlia di Komon e vedova di Mnesitheus, tutti di Ossirinco. Sembrerebbe che entrambe le donne fossero assenti alla scrittura del documento, mentre il figlio di Aline, Komon e un tale Theon, che aveva consegnato il riscatto di Euphrosyne, fossero entrambi presenti. Il motivo della manomissione non è dichiarato nel papiro, ma dalla natura del riscatto sembra che l'iniziativa fosse stata della stessa Euphrosyne e non di Aline. Dopo che l'*agoranomos* procedeva all'autorizzazione, poteva esserci una successiva cerimonia di proclamazione da

[256] Delia 1991: 100.

[257] Il testo e la traduzione sono pubblicati in Benaissa 2011: 226-228.

[258] Si ripotano qui solo i righi iniziali del documento (rr. 1-7), dove viene menzionato il nostro funzionario. Trad.: 'Quinto anno dell'imperatore Cesare Domiziano Augusto Germanico, mese Hyperberetaeus, giorno intercalare . . .Kaisareios, giorno intercalare . . . Nella città di Ossirinco della Tebaide, agli *agoranomoi* Theon, Dius e Dionysius. Aline, figlia di Komon, figlio di Dionysius e di Cleopatra figlia di Dionysius, della città di Ossirinco, di età . . .'. Cfr. Browne, Thomas, Turner e Weinstein 1971: 46-49.

parte di un araldo. Un'altra notifica all'ἀγορανόμος[259] è P. Oxy. 8, 1105 (81-96 d.C.)[260], mentre P. Oxy. 1, 165[261] del 2 febbraio dell'81 d.C. riguarda l'ultima tipologia di lettera all'*agoranomos* ed è un trasferimento di venti arure di terra coltivabile a una donna, Tausiris figlia di Onnophris, da parte di una donna libera, Caecilia Tyche.

2.10. Municipalizzazione e Struttura Amministrativa

Il regno dei Flavi segna un punto d'arrivo nello sviluppo dell'organismo amministrativo dell'Egitto. In quegli anni diviene regolare il controllo delle categorie privilegiate già stabilite da Augusto. Uno dei più importanti cambiamenti che i Romani avevano imposto nelle province, era la promozione e l'incremento dell'urbanizzazione. La municipalizzazione d'Egitto, iniziata con Augusto, fu legata interamente agli sviluppi dell'intera struttura amministrativa della provincia e i Romani fecero sempre affidamento sui cittadini alessandrini per amministrare l'Egitto. D'altra parte, già nella scala gerarchica dei funzionari, dal prefetto all'epistratego, che abbiamo visto in precedenza, erano nettamente distinguibili tre livelli: il primo riservato ai cittadini romani; il secondo all'elemento greco alessandrino, o proveniente dalle classi privilegiate greche della *chora*; il terzo riservato a indigeni superficialmente ellenizzati, in grado di servire da tramite tra la popolazione rurale egiziana e i funzionari di medio livello. Tale diversità di livelli dei funzionari trovava il suo fondamento nella strutturazione della popolazione dell'Egitto, così come fu riordinata dal governo romano. Una limitata autonomia, con particolari privilegi, fu concessa agli Alessandrini, mentre degli abitanti di Naukratis e Ptolemais dell'Alto Egitto non siamo ben informati in questo periodo. Queste erano le tre città greche in cui i cittadini erano organizzati in demi e tribù e avevano magistrati propri. Nella *chora* esistevano nuclei di Greci e nelle metropoli dei distretti la popolazione aveva raggiunto un certo grado di ellenizzazione, mentre nei villaggi e nell'Alto Egitto era ancora forte l'elemento indigeno egiziano. Già in età augustea era stata stabilita la distinzione tra gli abitanti delle metropoli e quelli

---

[259] Cfr. anche P.Oxy. 2, 345 e P. Oxy. 2, 347. Benaissa 2009: 160-163.

[260] P. Oxy. 8, 1105: Φανίας ὁ συνεστάμενος ὑπὸ Φανίου Σαρα-/ πίωνος τῷ ἀγορανόμῳ χαίρειν. ἀνάγρα-/ ψον συγγραφὴν ὑποθήκης Θοώνιος τοῦ/ Θοώνιος τοῦ Θοώνιος τῶν ἀπ' Ὀξυρύγχων/ πόλεως {υποθηκης} τῶν ὑπαρχόντων/ τῇ ὑποθεμένῃ ἐπὶ τοῦ πρὸς Ὀξυρύγχων/ πόλει Σαραπίου ἐπ' ἀμφόδου Νόδου Δρόμου/ μερῶν τριῶν ἀπὸ μερῶν πέντε οἰκίας/ τριστέκου ἐφ ἥν ἐστιν κατάγεον καὶ τῶν/ προσουσῶν αὐλῶν καὶ φρεατρος λιθίνου/ καὶ ἑτέρων χρηστηρίων καὶ τῶν εἰς/ ταῦτα εἰσόδων καὶ ἐξόδων καὶ τῶν/ σ[υ]νκυρόντων κοινῶν καὶ διερέτων,/ ὧν ὑπέθετο αὐτῷ Τβῆκις Ἱέρακος/ τοῦ Θοώνι[ο]ς τῶν ἀπὸ τῆς αὐτῆς πόλεως/ πρὸς ἀργυρίου κεφαλαίου δραχμὰς/ τετρακ[ο]σίας ἐπὶ χρόνον ἔτη τρία/ ἐπ' ἐνοικήσι ἀντὶ τῶν τόκων τῶν/ αὐτῶν τριῶν μερῶν τῆς οἰκίας/ καὶ τῶν ἄλλων, [ἐ]φ' ᾧ κατ' ἔτος/ τὴν ἀν̣α̣γ̣ε̣[ώσ(?)]ε̣ω̣ς τάξεται χα(λκοῦ) (ταλάντων) λ̣./ ἔρρω(σο). ἔτ[ους ....] Α̣ὐ̣τ̣ο̣κ̣[ράτορος Καίσαρος]/ Δομιτιαν[οῦ Σεβαστοῦ Γερμανικοῦ ....]. Trad.: 'Phanias, candidato di Phanias figlio di Sarapion, all'*agoranomos*, saluti. Ho registrato un contratto di mutuo per Thoonis figlio di Thoonis figlio di Thoonis, della città di Ossirinco, di una proprietà ipotecata situata al Serapeo nella città di Ossirinco nel quartiere della Piazza del Sud, vale a dire, tre quinti di una casa a tre piani, sotto la quale c'è una cantina, e le corti ad essa appartenenti, e un pozzo in pietra ed altri infissi e le entrate e le uscite e gli annessi, essendo comune e indivisibile, che Tbekis figlia di Hierax figlio di Thoonis, della città di Ossirinco, ha ipotecato a lui per un capitale di 400 dracme d'argento per un periodo di tre anni, con il diritto di abitare le suddette tre parti della casa e il resto della proprietà in cambio di interessi, a condizione che egli deve pagare ogni anno la tassa per il rinnovo del mutuo, essendo del valore di 30 talenti di rame. Saluti. Anno . . . dell'imperatore Cesare Domiziano Augusto Germanico'. Cfr. Hunt e Litt 1911: 175-177.

[261] Testo e traduzione in Montserrant, Fantoni e Robinson 1994: 23-26.

dei villaggi; esisteva poi per il governo romano un distacco tra gli Alessandrini e i Greci della *chora*, poiché questi ultimi sotto l'aspetto giuridico erano assimilati agli indigeni e i loro privilegi erano solo di natura amministrativo-fiscale. In Egitto tre erano le categorie fondamentali in cui erano divisi gli abitanti: i Romani che dipendevano dal prefetto tramite l'epistratego, gli Alessandrini, che pur avendo qualche autonomia erano comunque controllati dal prefetto, i Greci della *chora* e gli Egiziani invece erano soggetti ai funzionari locali. Sotto i Giulio-Claudi venne rinforzato il primato di Alessandria come *polis* d'Egitto e come schema primario per l'amministrazione della provincia, mentre inizialmente un secondo schema di municipalizzazione erano le *metropoleis*. La dicotomia tra città greche e *metropoleis* si concluse solo nel 200 d.C., quando Settimio Severo introdusse consigli comunali in Egitto e completò così il processo di trasformazione delle *metropoleis* egiziane in città greche. Bowman e Rathbone suggeriscono che le riforme dei Severi furono solo l'apice di un processo graduale, che iniziò con Augusto ma si evolse ulteriormente con gli imperatori successivi[262].

Oltre alla pubblica amministrazione con l'avvento di Augusto furono riformati dai Romani anche gli archivi pubblici. In ogni capitale dei *nomoi* esisteva, infatti, un ufficio centrale, la βιβλιοθήκη τῶν δημοσίων λόγων. Questa originariamente conteneva un registro delle proprietà reali, cioè terre e schiavi, e la corrispondenza ufficiale come ricevute di tasse o liste di censo. Nel 72 d.C. a quanto pare, però, fu creato un nuovo registro delle proprietà reali, la βιβλιοθήκη τῶν ἐγκτήσεων, che ricopriva anche la funzione di archivio degli atti di proprietà. Forse, dunque, proprio sotto i Flavi, e probabilmente con Vespasiano, la βιβλιοθήκη τῶν ἐγκτήσεων si staccò, come ufficio autonomo, dall'archivio degli atti pubblici, la βιβλιοθήκη τῶν δημοσίων λόγων[263]. Esattamente come la βιβλιοθήκη τῶν δημοσίων λόγων, la βιβλιοθήκη τῶν ἐγκτήσεων aveva una sede in tutte le metropoli del *nomos*[264]. Dopo questa nuova istituzione, la βιβλιοθήκη τῶν δημοσίων λόγων continuò a contenere i documenti pubblici del *nomos*. Queste due βιβλιοθῆκαι in ciascun *nomos* erano sotto il controllo di due *bibliophylakes*, i quali tenevano l'ufficio per un anno che poteva essere rinnovato. Il decreto del prefetto M. Mettius Rufus, P. Oxy 2, 237, di cui abbiamo già trattato, risponde alla denuncia di uno stratego relativa alle condizioni disastrose in cui versa la βιβλιοθήκη τῶν ἐγκτήσεων e ci permette di venire a conoscenza di ulteriori dettagli su questa istituzione, data la scarsezza delle fonti documentarie a riguardo[265]. Le misure prese dal prefetto per rimediare alla

[262] Bowman e Rathbone 1992: 125-127.
[263] Cockle 1984: 113 e sgg.
[264] Burkhalter 1990: 198-202.
[265] Il prefetto Mettius Rufus, dice il van Groningen, avrebbe apparentemente avuto molto interesse nei confronti degli archivi (van Groningen 1947: 317-319). In P. Fam. Tebt. 15 egli, ordinata l'esibizione di un βιβλίον, si accorge che mancano dei fogli iniziali e chiama l'archivista (βιβλιοφύλαξ) per conoscere il motivo della grave irregolarità. Molti sono tuttavia i libri ἄναρχα, ma il prefetto ordina di procedere a ricopiare dalla βιβλιοθήκη di Alessandria, cioè dai λόγοι in quella conservati, le pagine che mancano ai βιβλία. Sappiamo da P. Oxy. 8, 237 che la conoscenza di Mettius Rufus del dissesto dei διαστρώματα derivava dalla denuncia di un funzionario dipendente e che il rimedio fu una ἀπογραφή generale. Dunque, o al momento di P. Fam. Tebt. 15, ossia mentre era in Arsinoite, il prefetto non aveva ancora emanato il suo editto o lo aveva emesso, ma a questo punto non si spiegherebbe l'ordine di far copiare le pagine dai λόγοι, dopo aver ordinato l'ἀπογραφή generale che avrebbe destituito di utilità i precedenti διαστρώματα.

situazione furono diverse. Innanzitutto, egli ordinò che i proprietari dichiarassero le proprie proprietà personali alla βιβλιοθήκη τῶν ἐγκτήσεων entro un periodo di sei mesi e i creditori i loro mutui[266]. Mettius Rufus esortò poi le donne e i bambini a depositare un avviso in merito alle proprietà dei mariti e dei genitori e ai loro diritti su di essi, a condizione che questi ultimi si basassero su atti notarili registrati. Ai notai egli, invece, raccomandò di non autenticare più nulla senza l'autorizzazione dell'archivio e ai bibliotecari di conservare in modo idoneo le vecchie dichiarazioni e i vecchi registri conservati nella biblioteca, esortandoli a rinnovare però gli archivi ogni cinque anni e a trasferire le dichiarazioni dell'ultimo stato di proprietà di tutti gli abitanti del *nomos* sui nuovi registri, per villaggio e categorie di persone[267]. Il decreto del prefetto fornisce un'idea abbastanza precisa delle funzioni della βιβλιοθήκη τῶν ἐγκτήσεων, che garantiva i diritti dei proprietari e dei creditori e permetteva allo Stato di verificare e di tassare le proprietà degli individui. Per di più, illustra il reale funzionamento dell'archivio e mette in evidenza gli aspetti che lo distinguono totalmente dalla βιβλιοθήκη τῶν δημοσίων λόγων. I documenti che erano conservati nella βιβλιοθήκη τῶν ἐγκτήσεων, infatti, erano unici e non avevano alcuna copia, per cui, se venivano persi o risultavano rovinati, il prefetto doveva ordinare a tutti gli abitanti del *nomos* di procedere a una nuova dichiarazione di tutte le loro proprietà. Inoltre, contrariamente ai responsabili della βιβλιοθήκη τῶν δημοσίων λόγων, che si occupavano principalmente della classificazione e della conservazione dei documenti che ricevevano, i responsabili della βιβλιοθήκη τῶν ἐγκτήσεων creavano nuovi documenti a partire dalle dichiarazioni di proprietà che erano state loro presentate, predisponendo un registro (διαστρώματα), dove erano iscritti tutti gli abitanti del *nomos* e le loro proprietà. Queste ultime, poi, erano classificate per villaggio (κατὰ κώμην) e per categorie (κατ'εἶδος). La documentazione pervenuta del nostro periodo rientra soprattutto nelle dichiarazioni di proprietà fatte alla biblioteca[268]. Tra le ἀπογραφαί del periodo dei Flavi[269], BGU 11, 2100 è una dichiarazione di proprietà del 83 d.C., che, anche se molto frammentaria, ci permette di comprendere la tipologia dei documenti della βιβλιοθήκη τῶν ἐγκτήσεων.

Ἀ[πολ]λωνίωι καὶ Νικο . . . . [βιβ]λ̣ι̣[οφύλ(αξιν)]

[ἐν]κ̣τήσεων Ἀρσινο̣ε̣ί̣τ̣ο̣υ̣

[π]α̣ρὰ Ἀπύγχιο[ς] Τ̣[ε]σ̣ε̣ν̣ο̣ύ̣[φιος τοῦ]

[Τ]εσενούφιος, ἱερέως ἀπὸ τῆς [Σ]ο̣κ̣ν̣[οπ(αίου) Νήσου],

[ἀπ]ογεγραμμένου δ̣[ί' ὑμῶν. προσαπογρ(άφομαι)]

Flore ha sostenuto che probabilmente P. Fam. Tebt. 15 venne, quindi, emesso quando Mettius Rufus era ancora incerto sulla via da seguire. Cfr. Flore 1953: 387-394.

[266] Cfr. P. Oxy. 2, 358 del 90 d.C., una dichiarazione di proprietà indirizzata ai *bibliophylakes* di Ossirinco in risposta all'editto del prefetto Mettius Rufus.

[267] Monson 2012: 127-131.

[268] BGU 2, 536; SPP 22, 175; SPP 22, 86.

[269] Cfr. Avogadro 1935: 140.

[τὰ] ἐληλυθότα ε̣ἴ̣ς [με] μ̣ετὰ τ̣[ὴν τοῦ]
[πρ]ογεγραμμένου μ[ου] π[ατρὸς Τ]ε̣[σενούφιος]
[Τ]ε̣σενούφιος τοῦ Στοτοήτ[ιος . . . . .]ς ἀπὸ τ̣[
[ἀ]π̣ογεγ̣ραμμένου διὰ μ[-ca.?-]ν ἀπο̣[
[ἀδι]αθέτου̣ τελευτήν· ἀκολ̣[ούθ]ω̣ς [τῷ̣
[π]ρός τε τοὺς ἀδελ̣φού̣[ς] μ̣ου Θ[ενα]π̣[καὶ Τε-]
[σε]νοῦφιν καὶ τὸν υἱόν μου̣ Α̣ . . [τὸν κ̣α̣ὶ]
[Τ]εσενοῦφ̣ιν διαιρέσεω[ς ἀντιγράφῳ̣, ὃ]
[ὑ]μεῖν παρεθέμην, ἀπέ[λαβο]ν ι .[
[δί]μοιρον μέρο[ς] ο̣ἰ[κίας . . .] .[. .] . .[
[. .]ο̣λη ἐξ εφα[. . . .] οἰκία[. .] . . .[
[μέ]ρη δύο ἀπὸ [μερῶν] . .[
[μ]ε̣τὰ δὲ τ̣ὴ̣ν [τοῦ προγ]εγραμμ̣έ̣[νου μου πατρὸς]
[Τ]εσενούφιος [ ] . . . .[
[τ]ελευτὴν α̣[ ]τ̣ο̣υ̣ . . .[
[. .] . .τ̣ερα̣[ ] . . . .[
[μ]ετὰ το̣[ ] . . . .[
[. .]μη ἀπ[ ] ἀκο[λούθως τῇ
[δια]ιρέσει [τ]ῷ̣ν μὲ̣ν̣ [
[. .σ]τέγου οἰ[κίας καὶ] αἰ̣θ̣ρίου̣ [
[ἑ]βδόμου μέρου̣[ς . . .] .ου κ . .[. . . . . .] τ̣ω̣ν̣[
[δε]κάτου μέρους [οἰκί]ας καὶ αὐλῆ[ς ἐν] τῇ κώ̣μ̣[η(?)]

καθαρὰ ἀπὸ ὑπο[θή]κης καὶ διεγγ[υή(ματος).] διὸ ἐπιδ(ίδωμι)

τὴν προσαπογραφή[ν. .]

[κατ]α[κε]χώ(ρισται). (mano 1) (ἔτους) β αὐτοḳ[ράτορ]ọς Καίσαρος

[Δομιτιανοῦ Σεβαστοῦ, Μεχεὶρ . .][270].

Apynchis menziona ai βιβλιοφύλακες le case ricevute in eredità dopo la morte del padre Tesenuphis. Dal momento che quest'ultimo non aveva lasciato un testamento, il papiro risulta un documento di divisione di proprietà tra eredi. Poiché l'ἀπογραφή si trova in un grave stato di conservazione, tuttavia, i dettagli della divisione di proprietà non possono essere ricostruiti. Purtroppo, non sappiamo quando morì il padre di Apynchis, ma è molto probabile che il presente testo sia stato presentato all'archivio dopo un certo periodo dalla sua morte. È, infatti, importante notare che nulla costringeva i proprietari a registrare le loro nuove proprietà nella biblioteca. Tutto indica che potevano passare anche anni dall'acquisto alla registrazione di proprietà ed era necessario farlo solo se si voleva venderle o ipotecarle legalmente. Ma la βιβλιοθήκη τῶν ἐγκτήσεων si occupava anche di altri documenti. Del 27 gennaio dell'85 d.C. è un papiro del regno di Domiziano, P. Oxy. 66, 4532[271]. Si tratta

[270] Trad.: 'A Apollonios e Niko . . .os, *bibliophylakes* di Arsinoite, da Apynchis, figlio di Tesenuphis figlio di Tesenuphis, sacerdoti a Soknopaiu (Nesos), avendo presentato a voi la dichiarazione denunzio inoltre il possesso che mi è stato notificato dopo la morte del mio suddetto padre Tesenuphis, figlio di Tesenuphis figlio di Stotoetis, . . . a . . . avendo presentato la dichiarazione . . . non ha lasciato nessun testamento . . .tra i miei fratelli Th(ena)-p. . . e (? Tese)nuphis e mio figlio A . . . Tesenuphis con la copia della divisione in parti, che vi ho presentato, ho ricevuto . . . una doppia porzione della casa . . . casa . . . due parti di . . .che mi è stata notificata dopo La morte di mio padre Tesenuphis . . . [3 righi] . . . divisione in parti . . .del tetto e dell'atrio . . .la settima parte . . .la decima parte di una casa nel villaggio libera da ipoteche e dagli oneri ipotecari . . .pertanto aggiungo la dichiarazione. . . che avete registrato . . .Anno 2 dell'imperatore Cesare Domiziano Augusto, Mecheir . . .'. Cfr. la traduzione dell'editore tedesco Maehler 1968: 177-179.

[271] P. Oxy. 66, 4532: [ἔκλημψις ἐκ τῆς τῶν] ἐνκτησεων τοῦ Ὀξυρυγχείτου βιβλιοθήκης,/ [χρηματισμῶν ἀγορα]νομικῶν, μέσης τοπαρχίας. ἔτους τετάρτου/ [Αὐτοκράτορος Καίσαρος] Δομιτιανοῦ Σεβαστοῦ Γερμανικοῦ, Μεχεὶρ β,/ [ἐν κώμῃ Νεμέρων. ἐδάν]εισεν Πανεμγεῦς Πετσειρίωνος τοῦ Κουῶτος/ [μητρὸς – 10 – ἀ]πὸ κώμης Σέσθα τῆς κάτω τοπαρχίας ⟦τοῦ⟧/[καταγινόμενος ἐν] τῇ προκειμένῃ κώμῃ Νεμέρων τῷ ἑαυτοῦ υἱῷ/ [Ἀπολλωνίῳ μητρὸῳ] .ώνιος τῆς Ἀπολλωνίου Πέρσῃ τῆς ἐπιγονῆς/ [ἀργυρίου Σεβα] ṣṭọῦ νομίσματος δραχμὰς πεντακοσίας,/ [(γίνονται) (δραχμαὶ) φ κεφαλαίου] ạἷς οὐδὲν τῷ καθόλου προσῆκται, ἃς ἀποδό-/ [τω ὁ προκείμενος Ἀ]π̣ọλλώνιος τῷ πατρὶ Πανεμγεῖ τῇ λ τοῦ Φαμενὼθ/ [μηνὸς . . Αὐτοκράτορος Καίσ]ạρος Δομιτιανοῦ Σεβαστοῦ Γερμανικοῦ χωρὶς/ [πάσης ὑπερθέσεως. ἐ]ạ̀ν δὲ μὴ ἀποδῶι καθὰ γέγραπται, ἀποτει-/ [σάτω ὁ Ἀπολλώνιο]ς τῷ πατρὶ Πανεμγεῖ τὸ προκείμενον/ [κεφάλαιον μεθ' ἡμιο]λ̣ίας σὺν τοῖς τοῦ ὑπερπεσόντος χρόνου καθή-/ [κουσι τόκοις, οὔση]ς αὐτῷ τῆς πράξεως ἔκ τε τοῦ δεδανεισ-/ [μένου καὶ ἐκ τῶν ὑπαρ]χόντων αὐτῷ πάντων καθάπερ ἐγ δίκης./ [– 16 –] Πανεμγεῦς ὡς (ἐτῶν) ο ο(ὐλὴ) ῥεινὶ μέσῃ. Ἀπολλῶς/ [ο(ὐλὴ) ἀντικ]ṿημ(ίῳ) ἀριστερῶι. ὁ γράψας Λε . . . .ς ὡς (ἐτῶν) κε ἄσημ(ος). Trad.: 'Estratto della biblioteca *ton ekteseon* di Ossirinco, dagli atti redatti dagli *agoranomoi*, della media *toparchia*. Anno quarto dell'imperatore Cesare Domiziano Augusto Germanico, Mecheir 2, nel villaggio Nemeron. Panemgeus figlio di Petsirion, figlio di Cuos, sua madre . . ., dal villaggio di Sesphtha nella *toparchia* inferiore, residente nel suddetto villaggio di Nemeron, ha prestato al suo prorpio figlio Apollonius, la cui madre è . . .onis figlia di Apollonius, persiano di Epigone, 500 drachme d'argento del denaro augusteo, totale 500 drachme come capitale a cui nulla è stato aggiunto, che il suddetto Apollonius deve rimborsare a suo padre Panemgeus nel giorno 30 del mese di Phamenoth . . . imperatore Cesare Domiziano Augusto Germanico senza alcun ritardo. Ma se egli non rimborsasse il denaro in accordo

di una copia di un contratto per un prestito di cinquecento drachme da Panemgeus a suo figlio Apollonius, estratto dal registro delle proprietà della βιβλιοθήκη τῶν ἐγκτήσεων. Il prestito era registrato con la proprietà d'ufficio, perché la potenziale obbligazione della proprietà reale nel caso di mancato pagamento portava alla confisca della proprietà stessa. Un estratto da resoconti bancari registrato presso la biblioteca è invece PSI 12, 1235. La datazione non è certa, ma, poiché sono noti i due *bibliophylakes*, Epimachos e Theon, in carica dall'80 al 90 d.C., anche questo testo risale sicuramente a quegli anni, ossia al Principato di Domiziano[272].

con quanto è stato scritto, Apollonius deve pagare a suo padre Panemgeus il suddetto importo più una metà insieme con l'appropriato interesse per il ritardo. Panemgeus mantiene il diritto di esecuzione sul prestito e su tutti i suoi beni secondo la legge . . . Panemgeus, di anni settanta, con una cicatrice a metà del naso. Apollos, . . ., con una cicatrice sulla gamba sinistra. Lo scriba Le . . .s di venticinque anni senza segni distintivi'. Cfr. anche Gonis 1999: 204-206.

[272]Cfr. SPP 22, 23.

Capitolo 3

Il sistema fiscale egiziano da Vespasiano a Domiziano

3.1. La Popolazione d'Egitto

3.1.1. Il Censimento

Per il periodo tolemaico non ci sono molte prove che fosse effettivamente realizzato un reale censimento della popolazione, anche se Wallace ha sostenuto l'opinione che esso fu istituito in Egitto per la prima volta con Tolemeo IV Filopatore[1] al fine di esigere dalla popolazione una più proficua riscossione delle tasse, dopo l'instaurazione della tassa *pro capite* all'inizio del suo regno[2]. Lo scopo primario delle operazioni di censo nel periodo tolemaico era il prelievo dell'imposta sul sale, l'ἁλική, che era pagata da uomini e donne insieme alle altre imposte collaterali[3]. Inoltre, il censimento era necessario anche per tenere un registro delle persone soggette ai servizi obbligatori, come le *corvée*, o ad altre imposte capitarie, come quelle sui commerci. Questa procedura era svolta in due modi: nelle città la popolazione poteva scrivere le dichiarazioni negli uffici appositamente istituiti, mentre nella *chora* venivano inviati degli ufficiali preposti casa per casa. Con i Romani sostanzialmente questa dualità metodologica non fu ulteriormente modificata, così come furono mantenuti in gran parte i privilegi fiscali destinati a particolari classi di individui, che sussistevano già con i Tolemei[4]. In altre parole, il censo doveva in qualche modo essere connesso con lo scrutinio di *status* privilegiato o le dichiarazioni di *epikrisis*. Sembrerebbe, infatti, che in un primo momento il censimento e la classificazione sociale, appunto l'*epikrisis*, fossero parte della stessa operazione burocratica. Una differenza, invece, fondamentale tra il censo tolemaico e quello romano riguardava la relazione tra il censimento e le dichiarazioni di proprietà. Infatti, se il censimento dei cittadini romani consisteva in una dichiarazione sotto giuramento e nella valutazione monetaria della proprietà individuale, inclusi i beni mobili e immobili (anche gli schiavi), in Egitto il censo registrava gli individui con le loro case ma non con le loro terre, che erano sottoposte a una registrazione separata. Le registrazioni di censo e di proprietà, poi, erano depositate entrambe nella βιβλιοθήκη τῶν δημοσίων λόγων, perlomeno fino alla creazione della βιβλιοθήκη τῶν ἐγκτήσεων con l'Impero dei Flavi. Infine, secondo l'ipotesi di Bagnall e Frier, le liste della popolazione nel periodo tolemaico erano aggiornate ogni anno, mentre il governo romano bandì dei censimenti in Egitto fin dai primi anni della conquista, ma senza una reale periodicità[5]. Diversamente dal censimento quinquennale di Roma, tuttavia, a partire

[5] Bagnall e Frier 1994: 2-5.

dal censimento del 19-20 d.C. fino al 257-258 d.C., esso fu bandito regolarmente ogni quattordici anni. D'altra parte, un piccolo numero di dichiarazioni precedenti al 33-34 d.C. ha fatto sì che non sia possibile dimostrare con sicurezza che l'intervallo quattordicennale fosse stato già stabilito effettivamente a partire dal 19 d.C. I registri dei contribuenti sono stati periodicamente aggiornati durante l'intervallo di tempo tra il censimento del 33-34 e quello del 47-48, ma non vi è alcuna prova che i contribuenti siano stati invitati a presentare le nuove dichiarazioni nel corso di tale intervallo. La coincidenza dell'intervallo quattordicennale, con cui venivano effettuate le operazioni di censimento, con l'età minima alla quale si iniziava a pagare la tassa *pro capite* non lascia molti dubbi sulle origini del ciclo di censimento[6]. La conservazione incompleta della maggior parte delle dichiarazioni superstiti del I sec. d.C. non ha tuttavia permesso di chiarire alcuni degli aspetti chiave di queste operazioni, per cui molte problematiche risultano ancora piuttosto oscure. I resoconti dei censimenti sono abbastanza uniformi nella maggior parte dei *nomoi* d'Egitto, variando unicamente in alcuni dettagli. La ricevuta veniva indicata con il termine ἀπογραφὴ, o più nello specifico κατ'οἰκίαν ἀπογραφὴ. Il censimento era ordinato mediante un editto del prefetto e il tempo per presentare la dichiarazione comprendeva tutto l'anno seguente a quello in cui era stato emanato l'editto, anche se non vi erano regole generali in materia, ma sembra che sostanzialmente fosse una questione per lo più di circostanze locali. La menzione del decreto del prefetto appare per la prima volta nell'89 d.C., ma ciò non significa che tale ordine prima non esistesse[7]. Nel papiro SB 14, 12110 del 90-91 d.C. compare chiaramente, infatti, il riferimento all'editto del prefetto Mettius Rufus, che aveva indetto il nuovo censimento:

Διονυσί[ῳ̣ σ]τ̣ρατηγῷ̣ Ἀνταιοπ[ο]λίτο̣υ̣

καὶ (ἑπτα)κωμίας

παρὰ Ψάιτος Ἡρακλήου τῶν ἀπὸ Ἀνταίου πόλ(εως)

καταγεινόμενος ἐν κώμῃ̣ [̣]α̣ ̣λλη. ἀπογρά(φομαι) εἰς

τὴν τοῦ θ (ἔτους) Αὐτοκράτορος Καίσαρος Δομιτιανοῦ

Σεβαστοῦ Γερμανικοῦ κατ' οἰκίαν ἀπογρα(φὴν) κ[αὶ]

ἐπίκρισ[ιν] κατὰ τὰ κελευσθέντα ὑπὸ

[Μεττίου] Ῥούφου τοῦ κρατίστου ἡγεμόνος

] vac. ?

[6] Wallace 1938: 96-98.

[7] P. Hamb. 1, 60 = CPJ 3, 485, ricevuta di censimento, già nominata nella sezione dedicata al prefetto Mettius Rufus.

] vac. ?

].α̣ οὐ̣[λ(ή)] μ̣ε̣τ̣ώ̣π̣[ῳ [8].

Inoltre, pare che sempre prima del censimento dell'89 d.C. non vi fosse una vera regolarità nella presentazione delle dichiarazioni. Infatti, le dichiarazioni di questo censimento sono tutte state depositate nel 90-91, mentre per i precedenti censimenti non è stata trovata una similarità di tempo. Tra i pochi testi che si riferiscono a questo censimento di Domiziano, anche P. Mich. 3, 176 è del 10 maggio del 91[9]. Il dichiarante è un certo Peteuris, figlio di Horos, che scrive a un funzionario del villaggio, che pare essere un λαογράφος, anche se l'assenza nel testo di ogni riferimento ulteriore ai λαογράφοι appare del tutto inusuale[10]. Si tratta di una dichiarazione di persone appartenenti alla stessa casa e residenti nello stesso domicilio, nel villaggio di Bacchias, redatta nel decimo anno del regno di Domiziano in conformità con i requisiti del censimento quattordicennale avvenuto nel nono anno di regno[11].

[8] Traduzione di SB 14, 12110: 'A Dionysios, stratego del *nomos* di Antaiopolite e Heptakomia, da Psais, figlio di Herakles, residente a Antaiopolis, domiciliato al momento nel villaggio di . . . Dichiaro per il censimento e l'*epikrisis* del nono anno dell'imperatore Cesare Domiziano Augusto Germanico secondo le disposizioni emesse da Mettius Rufus, eccellente prefetto . . .'. Cfr. Hengstl 1983: 467-468.

[9] P. Mich. 3, 176: Ὥρωι Ἀρυώτου [λαογρ(άφῳ)] Βακ(χιάδος) καὶ Ἀπύνχ(ει)/ Ὀννώφρεως καὶ το(ῖς) ἄλλ(οις) πρεσβ(υτέροις)/ παρὰ Πετεύρε(ως) τοῦ Ὥρο̣(υ) τῶν ἀπὸ/ κώμης Βακ(χιάδος). ὑπάρχ(ει) [μοι] ἐν τῇ κώμῃ/ (τέταρτον) μέρος ο[ἰ]κ(ίας) ἐν ᾧ καταγείνομ(αι) καὶ ἀπο-/ γρά(φομαι) ἐμαυτόν τε καὶ [τ] οὺς ἐμοὺς/ εἰς τὴ(ν) τοῦ διεληλ(υθότος) θ̣ ἔ̣τ̣ο̣υ̣ς Αὐτοκράτορ(ος)/ Καίσαρος Δομιτιανοῦ Σεβ(αστοῦ) Γερμ(ανικοῦ)/ ἀπογρα(φήν)./ εἰμεὶ δὲ Πετεῦρις Ὥρ[ο(υ)] το(ῦ) Ὥρο(υ)/ μη(τρὸς) Ἑριέως τῆ(ς) Μενχείους δημ(όσιος)/ γεωργ(ὸς) (ὡς ἐτῶν) λ ἄση(μος)/ καὶ τὴν γυ(ναῖκα) Ταπεί̣ν̣η(ν) [τὴ(ν) Ἀ]π̣κ̣όι(τος) (ἐτῶν) κε/ καὶ τοὺς ὁμοπατρίο(υς) κα[ὶ] ὁμομητρίο(υς)/ ἀδελφο(ὺς) Ὥρο(ν) (ὡς ἐτῶν) κ/ καὶ Ὡρίωνο ἄλλο(ν) (ὡς ἐτῶν) ζ./ ὑπάρχ(ει) δὲ καὶ τῶι ἀδελφῶι τὸ .ι (τετάρτου) μέ(ρους)/ τῆ(ς) προκ(ειμένης) οἰκ(ίας) καὶ αὐλ(ῆς) ἐν ᾧ καταγει(νόμεθα)./ Πετεῦρις ὁ προγεγραμμένος ἐπιδέδω(κα)/ καὶ ὀμνύω Αὐτοκράτορα Καίσαρα/ Δομιτιανὸν Σεβαστὸν Γερμανικὸν/ ἀ̣λ̣η̣θ̣ῆ̣ εἶναι τὰ προγ(εγραμμένα) καὶ μηδὲ(ν)/ διε̣ψεῦσθα. ἔγραψεν Ἀφροδ(ίσιος) γραμ(ματεὺς)/ τῆ(ς) κώμης <ὑπὲρ αὐτοῦ> μὴ εἰδό̣το̣ς γράμματα/ (ἔτους) δεκάτου Αὐτοκράτο̣ρος Καίσαρος/ Δομιτιανοῦ Σεβ(αστοῦ) Γερμ(ανικοῦ), Παχ(ὼν) ιε. Trad.: 'A Horos, figlio di Haryotes, *Laographos* di Bacchias, e Apynchis, figlio di Onnophris, e agli altri anziani. Da Peteuris, figlio di Horos, residente nel villaggio di Bacchias. Lì mi appartiene nel villaggio la quarta parte di una casa in cui risiedo, e registro sia me sia quelli della mia famiglia per il censimento del passato nono anno dell'imperatore Cesare Domiziano Augusto Germanico. Io sono Peteuris, figlio di Horos, figlio di Horos, essendo mia moglie Herieus, figlia di Menches, un coltivatore di terra statale, di circa trenta anni di età, senza marchi di identificazione, e (registro): mia moglie Tapeine, figlia di Apkois, di venticinque anni, e i miei fratelli: Horos, di vent'anni, e Horion, l'altro, di sette anni. E lì appartiene a mio fratello il . . . di una quarta parte della suddetta casa e il cortile in cui viviamo. Io, Peteuris, il suddetto, ho sottoscritto la dichiarazione, e giuro in nome dell'imperatore Cesare Domiziano Augusto Germanico che le precedenti affermazioni sono vere e che non ho falsificato nulla. Aphrodisios, segretario del villaggio, scrive per lui essendo egli illetterato. Decimo anno dell'imperatore Cesare Domiziano Augusto Germanico, Pachon 15'. Cfr. Winter 1936: 179-182.

[10] Gli archivi hanno fornito anche altre due dichiarazioni di censimento (P. Mich. 3, 177; P. Mich. 3, 178) e due dichiarazioni di proprietà (P. Mich. 3, 184; P. Mich. 3, 185) insieme ad altri documenti (due contratti di locazione, ricevute di canoni di affitto, contratti di occupazione di case) della stessa famiglia che ci permettono di ricostruire l'albero genealogico di cinque generazioni. Youtie 1976: 284-287; Jördens 2009: 78-79.

[11] Le altre dichiarazioni che fanno riferimento al censimento dell'89 sono: P. Lond. 2, 259 del 94-95 d.C. e P. Oxy. 6, 984 del 91-92. Quest'ultimo contiene nel *verso* parte dei Peani di Pindaro, mentre nel *recto* è presenta appunto una lista di censimento di diverse persone compilata sotto Domiziano (sezione A-C) e un documento riguardante un'ispezione di terreni (sezione B). Sulla questione della provenienza di questo papiro, cfr. Montevecchi 1998 [2000]: 49-76; Montevecchi 2000 [2002]: 145-146; Gagliano 2000 [2002]: 99-115.

Per il censimento precedente, tenuto durante il regno di Vespasiano nel 75 d.C., invece, le dichiarazioni non sono state depositate con regolarità e, difatti, non vi è alcuna indicazione che l'anno di censimento sia già trascorso né la data esatta in cui il testo è stato depositato. Dopo P. Harr. 1, 70[12] e BGU 11, 2088, entrambe del 77 d.C., già menzionate in precedenza, P. Oxy. 2, 361[13] è un'altra κατ'οἰκίαν ἀπογραφή proveniente dall'Arsinoite che fa riferimento al censimento di Vespasiano del 75 d.C.[14]. Il controllo della popolazione egiziana, quindi, fu organizzato mediante il censimento domiciliare (κατ'οἰκίαν ἀπογραφή); queste operazioni riguardavano l'intera popolazione della provincia, sia Egiziani sia cittadini romani. La dichiarazione era eseguita dal proprietario di casa o dall'occupante con un formulario per lo più fisso in base al luogo; erano elencati tutti gli abitanti della casa, compresi gli schiavi, specificando età, sesso, grado di parentela, categoria sociale e mestiere.

È dalla seconda metà del I sec. d.C., tuttavia, che la formula della dichiarazione divenne pressoché fissa. Le operazioni di censimento dovevano, poi, essere espletate nel domicilio amministrativo-fiscale (ἰδία) del dichiarante e, pertanto, era necessario, in caso di residenza in un luogo diverso, ritornare all'ἰδία per soddisfare l'obbligo. Il proprietario di casa a volte era costretto a inviare copie della ricevuta di censimento ai vari ufficiali che si occupavano delle operazioni. Alcune ricevute sono inviate, difatti, allo stratego, l'ufficiale in carica dell'amministrazione del *nomos*, al βασιλικὸς γραμματεύς, al *komogrammateus* o ai λαογράφοι, gli ufficiali incaricati delle questioni riguardanti il censo e la tassa *pro capite*. Nelle capitali dei *nomoi*, invece, erano mandate ai due μετροπόλεως γραμματεῖς, all'ἀμφοδάρχης o all'ἀμφοδογραμματεύς, che era responsabile delle ricevute di singole sezioni della città. Oltre a una copia della dichiarazione inviata a ognuno di questi uffici, il proprietario della casa doveva tenere una copia anche per sé e sostenere, pertanto, un'ingente spesa. Probabilmente, per facilitare la raccolta di queste dichiarazioni lo stratego, il βασιλικὸς γραμματεύς o i loro delegati giravano per i vari villaggi e distretti personalmente. Anche le dichiarazioni di nascita e di morte erano integrate nei dati dei censimenti, soprattutto per le categorie privilegiate esentate dalla tassa pro capite. Non pare vi fosse alcun obbligo di denunciare i nati e, difatti, attualmente si sarebbe in possesso di un'unica denuncia di nascita per tutto il periodo dei Flavi, P. Warr. 2 dell'11 luglio del 72[15].

---

[12] P. Harr. 1, 70 = SB 18, 13324.

[13] Bagnall e Frier 1994: 185-186.

[14] L'ultimo documento che si riferisce a questo censimento parrebbe SB 12, 11232 del 76 d.C.

[15] P. Warr. 2: 1[. . . . .] . .[– 10 – ἀμφό-]/ [δου] Ἀράβω[– 13 –]/ παρὰ Ἡρακλẹίου τοῦ Σαμβ[ᾶ]/ τοῦ Σοκέως μηṭρọ̀ς Ἡρα-/ κλοῦτος τῆς Διφίλου ἀναγρạ(φομένου)/ ἐπ' ἀμφόδου Ἀράβωι. ἀπογρά(φομαι)/ τὸν ἐπιγεννηθένṭạ μ̣ọ[ι]/ ἐκ τῆς συṿούσης μοι / γυναικὸς Ταμάρωνος/ τῆς Ἡρακλήου υἱὸν / Ἡρακλήδην γεγεννηṃέ(νον)/ τῶι β ἔτει Αὐτοκρạ́ṭορος/ Καίσαρος Οὐεσπασιανοῦ/ Σεβαστοῦ καὶ ὄντα (ἐτῶν) γ/ ἐπιδίδω(μι) τὴ(ν) ἀπογ(ραφήν). / (mano 2) Ἀπολλώνιος ἀμφοδ(άρχης) σε[σ]ẹμείωμαι̣/ περὶ ἐπιγεγεṇημένου. ἔṭους/ τετάρ(του) Αὐτοκράτορος Καίσαρος/ Οὐεσπασιανοῦ Σεβαστοῦ Ἐφὶπ/ ιζ. Trad.: 'Ad Apollonios, *Amphodarca* del [quartiere] Arabo da Herakleios figlio di Sambas, figlio di Sokeus, essendo sua madre Herakleis figlia di Didymos, registrato nel quartiere Arabo. Registro mio figlio Herakleides natomi da mia moglie Tamaron figlia di Herakleios, nato nel secondo anno dell'imperatore Cesare Vespasiano Augusto e ora nel suo terzo anno. Consegno la ricevuta. (Sottoscrizione dell'Amphodarca). Cfr. anche van Groningen e van Oven 1941: 8-9.

Le denunce di nascita di bambini di categorie privilegiate costituiscono la premessa per la richiesta, da presentarsi quando raggiungevano i quattordici anni, allo scopo di ottenere per essi l'ammissione nella categoria stessa. In tali richieste si domandava per il ragazzo l'*epikrisis*, cioè l'esame per l'ammissione nella categoria, esponendo i titoli che comprovavano il suo diritto all'accesso.

Le denunce di morte, invece, per questo periodo, costituiscono una documentazione abbastanza nutrita e riguardano esclusivamente defunti di sesso maschile, perché servivano a rendere nota la morte e, quindi, a ottenere la cessazione degli obblighi fiscali, ai quali erano soggetti solo gli uomini. In pochi documenti allo *status* fiscale viene annessa l'indicazione dell'attività svolta dal defunto o della sua condizione sociale. In alcuni casi, anzi, si specifica che l'individuo è senza mestiere (ἄτεχνος), come in P. Oxy. 49, 3510 del 78-79 d.C., dove in un unico papiro sono riportate due denunce di morte:

> Ἀπολλοφάνει καὶ Διογ̣ένει γρα(μματεῦσι) πόλεως παρὰ Ἡρώδου τοῦ Ἀπίωνος τῶν ἀπ' Ὀξυρύγχων πόλεως. οἱ ἀπογραφόμενοι ἐφ' ἧς ἔχω οἰκίας ἐπ' ἀμφόδου Λυκίων Παρεμβολῆς Ἀμαράντος δοῦλος τοῦ ἀδελφοῦ μου Ἡρακλείδου καὶ Διογένη(ς) δοῦλος τῆς γυναικός μ̣ου Βερενείκης τῆς Βιθαρίωνος ἀφῆλιξ ἀμφότεροι ἄτεχνοι ἐτελεύτησαν τῷ ἐνεστῶτι ἐνδεκάτῳ ἔτει Αὐτοκράτορος Καίσαρος Οὐε̣σπασιανοῦ Σεβαστοῦ, καὶ ὀμνύωι - Αὐτοκράτορα Καίσαρα Οὐεσπασιανὸν Σεβαστὸν ἐπ' ἀληθείας αὐτοὺς τετελευτηκέναι ὡς πρόκειται. ἀξιῶ οὖν - ἀναγράψεσθαι τούτο̣υ̣ς ἐν τῇ τάξει

τ̣ῶν τετ̣[λ]ευτηκότ̣ω̣ν τοῦ αὐ̣[τ]ο̣ῦ

ἔ̣τους ὡς ἐπὶ τῶν [ὁ]μ̣οίων.

(mano 2) Διογέν̣η[ς σεσ]ημ̣(είωμαι). (ἔτους) ι̣α̣ Αὐτοκ[ρ]άτ̣ο̣[ρο]ς

Κ̣[αίσαρος Οὐεσ]π̣ασιανο̣ῦ

[Σεβαστοῦ] δ̣[16].

Il termine ἄτεχνος indica generalmente la mancanza di un mestiere specifico o di una professione ben definita, come per agricoltori o persone che vivevano dei prodotti di un appezzamento di terreno, ma, in questo caso, sicuramente è dovuto al fatto che i due individui in questione erano schiavi. Solitamente la struttura delle denunce di morte aveva la forma dello ὑπόμνημα e a tutte le indicazioni riguardanti il defunto seguiva la denuncia del decesso nella forma consueta, ἐτελεύτησαν (r.9) o μετήλλαξεν τὸν βίον. Nella maggioranza dei documenti, poi, la denuncia del decesso è fatta con una certa precisione, indicando il mese e l'anno, anche se non mancano testi in cui è riportato unicamente l'anno di morte, come in PSI 15, 1522[17] del periodo di Domiziano (91-92 d.C.). La denuncia si concludeva, quindi con la richiesta da parte del dichiarante di rimuovere il nome del defunto dalla lista dei contribuenti e di porlo in quella dei defunti[18] per evitare l'ulteriore pagamento della tassa *pro capite*.

3.1.2. L'*Epikrisis*

Oltre alle dichiarazioni di nascita e di morte, nelle ἀπογραφαί del censimento domiciliare nel corso del I sec. d.C. furono integrate anche le dichiarazioni di *epikrisis*[19]

[16] Trad.: 'Ad Apollophanes e a Diogenes *Grammateis* della città da parte di Herodes, figlio di Apion, della città di Oxyrhynchos. Amarantos, schiavo di mio fratello Herakleides, e Diogenes, schiavo di mia moglie Berenikes figlia di Bitharion, minorenne, entrambi senza mestiere, registrati nella casa che ho nel quartiere dell'accampamento dei Lici, sono morti nel corrente 11° anno dell'imperatore Cesare Vespasiano Augusto, e giuro per l'imperatore Cesare Vespasiano Augusto che in verità essi sono morti come è scritto sopra. Chiedo dunque che costoro siano registrati nella lista dei defunti dello stesso anno come in simili casi. – Io, Diogenes, ho segnato. Anno 11° dell'imperatore Cesare Vespasiano Augusto . . .4'. Casarico 1985: 68-69.

[17] PSI 15, 1522: . .]ρ̣[ ]δ̣ . . .[ ]/ γέ̣ρδιο̣ς ἀναγραφόμενος ἐπ' ἀμ-/ φόδου Ποιμενικῆς ἐ̣τ̣ελεύτησεν/ τῷ̣ ἐνεστῶτι ἑνδεκάτῳ/ ἔτει Αὐτοκράτορος Καίσαρος/ Δομιτιανοῦ Σεβαστοῦ/ [Γ]ε̣ρμ̣[αν]ικο̣ῦ̣· δ̣ι̣ὸ̣ [ἀξι]ῶ ἀν̣α̣γρ(αφῆναι) τ̣[ο]ῦ̣τ̣(ον)/ ἐν τῇ τῶν ὁμοίων τάξει/ ἀ̣π̣ὸ̣ [τοῦ] αὐτο̣ῦ̣ ἔτους ὡς καθ̣[ή]κ̣ε̣ι̣/ κ̣α̣ὶ ὀ̣μνύω Αὐτοκράτορα/ Καίσ̣α̣ρ̣α̣ Δομιτιανὸν Σεβ[α]σ̣τ̣(ὸν)/ Γ̣[ερμαν]ικὸ̣ν̣ ἀληθῆ εἶναι τὰ/ προγεγρα(μμένα)./ (mano 2) [ ]ο̣ς σεση(μείωμαι) (ἔτους) ια. Trad.: '. . .tessitore, iscritto nel quartiere 'dei pastori', è morto nel corrente 11° anno dell'imperatore Cesare Domiziano Augusto Germanico. Perciò chiedo che sia iscritto nella lista di coloro che sono nelle stesse condizioni dello stesso anno, come conviene, e giuro per l'imperatore Cesare Domiziano Augusto Germanico che la dichiarazione soprascritta è vera. – Io, . . ., ho contrassegnato. Anno 11° . . . .'. Il defunto, il cui nome è perduto in lacuna, è un tessitore di Ossirinco, di cui non sappiamo molto, perché nella lacuna iniziale si sono perdute anche le generalità del dichiarante, che dovevano essere precedute dal nome proprio e dalla carica del funzionario cui era diretta la denuncia. Quest'ultimo poteva essere un γραμματεὺς πόλεως. Ivi, 75.

[18] Tra gli altri testi del periodo dei Flavi che riportano denunce di morte si ricordano: P. Oxy. 65, 4478, SB 16, 13039 e P.Strasb. 4, 200, tutte del regno di Vespasiano, mentre sotto l'imperatore Domiziano ci sono pervenute: P. Strasb. 6, 522 e P. Oxy. 41, 2957.

[19] I termini *epikrikein* ed *epikrisis* già in età tolemaica avevano assunto un significato tecnico, ma la loro

per un controllo più specifico e sistematico. Ogni individuo di sesso maschile giunto all'età di quattordici anni doveva effettuare, infatti, un esame dei titoli per affermare di possedere il diritto di appartenere ad una categoria privilegiata, esame che comportava una domanda scritta e una comparizione personale dell'individuo in questione, accompagnato da tre garanti d'identità, davanti a una commissione di funzionari della *metropolis* in veste di ἐπικριταί[20].

Tra le forme di controllo instaurate in seguito ci fu anche un'*epikrisis* dei veterani, degli Alessandrini e dei loro schiavi e liberti, oltre a un più severo controllo della categoria dei sacerdoti egiziani: ogni tempio ne aveva un numero fissato, esente dalla *laographia*, mentre quelli in sovrannumero la pagavano regolarmente. La prima categoria privilegiata per la quale pare si sia avuta una revisione generale sembra sia stata quella degli ἀπὸ τοῦ γυμνασίου di Ossirinco, dei quali fu redatta un'*epikrisis* già nel 4-5 d.C. e un controllo in seguito nel 72-73 d.C.[21], mentre per quelli di Hermopolis Magna[22] la prima risale al 63-64 d.C. Ci furono, pertanto, *epikriseis* generali straordinarie per le categorie più elevate, mentre degli ἀπὸ τῆς μητροπόλεως di Ptolemais Evergetis (Arsinoe) non risulta nessun controllo fino al 90-91 d.C. con l'imperatore Domiziano[23]. Il 90-91 d.C. è l'anno che segue immediatamente quello di censimento e nel quale confluiscono le denunce, per cui si potrebbe ipotizzare che questa *epikrisis* generale e straordinaria sia stata ordinata per completare e documentare i dati delle denunce di censimento[24].

documentazione riguardava procedimenti giudiziari concernenti case e terreni, e non pare in alcun modo riferirsi all'amministrazione o al sistema fiscale. Il termine *epikrisis*, infatti, acquista il suo significato preciso nel linguaggio amministrativo solo a partire dal I sec. d.C. Montevecchi 1975: 227-228.

[20] SB 14, 11270.

[21] Questa cade in un particolare periodo di rigore fiscale nei primi anni di regno del principato di Vespasiano ed è ricordata nei documenti come avvenuta per opera dello stratego Sutorio Sosibio e del basilicogrammateo Nicandro, ma è probabile che i funzionari abbiano agito in seguito a direttive del prefetto. La più antica menzione di *epikrisis* regolare di questa categoria è del 79-80 d.C., citata in P. Oxy. 18, 2186. Montevecchi 1975: 230.

[22] Ad Ossirinco e a Hermopolis Magna è attestata, oltre che ad Alessandria, per il nostro periodo, l'istituzione dell'efebia. Per l'ammissione occorreva un ulteriore esame, una *epikrisis* condotta dall'epistratego, ma pare che non tutti quelli 'del ginnasio' potessero essere ammessi all'efebia (PSI 7, 777 del 96 d.C. è un estratto dai registri degli efebi di Alessandria).

[23] La più antica dichiarazione degli ἀπὸ τῆς μητροπόλεως di Arsinoe è del 96 o del 98, P. Med. inv. 71.44, mentre per i *metropolitai* di Ossirinco la più antica testimonianza è P. Ryl. 2, 278 (= SB 22, 15210) del 72-79 d.C. Quest'ultima presenta una datazione alquanto incerta e più di un mittente: due (o più) coproprietari che chiedono l'*epikrisis* per due (o più) schiavi. Comunque si voglia interpretare, il documento testimonierebbe che l'*epikrisis* dei metropoliti di Ossirinco ebbe inizio al più tardi sotto Vespasiano, o almeno che vi fu allora un'*epikrisis* generale. Cfr. Montevecchi 1993: 39-43.

[24] In P. Brux. inv. E 8017 = SB 6, 9163 del 90-91d.C. ad Arsinoe si fa menzione di un'ordinanza del prefetto Mettius Rufus: (mano 1) [ ]ι̣δ̣[ ]/ [ ] ἐπικρίν̣ε̣ιν [ ]/ (mano 2) [παρὰ] Π[ο]λ̣έ̣μωνος [τοῦ δεῖνος τοῦ δεῖνος]/ [μητρ]ὸ̣ς Ταμύ[σ]θας τῆς Ἥρω̣ν̣ο̣ς τ̣[ῶν ἀπὸ]/ [τῆς μ]η̣τ̣ρ̣ο̣πόλεως ἀναγραφομένου ἐπ' ἀμφόδο̣υ/ [. . .] . .ιου. τῶν υἱῶν μου Ἥρωνος καὶ Ἑρ-/ [μᾶ . .] ἀ̣μ̣φοτέρων μητρὸς Ἀκουσαρίου τῆς/ [. . . .]μ̣ο̣υ̣ καταληγόντων ἀπὸ τεσσαρεσκαι-/ [δεκ]α̣ετῶν, τοῦ μὲν Ἥρωνος εἰς τ̣ὸ πρ̣ῶτον/ [ἔτο]ς̣Αἀὐτοκράτορος Καίσαρος Δ[ο]μιτ̣ιανοῦ Σε(βαστοῦ)/ [Γερ]μ̣ανικοῦ, τοῦ δὲ Ἑρμᾶ ε̣[ἰ]ς̣ τὸ τέταρτον/ [. . .] .ς Δομιτιανοῦ τοῦ κυρίου καὶ ὀφειλόν-/ [τω]ν̣ ἐπικριθῆναι εἰς τὸ ἐνεστὸς δέκατον ἔτο(ς)/ [κατὰ] τ̣ὰ̣ ὑπὸ τοῦ κρατίστου ἡγεμόνος Μεττίου/ [Ῥούφου προστετ]α̣γμένα, ὑπέταξα αὐτῶν/ [τὰ δίκαια. ἐγὼ μ]ὲ̣ν οὖν Πολέμων ὁ προγε-/ [γραμμένος ἀπε]γραψάμην σὺν τῇ γυναικὶ/ [ ]υ̣ .[ ]κ̣ .νσ . . . .η. Trad.: 'Da Polemon, [figlio di . . ., figlio di . . . . .], (sua madre è Tamystha, figlia di Heron), della categoria degli ἀπὸ μ̣η̣τ̣ρ̣ο̣πόλεως, inscritto nel quartiere [. . . . .]. Come miei figli Heron e Hermas (entrambi hanno come madre Akousarion, figlia di . . . .) hanno cessato di appartenere alla categoria dei giovani di quattordici anni, Heron nel primo dell'imperatore Cesare Domiziano Augusto Germanico, Hermas nel quarto [anche] di Domiziano signore,

Ci sono, poi, altre categorie di persone delle quali conosciamo solo l'esistenza, ma per le quali non abbiamo testimonianze documentarie di particolare rilevanza. Il privilegio comune a tutte queste categorie era quello di pagare una quota ridotta della λαογραφία e di qualche altra tassa. Applicazioni di *epikrisis* erano fatte anche per gli schiavi, nel caso si volesse determinare il loro stato civile. Gli schiavi di sesso maschile, infatti, erano tenuti al pagamento della *laographia* o piuttosto lo erano i loro padroni, per cui per un μητροπολίτης il pagamento della tassa per un grande numero di schiavi poteva essere molto oneroso. La rata della tassa pro capite, però, dipendeva dallo *status* del padrone e, quindi, la prova dello *status* privilegiato del padrone era sufficiente a sostenere *l'epikrisis* di una schiavo e, in alcuni casi, ciò semplicemente consisteva nel mostrare che un altro schiavo dello stesso padrone aveva sostenuto l'*epikrisis* e godeva di un'esenzione dalla *laographia*[25].

Anche gli Ebrei erano tenuti a sottoporsi a un esame chiamato sempre *epikrisis*, ma per uno scopo molto diverso. All'inizio del regno di Vespasiano, come già ricordato, gli Ebrei, sia donne sia uomini, furono costretti a pagare una tassa speciale chiamata τέλεσμα Ἰουδαίων. Di conseguenza, gli Ebrei furono sottoposti a un'*epikrisis* nel periodo infantile volta a determinare l'età in cui avrebbero dovuto sostenere il pagamento della suddetta tassa e a un'ulteriore *epikrisis* in età adulta per accertare il momento in cui sarebbero stati esentati dal pagamento, che corrispondeva circa ai sessantadue anni di età.

3.1.3. La *Laographia*

Una delle novità romane introdotte in Egitto fu proprio la creazione del *tributum capitis* nella forma della tassa annuale *pro capite* nota con il nome di λαογραφία[26], che gravava sui maschi adulti, compresi gli schiavi, dai 14 ai 62-65 anni, fatta eccezione dei cittadini romani e alessandrini e dei loro schiavi, oltre ad alcuni titolari di cariche ufficiali e ad alcune categorie di sacerdoti egiziani[27]. La tassa *pro capite* e la sua premessa, il censimento, sembra che seguirono ogni annessione romana di una nuova provincia, compreso l'Egitto[28].

e in quanto devono subire l'*epikrisis* nel presente decimo anno, secondo l'editto del potente prefetto Mettius Rufus, ho presentato i titoli che possono aver valore. Io, il suddetto Polemon, dichiaro il censo con mia moglie . . .'. Cfr. Bingen 1956: 112-113.

[25] Wallace 1938: 111.

[26] Letteralmente il termine significa 'registrazione di *laos*' ed era connesso con il censimento della popolazione egiziana, probabilmente perché l'imposta era in parte destinata a coprire i costi delle operazioni di censo e perché la lista del censimento forniva la base del sondaggio fiscale. Evans 1957: 259-260.

[27] Augusto aveva ridotto i privilegi dei sacerdoti anche riguardo la tassa *pro capite*, ma non nello stesso modo (Svet. *Aug.* 93; D.C., 51.16.5). I sacerdoti d'Egitto avevano goduto con i Tolemei di molti privilegi, che risalivano all'epoca dei Faraoni, ma con l'amministrazione romana solo un limitato numero di sacerdoti fu esentato dalla *laographia*, probabilmente composto dai più alti ordini sacerdotali o dai sacerdoti appartenenti ai templi più importanti. Wallace 1938: 119.

[28] Wallace ha sostenuto che la tassa venne introdotta nel settimo anno di regno di Augusto come riforma rispetto alla tassa *pro capite* esistente con i Tolemei, chiamata σύνταξις (Wallace 1938: 116). Inoltre, lo studioso ha ipotizzato che Tolemeo IV Filopatore abbia introdotto la σύνταξις circa nel 220 a.C., quando il suo ministro Sosibios stava preparando la guerra contro i Seleucidi. Le tasse *pro capite* non erano inusuali in stato di emergenza nel mondo antico, ma la teoria di Wallace non pare avere un solido fondamento e,

Gli Egiziani pagavano l'intero importo della tassa *pro capite*, che ammontava a circa 16 drachme, i κάτοικοι, i μητροπολῖται e la classe del ginnasio pagavano circa metà della normale rata, mentre i cittadini romani e alessandrini erano totalmente esentati[29].

Un'eccezionale rata pare fosse pagata in Arsinoite, ossia quaranta drachme l'intera tassa e venti quella ridotta per le classi privilegiate[30], mentre nella Tebaide l'ammontare della tassa arrivava a ventiquattro drachme[31]. In questo *nomos* la tassa pro capite era pagata insieme all'ἁλική e ad altre imposte come un canone annuo complessivo.

L'unica ricevuta di *laographia* sotto i Flavi che riporta varie rate successive di pagamento, il cui ammontare complessivo potrebbe corrispondere (il testo è in parte frammentario) a ventiquattro drachme, come sostiene Wallace, è O. Heid. 164 dell'80 d.C. proveniente dal quartiere di Memnonia del *nomos* di Tebe. Tuttavia, sappiamo, e i documenti lo dimostrano ampiamente, che le rate della *laographia* nei quartieri della vecchia città di Tebe erano molto variabili. Anche a Memnonia la rata annuale doveva essere di sedici drachme, ma una serie di ricevute, come appunto O. Heid. 164, mostrano un pagamento di quattro drachme, raggiungendo la somma di sedici, venti o ventiquattro drachme. La somma di ventiquattro drachme, comunque, non è mai superata nei documenti, per cui l'ipotesi che la rata annuale corrispondesse proprio a ventiquattro drachme sembra quasi certa.

Le altre ricevute provenienti, invece, dal quartiere di Ophi, come O. Strasb. 2, 814 dell'84 d.C. e O. Strasb. 2, 815 dell'anno successivo, riportano un pagamento di dieci drachme, che sappiamo con il II sec. d.C. sarebbe stato aumentato a undici drachme. Infine, anche per il nuovo quartiere di Pakerkeësis la documentazione in nostro possesso testimonierebbe una rata ancora diversa, di otto (O. Heid. 40 e O. Heid. 41, entrambe del 75 d.C.) e quattro drachme (O. Heid. 42 del 78 d.C.), sicuramente parte della rata annuale che sempre Wallace affermava fosse di venti drachme[32]. La rata delle classi privilegiate a Hermopolis doveva essere di circa otto drachme, ma esistono diverse ricevute che mostrano un pagamento di dodici drachme, come O. Cair. 66 del 95 d.C. Se il pagamento di dodici drachme nel *nomos* di Hermopolis fosse parte della rata di sedici drachme, sarebbe possibile ammettere che, nonostante non esistano prove a sufficienza, la normale rata della *laographia* in tutto l'Egitto, eccetto i *nomoi* di Tebe e dell'Arsinoite, fosse di sedici drachme all'anno. Le applicazioni di *epikrisis* per entrare nelle classi privilegiate dei μητροπολῖται a Ossirinco mostrano,

anche se una tassa *pro capite* fu introdotta nel 220 d.C., è difficile credere che sia durata immutata fino al periodo romano. Evans 1957: 262-263.

[29] Bowman e Rathbone 1992: 112.

[30] SB 20, 15103 (75 d.C.), SB 20, 15105 (81 d.C.), SB 20, 15106 (86 d.C.), SB 16, 12296 (95 d.C.) sono ricevute di *laographia* che confermano l'ammontare della rata per le classi privilegiate in Arsinoite fissato a venti drachme. Purtroppo, nonostante l'opinione del Wallace, per il nostro periodo non possediamo ricevute che attestano l'ammontare effettivo della normale rata in Arsinoite.

[31] Presentano rate diverse di undici drachme O. Leid. 78 del 71 d.C. e O. Cair. 65 dell'80 d.C., mentre O. Ont. Mus. 2, 85 dell'82 d.C. riporta un pagamento di sette drachme.

[32] Wallace 1938: 129-131.

invece, che la rata qui era di dodici drachme. Il documento P. Oxy. 2, 289 dell'83 d.C. di un membro della classe privilegiata dei μητροπολῖται contiene ricevute di λαογραφία con la rata di dodici drachme, regolarmente pagate in due rate di otto e quattro drachme.

La ragione della differenza della rata nei diversi *nomoi* è ancora sconosciuta, anche se Rathbone ha suggerito che l'ammontare così alto dell'imposta in questione nella Tebaide probabilmente era una sorta di penalità dovuta alla ribellione contro Roma avvenuta nel 29 d.C.[33]. Tuttavia, in ogni caso, non si spiega l'importo della rata in Arsinoite, dove non vi era stato alcun tentativo di ribellione. L'impossibilità di una risposta certa a riguardo probabilmente è da imputare alla variabilità del materiale documentario a nostra disposizione, giacché la maggior parte delle ricevute pervenuteci spesso raggruppano anche pagamenti di diverse imposte[34]. Esistono più ricevute di pagamento di *laographia* che di qualsiasi altra tassa pagata in denaro; eppure, tali ricevute sono state conservate solo in alcuni *nomoi* d'Egitto[35].

Moltissime, poi, sono le ricevute del regno dei Flavi che testimoniano la pratica diffusa dei pagamenti rateali dell'intera somma, soprattutto con Vespasiano e Domiziano[36]. Fortunatamente diversi *ostraka* risalgono anche al Principato di Tito; un esempio di ricevuta, emessa con Tito nell'81 d.C. e proveniente da un villaggio della Tebaide, testimonia il pagamento di una rata della *laographia* di otto drachme, O. Heid. 44:

> διέγρα(ψεν) Ψενπτοῦθις Μαρσνοῦφιος ὑπ(ὲρ) λαο(γραφίας)
>
> Πακερκ(εήσεως) γ (ἔτους) (δραχμὰς) η. Τίτου Καίσαρος τοῦ κυρίου
>
> [Πα]χ̣(ὼν) ϛ[37].

[33] Rathbone 1993: 97.

[34] Con Domiziano abbiamo due ricevute di λαογραφία e βαλανευτικόν (O.Petr. Mus. 238 = O.Petr. 87 dell'86 d.C.; SB 18 13187 = O.Erem. 9 dell'88 d.C.). Un'altra ricevuta del 96 d.C., invece, riguarda la λαογραφία e altre tasse non ben specificate (O.Petr. Mus. 247 = O.Petr. 94).

[35] C'è chi ha ipotizzato che la tassa chiamata συντάξιμος, pagata con una rata di quarantaquattro drachme e sei oboli, testimoniata da una serie di ricevute del *nomos* di Arsinoite, fosse equivalente alla λαογραφία. In Arsinoe, però, la tassa *pro capite* ammontava a quaranta drachme o quarantacinque drachme e due oboli. La pubblicazione di PSI 10, 1133 nel 1932 riporta la ricevuta di una tassa di συντάξιμος dell'anno 71-72 d.C. con una rata di 44 drachme e per l'anno seguente di quarantacinque drachme e due oboli. Questo documento potrebbe confermare l'identificazione di questa tassa con la λαογραφία. L'ammontare del συντάξιμος è stato spiegato come quaranta drachme della *laographia*, quattro drachme per altre spese, due chalci per un impiego sconosciuto e mezzo obolo per la ricevuta (SB 16, 12238 del 76 d.C.; SB 16, 12298 del 77 d.C.; P. Ryl. 2, 190 dell'84 d.C.). La tassa συντάξιμος, dunque, era un metodo di pagamento della tassa *pro capite* di quaranta drachme a cui venivano aggiunte tasse minori, che andavano all'amministrazione generale egiziana. Wallace ha ipotizzato che questa tassa ricevette il nome dalla σύνταξις, la tassa *pro capite* del periodo tolemaico. La tassa definita συντάξιμος era occasionalmente pagata anche con rate da quattro, otto o dodici drachme, se necessario in rate mensili da quattro drachme ciascuna. In tutti i casi in cui la somma supera le quarantaquattro drachme e sei chalci probabilmente si tratta di pagamenti arretrati. Vd. anche Wallace 1938: 122-125.

[36] O. Cair. 67 del 96 d.C. del *nomos* di Apollonopolis riporta una rata di quattro drachme, probabilmente parte dell'intero ammontare della tassa.

[37] Trad.: 'Ha versato Psenptuthis, figlio di Marsnuphis, per la tassa *pro capite* di Pakerkeësis, nel terzo

Quasi tutte le ricevute di questa tassa presentano la stessa struttura, dove è indicato il nome del dichiarante, il nome della tassa pagata, eventualmente la provenienza del contribuente e infine l'ammontare del pagamento seguito dalla data di emissione.

3.2. La Riorganizzazione Fondiaria

3.2.1. La Proprietà

Dopo la conquista di Alessandria Augusto cercò di conformare anche l'Egitto alle caratteristiche tipiche di una provincia romana.[38] L'assetto della proprietà fondiaria fu profondamente modificato attraverso il ridimensionamento del peso economico della classe sacerdotale, che venne espropriata della terra, e lo sviluppo della proprietà privata. Ciò fu attuato mediante una vasta azione di confische e di riorganizzazione economico-fiscale della terra[39]. Al momento della conquista regnava infatti un profondo disordine nel regime di proprietà, dato che in età tolemaica la terra era tutta proprietà del re e la proprietà privata era molto limitata. Esisteva, oltre alla βασιλικὴ γῆ, anche la κληρουκική e la κατοικική γῆ, date in concessione a militari, la γῆ ἐν ἀφέρει, accordata ad altri e la γῆ ἐν δωρεᾷ, data agli alti funzionari del re. I Romani operarono, quindi, confische soprattutto di terre cateciche e di terre di templi, in parte mettendo all'asta i beni confiscati[40], in parte costituendo la δημοσία γῆ, la quale si aggiunse alla βασιλικὴ γῆ e venne divisa in lotti con affitto a tempo indeterminato. Ben presto, però, poiché in alcuni casi non si presentava spontaneamente alcun affittuario, si iniziarono a praticare anche alcuni metodi coercitivi. Tali coercizioni vennero, poi, condannate nell'editto di Tiberio Giulio Alessandro del 68 d.C., ma l'abuso non fu eliminato, anzi, in seguito la coercizione divenne abituale e, insieme con la pressione fiscale, fu una delle cause che portarono molti all'abbandono del proprio domicilio.

anno, drachme 8. (Nel terzo anno) del signore Tito Cesare, Pachon 6'. Cfr. Armoni, Cowey e Hagedorn 2005: 51.

[38] Per il contesto del patrimonio imperiale italico si veda Maiuro 2012. Per il *patrimonium Principis* in Egitto si veda anche Lo Cascio 2000.

[39] Dopo Azio, con l'acquisizione da parte di Augusto di possedimenti terrieri (coltivabili e coltivati) appartenuti ai Tolemei, si passò dalla terra reale (γῆ βασιλική) all'*ager publicus* (δημοσία γῆ), coltivato da un *colonus*, posto sotto controllo di un prefetto (spesso detto *conductor*) e subordinato a responsabilità fiscali. Anche le δωρεαί scampate alla confisca di Cleopatra non superarono quella augustea, mentre i κλῆροι militari, strutture ellenistiche aliene alla tradizione romana (e specie nell'Arsinoite), ebbero differente sorte, venendo confermate con diritto di possesso ai precedenti padroni. Forte incoraggiamento di tali possedimenti vi fu durante il periodo giulio-claudio (sono infatti ricordati possedimenti di Livia, Germanico, Mecenate, Seneca, Messalina, Lurio, Doryphoros specie nell'Arsinoite, ma anche nel nomo Eracleopolite; per cui vd. in anche Parassoglou 1978). Questi ultimi diventeranno οὐσίαι (termine raramente attestato durante il periodo tolemaico, ma molto in uso in Egitto sotto occupazione romana) col significato latino di *fundus* o appunto *preaedium*, probabilmente rette da uno *strategos*.

[40] Le terre abbandonate vennero vendute, concedendo l'esenzione delle tasse per un certo periodo, in modo tale che si ebbe un grande incremento della proprietà privata e un aumento della terra produttiva. Dall'esame dei documenti pare che, per circa un secolo almeno, i compratori di terreni pubblici fossero Greci, della categoria dei κάτοικοι. Ciò parrebbe chiaro anche nei più antichi atti di vendita, come in P. Amh. 2, 68 (Alessandrì 2005: 189-199), un testo dell'epoca di Domiziano (89-92 d.C.), già qui menzionato per il prefetto Iulius Ursus, che concerne un'offerta d'acquisto di terra che risale al 59-60 d.C. Cfr. Tomsin 1964: 81-95.

Parte delle terre confiscate venne donata o venduta a membri della famiglia reale, a loro liberti o ad alti funzionari. Queste terre, le οὐσίαι, corrispondenti alle terre ἐν δωρεᾷ del periodo tolemaico, venivano date in affitto dai loro proprietari[41]. Da Claudio in poi passarono nelle mani dell'imperatore fino a Nerone, mentre con i Flavi scomparvero del tutto, assorbite dal patrimonio imperiale. Venne a crearsi, dunque, una nuova categoria di terre, la γῆ οὐσιακή, di cui si occupava in Alessandria un ἐπίτροπος οὐσιακῶν. Fu con i Flavi, soprattutto Vespasiano e Tito, che si procedette a far rientrare tutte queste terre sotto l'amministrazione diretta imperiale e fu attuata la creazione dell'οὐσιακὸς λόγος (gestito da un *procurator*[42]). Le misure prese da questi imperatori portarono poi alla scomparsa delle *ousiai* private dell'epoca dei Giulio-Claudi, delle quali, quindi, non vi sarebbe più menzione fino all'epoca di Adriano, che sembra invece averne ristabilita qualcuna. Ciò nonostante, pare alquanto dubbio che Vespasiano e Tito abbiano proceduto a confische sistematiche per attuare questa riforma. Quel poco che sappiamo su questi domini[43], non ci

[41] Il senso basico del termine *dorea* è 'dono', Aristotele (Arist. *Top.* 125a 18) definisce *dorea* come donazione (*dosis*) senza scambi (*anapodotos*). Le δωρεαί tolemaiche, che secondo la *communis opinio* avrebbero rappresentato il modello delle *ousiai* imperiali, erano un complesso fondiario di vaste dimensioni, dislocate anche in diverse sedi e comprendenti varie attività economiche al loro interno, che il re concedeva a titolo di possesso personale a personalità eminenti della sua corte o ad alti funzionari dell'amministrazione. Queste terre, poiché erano legate al beneficiario, erano destinate a rientrare, alla morte di questo, nella disponibilità del re. Tuttavia, già a partire dal II sec. a.C. non si registra quasi più la presenza di δωρεαί in Egitto, per cui sembra alquanto improbabile la possibilità di un rapporto diretto tra queste e le *ousiai* romane. Sul piano giuridico, l'unico dato in comune è che entrambe erano frutto di donazione, ma mentre le δωρεαί erano legate al ruolo del destinatario della concessione, la seconda concessione era trasmissibile a livello ereditario. Cfr. anche Alessandrì 2005: 203-204.

[42] Benché resti poco chiaro se *ousiai* dove appaiono solo proprietari non imperiali fossero completamente fuori dall'orbita imperiale stessa, tali possedimenti iniziarono a divenire in genere sempre più legati alla funzione piuttosto che alla persona dell'imperatore. Tacoma 2015: 76. Bowman 1976: 95; Rowlandson 1998b: 30; 57. Secondo un'interpretazione, le *ousiai* imperiali romane successero direttamente alle *doreai*. Le *ousiai* giulio-claudie furono infatti doni di proprietà (*gift-estates*) da parte dell'imperatore a membri di famiglia e fedeli amici. Purtroppo poco è noto circa le *doreai* alla fine del periodo tolemaico per cui è pur possibile che molte *ousiai* derivassero da altre terre. Se perciò si può sottintendere una similare funzione, resta difficile comprovare lo spostamento dei termini. Parassoglou spiegava l'origine del nuovo termine *ousia* all'inizio del periodo romano come conseguenza dell'introduzione di proprietà private, sostenendo come *ousiai* non imperiali derivassero da terre acquistate sul libero mercato (Parassoglou 1975: 85-92; Parassoglou 1978: 26-30; 84-90). La connessione tra *ousiai* private e imperiali rimane comunque intricata, specie per le *ousiai* circolate tra l'imperatore e altri proprietari o beneficiari, e data anche la tendenza di continuare a riferirsi alla proprietà col nome dell'originario proprietario anche molto dopo la loro 'incorporazione' nelle proprietà imperiali. Crawford 1976 e Crawford 1980.

[43] Le *ousiai* di Seneca risultano ben documentate e di esse possediamo un riferimento anche in documento dell'epoca di Domiziano, P. Yale inv. 443: Τιβερίωι Η[. . . . μις-]/ θωτῆι τῆ[ς πρότερον]/ Σενέκα ο[ὐσίας, παρὰ]/ Ἀντων[. . . . .]/ πanao . . [. . . . .]/ ὁ πατήρ [μου . . .] . . / νος, ἀναγραφόμ(ενος) ἐπὶ/ τῆς αὐτῆς οὐσί[ας]/ ἐπὶ λαύρ[ας . . . .]/ καταγει[νόμ(ενος) δὲ ἐν]/ κώμη[ι . . . . . . τῆς]/ Μέσης [Τοπ(αρχίας), ἐτελεύ-]/ τησεν τ[ῶι ἐνεσ(τῶτι) δευ-]/ τέρωι ἔ[τει μηνὶ]/ Καισαρ[εωι τοῦ]/ Αὐτοκρ[άτορος Δο-]/ μιτοα[νοῦ. διὸ ἀξιῶ]/ ἀναγρά[φ(εσθαι) αὐτὸν ἐν]/ τή τῶ[ν ὁμοίων τάξει]/ [ὡς καθήκει]. Trad.: 'A Tiberius . . ., locatario della tenuta precedentemente di Seneca, da . . . mio padre . . ., che era registrato nel villaggio di . . . nella media *toparchia*, morto nel mese Kaisareios del presente secondo anno dell'Imperatore Domiziano. Chiedo pertanto che sia registrato nella categoria di persone della stessa condizione, come si conviene'. Il figlio, o la figlia, di un inquilino di un possedimento imperiale, già di proprietà di Seneca, nell'83 d.C. dichiara la morte di un contadino del suo locatore, a sua volta locatario della tenuta. Per quanto riguarda L. Anneo Seneca, è ben noto il suo interesse per l'acquisizione di ricchezze e beni immobili. La dimensione dei suoi possedimenti in Egitto sembra essere stata notevole; le sue proprietà sarebbero attestate in almeno cinque *nomoi* d'Egitto: Arsinoite, Herakleopolite, Hermopolite, Ossirinchite e Mendesian. In ogni caso, con la morte di Seneca nel 65 i suoi possedimenti passarono certamente ad essere parte del *patrimonium principis*. Risale però al 74 un riferimento a questo stato di cose. In P. Hamb

permette di credere che si sia giunti alla violenza per raggiungere questo obiettivo. La riforma aveva principalmente lo scopo di contabilizzare questi terreni da quel momento in poi tramite un unico servizio di imposte appartenente all'imperatore, il quale poteva controllare questi possedimenti direttamente o indirettamente[44]. Pertanto, i Flavi lasciarono al loro posto i gestori delle οὐσίαι e coloro che se le erano aggiudicate. La trasformazione più profonda che investì questo personale di funzionari imperiali a carattere liturgico avvenne più tardi, probabilmente con Domiziano[45]. Si possiedono attualmente due liste di *ousiai* di Vespasiano e una di proprietà recuperate da Tito. Le due liste relative a Vespasiano contengono domini che concernono regioni differenti del Fayoum: una di un villaggio di Heraklides a nord e l'altra di Theadelphia a sud-est. Il papiro BGU 7, 1646 del III sec. d.C. si riferisce alle *ousiai* di Vespasiano, ma senza fornirne una lista completa. Il documento P. Bour 42 del 166-167 d.C., invece, menziona più volte tasse relative a οὐσίαι di Vespasiano e di Tito[46], mentre P. Flor. 3, 332 del 114-119 d.C., una lettera privata di Eudaimonis al figlio Apollonios, unicamente quelle di Tito. Poco più di cento anni dopo l'attivazione delle misure prese da Augusto, il sistema delle *ousiai* private ebbe praticamente fine, dato che esse andarono inglobate in formazioni più vaste o vendute in favore del tesoro. Già sotto Claudio e Nerone la messa a coltura delle οὐσίαι non era più assicurata con le costrizioni e i Flavi dovettero procedere a reprimere gli abusi commessi. L'editto del prefetto Tiberio Giulio Alessandro, che vietò l'imposizione di affitti imponenti delle terre delle οὐσίαι, lo dimostrerebbe. La razionalizzazione e la semplificazione dell'amministrazione delle *ousiai* introdotte dai Flavi portarono a una situazione sfortunata simile a quella cui si era voluto porre rimedio. L'organizzazione dell'οὐσιακὸς λόγος con i suoi funzionari liturgici ereditò in fondo dalle antiche *ousiai* parte dei difetti della gestione delle terre reali.

Profondamente modificato risulterebbe inoltre l'intero assetto giuridico delle proprietà a partire da Augusto, con il quale la cosiddetta βασιλικὴ γῆ tolemaica fu requisita e trasformata in *ager publicus*. L'opinione comune ritiene che in epoca tolemaica un gruppo chiamato gli 'affittuari reali' coltivasse questa terra in virtù di un contratto di locazione inalienabile e pagasse l'affitto direttamente al re.

1 3, infatti, i beni di Seneca vengono elencati insieme a quelli già di Mecenate, di Germanico e di Lurio come terre imperiali. Dalla metà del III sec. d.C., quando cessa ogni tipo di riferimento, le proprietà, che una volta erano state di Seneca, costituivano ormai una parte dell'οὐσιακὸς λόγος. Cfr. anche Parássoglou 1975: 85-92.

[44] Tacoma 2015: 74-75. Parassoglou suggeriva come *ousia* fosse un termine generico usato per indicare un lauto possedimento di qualsiasi proprietario privato nell'Egitto romano. Alcuni di questi erano in mano agli imperatori ed a membri della famiglia imperiale, ma altri erano possedimenti privati. Tacoma 2015, 81 suggeriva un modello della *indirect redistribution*. (Per il modello della redistribuzione diretta Cfr. Capponi 2005). Perciò, la differenza con le *doreai* del periodo tolemaico sarebbe che le 'donazioni' romane non ritornavano automaticamente al donatore. Nella concezione romana (così come dal punto di vista legale) un dono era irrevocabile ed includeva un definitivo passaggio di proprietà, e ciò spiegherebbe il motivo di come proprietà private e gestite non tornassero all'imperatore. Cfr. Svet. *Claud.* 29.1; Tac. *Hist.* 1.20; *Fr.Vat.*, 272. Le *ousiai* invece non sarebbero state in possesso temporaneo e non sarebbero automaticamente tornate all'imperatore alla morte del proprietario (*Contra* vd. Thompson 1987).

[45] Tomsin 1957: 222-223.

[46] P. Bour. 42, rr. 80-94, 100-111, 126-131, 141 per Vespasiano e r. 97, 98, 118, 119, 136-138, 142-146 per le *ousiai* di Tito.

Con i Romani il termine βασιλικὴ γῆ fu sostituito, poi, da quello di δημοσία γῆ[47], anche se non vennero apportati profondi cambiamenti alla struttura generale di queste proprietà fondiarie. Sostanzialmente la δημοσία γῆ includeva non solo le ex terre reali tolemaiche, ma anche terre che i Romani avevano acquisito attraverso successive confische[48]. Tale enorme estensione di terra coltivabile passò, quindi, sotto il controllo del prefetto, come suprema autorità della provincia, ma rimase nella gestione della διοίκησις, esattamente come in epoca tolemaica. La διοίκησις tolemaica e il suo responsabile, il διοικητής, rappresentavano il centro di tutta la gestione economico-finanziaria del regno, mentre con l'amministrazione romana tale funzionario iniziò a occuparsi esclusivamente della gestione della terra imperiale coltivata a cereali e dell'invio del raccolto a Roma[49].

La trasformazione più significativa interessò invece il sistema delle cleruchie tolemaiche, cioè le tenute assegnate ai soldati con compiti di controllo militare e di polizia nel territorio, oltre che con lo scopo di recuperare alla coltivazione vaste aree di territorio. Si trattava di terre in concessione personale che già dalla fine del II sec. a.C. erano considerate una sorta di possesso enfiteutico, suscettibile quindi di cessione, di disposizione testamentaria, di trasmissione ereditaria. I Tolemei, infatti, avevano assegnato parti della terra cleruchica ai soldati come compensazione per il servizio militare. Già dal III sec. a.C., molte concessioni consistevano in appezzamenti di cento arure ai *katoikoi hippeis*, mentre la fanteria e gli altri soldati ricevevano solamente venti o trenta *aroure*. A partire dal II sec. a.C. le concessioni di appezzamenti di venti arure ai soldati di rango minore diventarono più frequenti e, pertanto, per distinguere queste nuove cleruchie da quelle più antiche i soldati di alto rango con ampi possedimenti iniziarono a essere definiti *katoikoi* e i loro insediamenti *katoikiai*. Questi terreni godevano in epoca tolemaica di molti privilegi, tra i quali la possibilità di essere trasmessi privatamente ad altri membri del gruppo[50]. Con Augusto i soldati-coloni furono trasformati in proprietari terrieri e la precedente funzione di controllo militare divenne piuttosto superflua. Ad ogni modo, alcune peculiarità di questa categoria di terreni furono mantenute nel periodo romano. Il ruolo economico, difatti, rimase intatto e per questo si spiega il passaggio alla denominazione κατοικικὴ γῆ, rispetto a κληρουχικὴ γῆ, per questa categoria di terra e di κατοικικὴ λόγος per il relativo ufficio amministrativo. Le proprietà di terreni catecici anche con i Romani continuarono ad essere registrate in un registro speciale (*katalochismos*)

[47] In realtà, a tal proposito, le opinioni risultano in gran parte contrastanti. Effettivamente, l'origine della δημοσία γῆ non è chiara, ma si è ipotizzato che comprendesse terreni arativi di prima qualità confiscati e non rivenduti a privati, probabilmente risalenti al periodo delle grandi confische avvenute all'indomani della conquista dell'Egitto. Non è possibile, comunque, escludere che le due denominazioni non si riferiscano a due diverse categorie di terra, ma che siano piuttosto due termini diversi per indicare la stessa categoria di terra. Cfr. Alessandrì 2005: 202-203.

[48] Pochi sono i riferimenti a questa tipologia di terra nell'età flavia, tra i quali un contratto di locazione di terreni dell'epoca di Vespasiano (75-76 d.C.), P. IFAO 3, 31, un subaffitto di un terreno pubblico del 91 d.C., PSI 10, 1134, e un contratto di locazione di terreno pubblico del 94-95 d.C., P. Soterichos 5.

[49] Cfr. Alessandrì 2005: 202-203.

[50] Nel periodo tolemaico la terra catecica era amministrata attraverso un'apposita burocrazia, che includeva segretari e ufficiali chiamati ὁ προς τῇ συντάξει, con funzioni non ancora chiare. Inoltre, le registrazioni erano depositate in un registro separato chiamato ἱππικὸν λογιστήριον e καταλοχισμοί ad Alessandria con a capo un funzionario πρὸς τοῖς καταλοχισμοῖς τῆς Αἰγύπτου.

negli archivi pubblici[51]. I conferimenti di terra catecica continuarono tuttavia ad assumere la forma di contratti di cessione proprio come nel periodo tolemaico, implicando la mancanza di piena proprietà[52]. PSI 8, 897 è una cessione di terreno catecico che riporta due diversi documenti sul *recto* e sul *verso* del papiro, rispettivamente del 93 e del 91 d.C., e sempre del regno di Domiziano è una voltura di terreno catecico dell'84, P. Flor. 1, 92[53]. Una profonda riorganizzazione del terreno catecico avvenne, però, proprio nella seconda metà del I sec. d.C., sotto i Flavi, quando i contratti catecici iniziarono a essere depositati nella βιβλιοθήκη τῶν ἐγκτήσεων. Tuttavia, poche sono le testimonianze a riguardo, per lo più concentrate nell'epoca di Domiziano. Dell'83-84 d.C. è CPR 1, 1[54], un atto di cessione di terra catecica tra privati. Nel terzo anno di Domiziano una certa Tolemaide, figlia di Tolemeo, rappresentata dal marito vende, mediante la procedura della cessione (παραχώρησις) a un certo Marone due appezzamenti di un κλῆρος κατοικικός in Arsinoite, che Tolemaide aveva acquistato a un'asta diretta[55] da Ti. Claudio Blasto, *procurator caesaris* di Domiziano[56]. La cessione venne conclusa con tutti i tributi e le sementi previsti per il terzo anno di regno di Domiziano, secondo le indicazioni del contratto di locazione vigente con il locatario. Nel contratto Tolemaide assicura di aver registrato la cessione nel registro catecico e di aver ricevuto il prezzo di acquisto di novecento drachme d'argento da Marone; Tolemaide, poi, garantisce che il trasferimento della proprietà avviene senza debiti o ipoteche. Si tratta, dunque, di

[51] P. Oxy. 1, 45 del 95 d.C. riporta chiaramente la menzione di questo registro: Φανίας καὶ Ἡρακλᾶ[ς] καὶ Διογένης ὁ καὶ Ἑρμ(αῖος)/ οἱ ἀσχολούμ(ενοι) τοὺς καταλοχ(ισμοὺς) τοῖς ἀγορανό(μοις)/ χαίρειν. Διογένους τοῦ Πτολεμαίου/ παρακεχωρημένου παρὰ Ταποτά-/ μωνος τῆς Πτολεμαίου τοῦ Κολύλιδ(ος),/ μετὰ κυρίου τοῦ θυγατριδοῦς Πλουτάρχ(ου)/ τοῦ Πλουτάρχου τοῦ Πλουτάρχου, καθ' ὁμο(λογίαν)/ γεγονυῖαν τῇ ἐνεστώσῃ ἡμέρᾳ τὴν/ ὑπάρχουσαν αὐτῇ περὶ κώμην Κορῶβ(ιν) (?)/ ἐκ τοῦ Μενοιτίου κλήρου κατοικικῆς/ γῆς σειτοφόρου σποrίμου ἐξ ὀρθογω(νίου)/ ἄρουραν μίαν ἥμισυ τρίτον δωδέ-/ κατον , {διὸ} γράφομεν ὑμεῖν ἵν' εἰδῆτε./ ἔρρω(σθε)./ (ἔτους) ιδ Αὐτοκράτορος Καίσαρος/ Δομιτιανοῦ Σεβαστοῦ Γερμανικοῦ, μη(νὸς)/ Καισαρείου ἐπαγομ(ένων) ς. Trad.: 'Phanias, Heraclas, e Diogenes anche chiamato Hermaeus, funzionari impiegati nella distribuzione della terra catecica, agli *agoranomoi*, salute. Diogenes, figlio di Tolemeo, ha ceduto a lui da parte di Tapotamon, figlia di Tolemeo, figlio di Kolylis, agendo come il suo tutore, che è suo nipote Plutarchus, figlio di Plutarchus, figlio di Plutarchus, in accordo con i termini del contratto stipulato questo giorno, un appezzamento quadrato dell'assegnazione di terra catecica pronta per la coltivazione, la proprietà di Topotamon, situata vicino al villaggio di Korobis e facente parte del lotto di Menoetius, di dimensioni di 1+1/2+1/3+1/12 aroure. Noi pertanto scriviamo per informarvi. Saluti. Anno 14 dell'imperatore Cesare Domiziano Augusto Germanico '. Cfr. Grenfell e Hunt 1898: 101-103. Si tratta di una lettera di Phanias e due ispettori di καταλοχισμοί indirizzata agli *agoranomoi*, che attesta che un possedimento di terra era stata ceduta da Tapotamon, figlia di Tolemeo, a Diogenes. L'amministrazione era, infatti, sotto la supervisione di un ufficiale, chiamato ὁ ἀσχολούμενος τοὺς καταλοχισμοί, che aveva i suoi ufficiali nei diversi *nomoi*. I proprietari di καταλοχισμοί pagavano una tassa allo stato, che come altre tasse era data in appalto.

[52] È stato suggerito che la proprietà dei terreni catecici fosse limitata dal loro *status* . Cfr. Monson 2012: 77-78; 93-95.

[53] Cfr. Messeri e Pintaudi 2000a: 267-268. Vd. in gen. anche Messeri e Pintaudi 2000b: 197-200.

[54] CPR 1, 1 = M. Chrest. 220.

[55] Sulle terre che non fossero né aride né senza proprietario, ma spettanti al fisco per insolvenza gravava la confisca dei frutti. Scaduto il termine per adempiere al pagamento, la vendita sarebbe avvenuta sotto la direzione dello stratego per i terreni confiscati a favore della διοίκησις o attraverso il *procurator usiacus* per quelli dei debitori di un'*ousia* imperiale. Vd. anche Rostovtzeff 1910: 142.

[56] Parassoglou credeva inverosimile che Blasto fosse un *procurator usiacus* e riteneva piuttosto che si trattasse di un funzionario dell'*Idios Logos*, ma Alessandrì escludeva questa possibilità, dato che Ti. Claudio Blasto è chiaramente citato come ἐπίτροπος τοῦ κυρίου Αὐτοκράτορος Καίσαρος (rr. 5-6; 24-26). Non si spiegherebbe la precisazione nel testo del contratto se i terreni in questione non fossero stati confiscati e poi venduti all'asta a vantaggio dell'οὐσιακὸς λόγος. Cfr. Alessandrì 2005: 169.

un contratto di compravendita tra privati, che segue uno specifico *iter* amministrativo, perché riguarda lotti di terra catecica. Il documento si configura come una tipica procedura per la cessione di terra catecica, anche se l'acquisizione era avvenuta a seguito di un'asta del fisco. Nonostante questo, comunque, è molto probabile che Tolemaide sia stata inserita nel registro dei κάτοικοι, in quanto era diventata proprietaria di terreni catecici. La posizione di κάτοικος, in età tolemaica connessa con la funzione di cleruco con funzioni militari e, pertanto, riservata a soggetti di sesso maschile, in epoca romana si svincolò da tale funzione. Anche il papiro SB 5, 7599 del 94-95 d.C. tratta della vendita di terreni catecici[57]. Questo documento di Tebtynis è diviso in tre parti: una lettera inviata dal *basilikos grammateus* Arpocrazione al *komogrammateus* di Tebtynis; una copia della pratica relativa alla vendita dei terreni; la copia della relazione del *komogrammateus* sulla sua ispezione. Due κάτοικοι presentano ad Antioco, stratego dell'Arsinoite, un'offerta d'acquisto dal fisco di un terreno di cinque arure dal κατοικικὸς ὑπολογος χέρσος σιτοφόρος, per coltivarlo a cereali. Dopo aver indicato i confini dell'appezzamento di terra, i dichiaranti si impegnano a versare nella banca pubblica della toparchia il prezzo stabilito nella vendita e chiedono il possesso duraturo per sé e i loro figli. Ma mentre in CPR 11 si discute di una vendita di terreno catecico tra privati, in questo caso la vendita è effettuata dal *basilikos grammateus* e probabilmente, trattandosi di appezzamenti di terra catecica, questi erano pervenuti al fisco a seguito di confisca. Ciò significa che anche possedimenti di κατοικικὴ γῆ potevano diventare ὑπόλογος, passando attraverso la confisca e l'abbandono. In definitiva, nel testo databile al regno di Domiziano si nota, rispetto ai documenti di età giulio-claudia, un potenziamento dell'intervento dei funzionari locali; le difficoltà di età claudio-neroniana probabilmente avevano portato con i Flavi all'adozione di provvedimenti amministrativi ispirati a criteri di maggiore efficienza[58]. Era l'ufficio dell'*Idios Logos* che si occupava anche in questo periodo dei beni ἀδέσποτα ed dell'ὑπόλογος, costituendo un *unicum* nel panorama della gestione fiscale del resto dell'impero. Rostovtzeff ha formulato, in proposito, l'ipotesi secondo la quale Augusto avrebbe ordinato una revisione generale del regime della terra, finalizzata al recupero a vantaggio del fisco dei terreni senza proprietario e di quelli aridi[59]. Si spiegherebbe

[57] Testo già menzionato in precedenza nella sezione dedicata al βασιλικὸς γραμματεύς.

[58] Se inoltre recenti studi e approfondimenti porrebbero nuova luce anche sulle proprietà imperiali in Asia Minore specie valutando la figura dell'imperatore come acquirente, un caso di 'acquisto' risalirebbe proprio al regno di Domiziano e sarebbe ricordato da una lettera di Plinio il giovane a Traiano (Plin. Iun., *ep.* 10.58.5). 'Il filosofo Flavio Archippo, nel quadro di una disputa relativa a una sua vecchia condanna, volle provare la sua onorabilità mostrando a Plinio alcune lettere di Domiziano. In una di queste, l'imperatore scriveva al proprio procuratore di Bitinia che egli assecondava la preghiera ricevuta da Archippo di comprare un terreno nelle vicinanze di Prusa per la cifra di 100.000 sesterzi. L'acquisto era inteso come un dono per Archippo, dal quale egli avrebbe dovuto trarre sostentamento per sé e i suoi. Non sappiamo a chi appartenesse il terreno in questione, tuttavia non pare che il proprietario potesse opporsi a questa decisione. La precisazione *agrum ei... emi iuberem* non credo possa essere intesa in altro senso che in quello di un acquisto a favore di Archippo. Il terreno dunque sarebbe passato prima alla proprietà dell'imperatore e poi sarebbe stato alienato come dono per il filosofo. Ora, non c'è dubbio che all'epoca di Domiziano l'imperatore avesse un potere di intervento anche sulle province proconsolari e che dunque potesse obbligare i provinciali a vendere un proprio bene. Si tratta dunque ancora una volta di un acquisto non paragonabile a quello di un privato... L'acquisto di terra per Flavio Archippo è del tutto particolare, in quanto il bene fu immediatamente alienato e non goduto dall'imperatore'. Dalla Rosa 2014: 342-343.

[59] Rostovtzeff 1910: 102 sgg.

così poi la creazione con i Flavi della βιβλιοθήκη τῶν ἐγκτήσεων che si occupava anche dei terreni aridi, prima coltivati da cleruchi e cateci. L'assegnazione del ὑπόλογος, però, era una vera e propria vendita, anche se non tutta la γῆ ἐν ὑπόλογῳ era destinata alla vendita, ma solo la parte risultante come tale nei registri. La messa in vendita di tale terra doveva essere formalizzata attraverso un pubblico avviso, che a sua volta avrebbe dovuto contenere il prezzo per arura, che era uguale per tutti i terreni del ὑπόλογος ed era fissato dal prefetto. Nella disponibilità del fisco poteva, però, venire anche terra fertile, confiscata al proprietario, per insolvenza, come nel caso di un papiro dell'86-87 d.C., P. Münch. 3, 64. Il testo risulta in gran parte frammentario, ma è possibile, in ogni caso, stabilire che si tratta di un fascicolo relativo ad assegnazione di terra ἐν ὑπόλογῳ, dato che lo schema del documento ripropone quello usuale di tale tipologia di vendita, con la corrispondenza tra funzionari interessati al disbrigo della pratica. Il papiro in questione permette, dunque, di riconoscere le varie parti di un documento di vendita di ὑπόλογος, che per la presenza della previsione di un'imposta in denaro (ἀργυρικὰ τελέσματα) si configura come un terreno coltivato a orto o vigneto, poi divenuto arido e inserito nel ὑπόλογος[60]. Con procedura analoga a quella utilizzata per la vendita del ὑπόλογος erano venduti anche i beni ἀδέσποτα, che potevano comprendere sia beni immobili (edifici e terreni) sia beni mobili (legname)[61]. Kruse ricostruisce la procedura di vendita di questi beni, che coinvolgeva diversi funzionari locali. In particolare, la vendita di ὑπόλογος e di ἀδέσποτα presupponeva la procedura della παράδειξις, messa in moto dall'offerta di acquisto dell'interessato, indirizzata allo stratego, che inviava la richiesta ai funzionari sottoposti, tra i quali il *komogrammateus*, il quale verificava la sussistenza dei requisiti per l'assegnazione del terreno, che veniva, poi, registrata nella locale βιβλιοθήκη[62].

La cosiddetta *hiera gê* costituiva la dotazione sacra di un dio, di cui si occupavano i sacerdoti affittandola o coltivandola e utilizzando le entrate per le spese del tempio. Queste terre costituivano una precisa categoria fiscale, entro cui la terra era o di proprietà privata o sotto vari affittuari di durata limitata. Oltre a contratti di affitto temporanei, i titolari di questi possedimenti del tempio potevano ottenere i diritti ereditari su di essi e, quindi, a loro volta comprare o vendere questa tipologia di terra. La relazione tra lo *status* di proprietà del tempio e proprietà privata nel periodo tolemaico è ancora piuttosto confusa, anche se la spiegazione più probabile è che i templi siano stati in grado di fare concessioni di terre ai sacerdoti o ad altri dipendenti del tempio a carattere permanente come alternativa alla gestione diretta della coltivazione o all'affitto per un tempo determinato. Sembra, dunque, che fosse possibile fare concessioni al personale del tempio di terreni senza padrone facenti parte dei possedimenti sacri. Al momento non vi sarebbero documenti che attestano vendite di terreni di templi nel Fayoum fino al periodo romano, quando con Augusto la maggior parte di queste terre fu confiscata e trasformata in suolo pubblico. Probabilmente si trattò, in effetti, solo di una privatizzazione, perché gli

[60] Alessandrì 2005: 170-175.
[61] Cfr. P. Oxy. 47, 3334 dell'89-94 d.C., di cui si è già trattato nella sezione dedicata allo stratego.
[62] Kruse 2002: 491-518.

individui che avevano già ottenuto i diritti su di esse furono semplicemente trattati da un punto di vista fiscale come proprietari privati. Le parti dei possedimenti dei templi, che non erano diventate domini privati, ma che venivano coltivate o affittate dai sacerdoti, erano, invece, ormai classificate come terreno pubblico sotto l'amministrazione statale. La nuova relazione tra l'amministrazione romana e i templi egiziani è mostrata in una petizione, P. Tebt. 2, 302 del 71-72 d.C., che i sacerdoti di Soknebtunis inviarono al prefetto romano[63]. Il nome del prefetto in

[63] P. Tebt. 2, 302: [– 27 – τῷ] κυρίῳ ἡγεμόνι/ [παρὰ – 13 – σ̣τ̣ο̣λ̣ι̣σ̣τ̣ο̣ῦ̣ Κρό]ν̣ου καὶ τῶν λοιπῶν ἱερέων παραδοχίμων ὄν-/ [των τοῦ Σοκνεβτύνεως τοῦ καὶ Κρόνου κα]ὶ Ἴσιδος καὶ Σαράπιδος κ[α]ὶ Ἁρποχράτου καὶ τῶν/ [συννάων θεῶν ἱεροῦ λογίμου τοῦ ὄντος ἐν κώμῃ] Τεβτύνι τῆς Π[ολ]έμωνος μερίδος/ [τοῦ Ἀρσινοίτου νομοῦ. τυγχάνομεν μερισθ]έ̣ντες ἐκ τοῦ δημοσ[ί]ου ἀντὶ συντάξεως/ [περὶ τὴν αὐτὴν κώμην Τεβτῦνιν . . . . . .] σιτικὰς ἀρούρας φ δ΄ τὸ πρότερον τῶν προκι-/ [μένων θεῶν ἀναληφθίσας δὲ ὑπὸ Πετρωνίου] τοῦ ἡγεμονεύσαντος εἰς βασιλικὴν γὴν καὶ/ [ἔκτοτε – 23 – πρ]ώτως δὲ τῷ ἐνεστῶτι δ (ἔτει) Οὐεσπασιανοῦ/ [. . . . . ὁ κωμογραμματεὺς ἠξίωσε]ν̣ διὰ ἀναφορίου προσθεῖναι εἰς τὸ εἰσιὸν ε (ἔτος)/ [– 11 – ἐξ ὑπερβολίου τοῖς προκιμέν]ο̣[ι]ς ἐδάφεσι ἡμῶν κριθῆς ἀρτάβας διακοσίας ,/ [ἢ – 10 – ἡμεῖς δὲ ἐνετυχόμεν σοι περὶ] τ̣ούτων, σοῦ τε τοῦ κυρίου γράψαντος αὐτῶι/ [ὅτι εἰ ὁ Πετρώνιος ἡμῖν τὰς ἀρούρας ἀντὶ σ]υντάξεως ἐμέρισεν καὶ ἔκτοτε μέχρι τοῦ/ [νῦν χρόνου ἐκτελοῦμεν τὰς καθηκούσας ἐν τοῖ]ς ἱεροῖς τῶν θεῶν λειτουργίας, ἄδικόν/ [ἐστιν ἡμᾶς ἀπαιτεῖσθαι – 12 – ἐξ ὑ]περβολίου κριθῆς ἀρτάβας διακοσίας ἢ ἀφαιρε-/ [θῆναι – 12 – τοῦ δὲ κωμογραμματέ]ω̣ς ἀντιφωνήσαντός σοι εὑρηκέναι μὲν ἔκ/ [τινων βιβλίων σ]ωζομένω[ν ἐν τῷ ἱερῷ] δι' ἡμῶν τῶν ἱερέων ἀναγ[ρ]αφομένας τὰς ἀρούρας διὰ σπόρου/ [τοῦ][. . (ἔτους) κ̣α̣ὶ̣] νενεμῆσθ[αι] ταύτας [κατὰ] διαδοχὴν τῶν γονέων καὶ γεωργεῖν ἀπὸ τῶν Πετρωνίου/ [χρόνων ἐπὶ . . . . οι]ς ἐκφορίοις [τ]οσούτων ἐτῶν ἱερέων ἡμῶν ὄντων νομῆι διὰ τὸ μὴ ἐκ τοῦ/ [δημοσίου σύντα]ξιν ἡμᾶς [λ]αμβάνειν, ἄλλως δὲ καὶ δι' ὧν καταχωρίζομεν λόγων καθ' ἔτος/ [τῷ στρατηγῷ ὑπὸ τ]ῶν ἱερέων γεωργεῖσθαι τὰ ἐδάφη ταῦτα. ἔτι δὲ καὶ ἐν ᾧ κατεχωρίσαμεν ἐπὶ τῶν/ σοῦ δὲ τω κυρίω γράψαντος αὐτῷ δίμηνον ἡμῖν συνεχώρησε ὅπως ἐνένκωμεν/ [τόπων – 13 –]ρ̣η̣ς[. . . . ἱ]ερευ[τι]κῷ λόγῳ πρὸς διάκρισιν ἐδηλώσαμεν τὴν τῶν προ-/ [κειμένων ἐδαφῶν γεωργίαν ἡμῖν ἀναγράφ]εσθαι ἀπὸ τῶν προγεγραμμένων χρόνων, ὃς λόγος/ [σώζεται ἐν τοῖς βιβλίοις][–25 –] . π̣ρ̣[οκατ]ακεχωρισμένοις τὰ καθήκοντα λο-/ [γιστήρια τῷ δὲ μα (ἔτει) θεοῦ Καίσαρος][ἀξιωσάν]των τινῶν ἐκ τοῦ ἱεροῦ νόθων γεωργῆσαι τὰς ἀρού-/ [ρας ἐπὶ – 23 –] γενομέν[ο]υ ἐπιστρατήγου τῶν Ἑπτα νομῶν καὶ/ [Ἀρσινοίτου – 12 – ἐν τῷ αὐτῷ] μα (ἔτει) ὢς καὶ ἡμεῖν τοῖς νομίμοις ἱερεῦσι ἐτήρησεν/ [τὰς ἀρούρας – 14 – ἀκολο]ύθως οἷς ἔχομεν ὑπομνηματισμοῖς. διὸ ἀξιοῦμέν σε/ [βεβαιῶσαι ἡμῖν τὴν γὴν τὴν ἀντὶ συ]ντάξεως ἡμεῖν ἐκ διαδοχῆς <τῶν> γονέων τετηρημένην/ [– 18 – ἐκ πολλοῦ χρό]ν̣ου αὐτουργούντων ἡμῶν σὺν γυναιξὶ καὶ τέκνοις/ [ὅπως δυνώμεθα –17 –]ηναι ἐκτελοῦντες τὰς τῶν θεῶν λειτουργίας καὶ ὑπηρεσίας/ [ὥστε μηδένα – 16 – τῶ]ν ἱερατικῶν ἐδαφῶν ἀντιποιεῖσθαι, ἵν' ὦμεν εὐεργετημένοι./ διευτύχει. Trad.: 'A . . ., al signore prefetto, da . . .e il resto dei sacerdoti ereditari del famoso tempio di Soknebtunis anche detto di Cronos, Isis, Serapis, Harpocrates e degli dei associati, situato nel villaggio di Tebtunis nel distretto di Polemon nel *nomos* Arsinoite. Dallo Stato ci furono assegnati invece di una sovvenzione, 500 ¼ arure di terra presso il suddetto villaggio di Tebtunis, che in precedenza appartenevano ai suddetti dei, ma che sono state ridotte a *basilikê gê* da un precedente prefetto Petronius, e (da allora affittate a noi con un canone . . .?). Per la prima volta nel presente quarto anno di Vespasiano . . . il *komogrammateus* ha ritenuto di imporre in un rapporto per il prossimo quinto anno . . . un onere di 200 artabe di orzo in aggiunta importo sul nostro suddetto terreno (o dovremo privarci di esso) . . . ; per questo (ti inviamo una petizione) a riguardo, e tu, signore, scrivesti che se Petronio ci aveva assegnato la invece che una sovvenzione, e che da allora fino ad oggi noi abbiamo eseguito i servizi dovuti agli dei nel tempio . . .è stato ingiusto pretendere da noi un incremento di 200 artabe di orzo con l' alternativa d'essere privati della terra. . . . Il *komogrammateus* rispose dicendo di aver scoperto in primo luogo da alcuni documenti conservati presso il tempio che il terreno fu registrato a nome di noi sacerdoti in una lista di coltivazioni dell'anno . . ., ed era stato posseduto in eredità dai nostri antenati e coltivato dai tempi di Petronio con un affitto (fisso?), il possesso di esso da parte di noi sacerdoti per tanti anni a causa del fatto che non abbiamo ricevuto alcuna sovvenzione dallo Stato, e in secondo luogo che, secondo le relazioni annuali che facciamo allo stratego, questa terra è coltivata dai sacerdoti. (Quando tu, signore, gli hai scritto, lui ci ha dato due mesi di tempo per presentare il nostro caso). . . Inoltre nella lista sacerdotale, che abbiamo immesso nel villaggio per controllo abbiamo dimostrato che la coltivazione del suddetto terreno è stata registrata nel nostro *nomos* a partire dal periodo prima menzionato, lista che è conservata tra i documenti che sono stati immessi in precedenza presso gli uffici di competenza; [e nel quarantunesimo anno del Divino Cesare (Augusto)?], quando alcuni dal tempio hanno chiesto di lasciar di coltivare la terra prima . . .poi l'epistratego del *nomos* di Heptanomis e Arsinoite, . . . ; [e nel quarantunesimo anno?] egli ha riservato

questione purtroppo è caduto, anche se le ipotesi più attendibili, come già dimostrato in precedenza, propenderebbero per l'identificazione con Peducaeus Colonus. La petizione afferma che con il prefetto Petronius del 24-21 a.C. 500¼ arure di proprietà del tempio furono trasformate in βασιλικὴ γῆ[64]. I sacerdoti di Soknebtunis potevano scegliere di rinunciare al controllo del possedimento di terra e ricevere in cambio una sovvenzione statale oppure di conservare il terreno pagando un affitto e rinunciare alla sovvenzione. Probabilmente la sovvenzione presupponeva che essa fosse pagata al di fuori dei guadagni sulla terra di proprietà del tempio. Si spiega, quindi, perché questa tipologia di terra fu trasformata in *ager publicus*, in modo tale che il tempio non avesse più controllo su di essa[65]. I sacerdoti di Soknebtunis, in questo caso, scelsero di mantenere 500¼ arure al posto della sovvenzione statale. Lo *status* di questo possedimento risulterebbe, pertanto, piuttosto inusuale, essendo designato come *demosia gê hiereutikê* o come *basilikê gê hiereutikê*, poiché poteva essere affittato dallo Stato, sebbene rimanesse sotto il controllo sacerdotale. Il mantenimento diretto del possedimento da parte del tempio comportava la possibilità di assegnarlo ad affittuari per un termine limitato oppure come affitto ereditario, che permetteva agli affittuari di vendere il terreno o di restituirlo al tempio qualora non potesse essere coltivato[66]. La rendita di questi possedimenti permetteva alla classe sacerdotale di pagare l'affitto annuale allo Stato. In questa petizione il βασιλικὸς γραμματεύς aveva cercato di aumentare l'importo dell'affitto della terra, ma il prefetto era intervenuto per aiutare i sacerdoti, in modo tale che i ricavi dei terreni continuassero a sostenere i loro uffici sacerdotali. Questi ultimi, infatti, nel testo fanno riferimento ai loro antichi diritti, riferendosi ai possedimenti del tempio come διαδοχὴν τῶν γονέων (r. 17) e sostenendo di essere in possesso di un documento ufficiale, che attestava che la terra era stata da loro coltivata e tramandata all'interno della loro casta sacerdotale. Questo documento datato al regno di Vespasiano è risultato di estrema importanza per interpretare molti altri documenti che riguardano i terreni dei templi anche del periodo dei Giulio-Claudi. La petizione P. Tebt. 2, 302 testimonierebbe, inoltre, l'esistenza di due tipologie di terreni: la proprietà del tempio che rientrava alle dirette dipendenze della classe sacerdotale del dio e la vera e propria proprietà privata del tempio. In altre parole, si distingueva tra la terra di proprietà privata del tempio a Tebtynis e, nel nostro caso, le 500¼ arure che l'amministrazione romana voleva convertire in *ager publicus*.

La distinzione tra *ager publicus* e *ager privatus* venne adottata dall'amministrazione romana anche in Egitto. In realtà, l'*idiotikê gê* esisteva già in epoca tolemaica, ma la differenza fondamentale introdotta con i Romani stava nella sua tassazione[67]. Il

la terra a noi, legittimi sacerdoti, . . .secondo il rapporto della prova in nostro possesso. Ti supplichiamo quindi di garantire a noi che questa terra che è stata riservata a noi in cambio della sovvenzione in eredità dai nostri antenati, e sulla quale noi abbiamo a lungo lavorato con le nostre mogli e figli, cosicchè . . .eseguire i servizi liturgici e le cerimonie, in modo che nessuno . . . possa rivendicare la terra del tempio, e noi poter avere sollievo. Saluti'. Cfr. anche la traduzione degli editori Grenfell e Hunt 1907: 88-92.

[64] Questo interessò non solo i possedimenti di Tebtynis, ma tutti i templi d'Egitto. Cfr. anche Capponi 2005: 180.

[65] Cfr. Monson 2012: 136.

[66] P. Harris 1, 138 del 92 d.C. Cfr. Shelton 1989: 205-206.

[67] Rathbone 1993: 84-86.

regime di proprietà dei terreni privati, infatti, venne assimilato allo *status* fiscale dei terreni catecici, il che significava che esso era valutato con un tasso fisso, in contrasto con i canoni di locazione variabili praticati sul suolo pubblico. Rispetto all'età giulio-claudia, con i Flavi non si riscontrano importanti novità nell'assetto fondiario di questi terreni, ma tale visione potrebbe essere condizionata dalla scarsità di documenti in proposito. In generale, tuttavia, dopo le esperienze di disorganizzazione ancora presenti per gran parte del periodo dei Giulio-Claudi, in età flavia la situazione sembra incominciare a normalizzarsi in base a una precisa scansione procedurale. L'emergere della proprietà privata in epoca romana è marcatamente differente, in ogni caso, da qualsiasi accumulo di terreni da parte dei privati avvenuto sotto il dominio tolemaico. La parcellizzazione estrema degli appezzamenti rende, difatti, problematica la valutazione generale delle dimensioni della proprietà privata nel nostro periodo[68]. Ampiamente attestata è soprattutto la pratica dell'affitto tra privati[69] mentre non risulterebbero documenti che riguardino la vendita o l'affitto di *ager publicus*[70].

3.2.2. Liturgie e imposte fondiarie

L'agricoltura doveva trovarsi in condizioni alquanto disastrose alla conquista romana, per cui prontamente furono predisposti lavori di riadattamento dei canali e di dighe cui seguì una ripresa controllata del sistema delle liturgie, riformato e migliorato nell'interesse della produzione. Forse proprio la dipendenza dal grano d'Egitto, in cui venne a trovarsi Roma, fu uno dei fattori che contribuì a rendere necessaria la creazione di questi nuovi servizi obbligatori e la riforma di quelli già presenti. Il sistema liturgico e l'imposizione delle *corvées* resterebbe, infatti,

[68] Gara 1988: 917.

[69] Cfr. PSI 1, 30 dell'82 d.C. P. Oxy. 49, 3488 e P. Oxy. 49, 3489, entrambi dei primi anni del regno di Vespasiano, sono solo alcuni esempi di contratti di affitto di terreni del nostro periodo. Bisognerà tuttavia tenere anche conto che soldati e veterani in genere, ma anche alti funzionari (spesso non tutelati dallo *status* di cittadinanza romana dopo il completamento del sevizio militare) godendo il più delle volte di una posizione d'autorità presso la burocrazia e la giurisdizione civile locale, investivano grandi capitali in terre e possedimenti nonché in reti d'interessi per investimenti commerciali, come si intravedrebbe anche anche nell'archivio di Claudio Tiberiano da Karanis (P. Mich. 8, 467- 481; 510 et SB, VI, 9636) (Cfr. Strassi 2008). Di solito, questi fondi (privati o pseudo tali) erano quindi il più delle volte gestiti da egiziani (attraverso centri amministrativo-economici detti ἐποικίαι) ma appunto posseduti da facoltosi proprietari romani residenti a Roma o nella città del nomo (come *absentes patroni*), alla maniera di Zenone, uomo d'affari e gestore della δωρεά arsinoitica di Apollonio, dieceta (ministro delle finanze) del re Tolemeo II Filadelfo, residente però ad Alessandria. Per una lista di cittadini romani influenti che vissero ad es. presso Ossirinco od altre parti della *chora* prima del 212 d. C. e che possedevano evidentemente delle proprietà presso il nomo ossirinchita si veda THOMAS 2007, 233-236. Secondo un calcolo di Whitehorne e Jones su 5700 cittadini registrati nell'Ossirinchite (negli anni da Augusto a Domiziano) 108 erano romani o possedevano nomi romani. Cfr. Whitehorne 1990: 543-557.

[70] Studi sui possedimenti pubblici si sono soffermati sino ad ora su aree minori (ad es. ristrette zone del Nord Africa, valle di Bagradas) e per un limitato periodo imperiale. I c. d. coloni ovvero coltivatori di terra statale erano soggetti ad un *conductor*, vd. Kehoe 1988. Lo studio analizza la zona nord africana della valle di Bagradas attraverso l'esame di alcune iscrizioni (Henchir-Mettich) comprendenti circa metà del periodo imperiale. (Interessanti inoltre le figure degli *stipendiarii*, fattori stipendiati dal fisco e soggetti a tasse provinciali). Tra i domini nord africani soggetti al fisco si ricorda anche la *Mauretania Caesarensis* e la *Numidia*, ma non mancherebbero esempi di 'gestione di patrimoni' in Italia (vd. ad es. Columella (Col., I, 3, 12-13), Plinio (ad es. Plin. *HN*. 3. 19.6-7; 7.18; 9.37). Vd. anche Kehoe 1992. Si veda inoltre Rowlandson 2005: 173-196; Rowlandson 1998b.

una delle innovazioni più importanti introdotte dalla dominazione romana: le spese di gestione a tutti i livelli vennero largamente ridotte tramite le prestazioni obbligatorie, consentendo una riduzione dei costi dell'amministrazione e l'abbandono del sistema degli appalti. La razionalizzazione amministrativa permise di attuare quello sfruttamento totale delle risorse egiziane che gli ultimi Tolemei non erano più stati in grado di gestire. In parte furono conservati gli stessi nomi e le stesse attribuzioni che le funzioni avevano con i Tolemei, ma furono creati anche nuovi servizi connessi soprattutto con i lavori inerenti al controllo delle inondazioni e alla coltivazione della terra. Il πενθήμερος, per esempio, era una *corvée* di cinque giorni di lavoro alle dighe, che nel periodo tolemaico era obbligatorio e retribuito. Foraboschi ha suggerito che il *penthemeros* fosse stato introdotto per sostituire il pagamento del χωματικόν per coloro che non potevano pagare la suddetta tassa e, pertanto, ipotizzava che la durata di cinque giorni prevista per il servizio liturgico fosse stata calcolata come equivalente al valore del pagamento[71]. Infatti, pare che questa prestazione obbligatoria sia stata introdotta dopo il regno di Augusto, forse con Claudio, dato che i documenti relativi al πενθήμερος appaiono a partire dal 40 d.C.[72]. Molte sono, del resto, le testimonianze anche con i Flavi, quando ormai la riorganizzazione del sistema liturgico era conclusa. BGU 7, 1596 è una ricevuta di πενθήμερος dell'87-88 d.C., nella quale diversi individui dichiarano lo svolgimento del servizio liturgico per i prestabiliti cinque giorni sulla diga del canale di Patsontis[73]:

ἔτους ἑβδόμου Αὐτοκράτορος Καίσαρος Δομιτιανοῦ Σεβαστοῦ

Γερμανικοῦ. εἴρ(γασται) ἐν ὀρινῇ Πατσώ(ντεως) ἐφ' ἡ(μέρας) πέντε ὑπ(ὲρ)

χω(ματικῶν) το(ῦ) αὐτοῦ ἑβδόμου (ἔτους) (mano 2) Φιλαδελ(φείας)

(mano 3) Πετεσοῦχο(ς) Ψενεθώ(του) το(ῦ) Πετεσούχ(ου) μη(τρὸς) Ἀφροδ( )

(mano 4)] σεση(μείωμαι).

(mano 5) Ἡφα(ιστίων) σεση(μείωμαι) Πετεσοῦχ(ον) Ψενεθ(ώτου).

(mano 6) Ἰσίδ(ωρος) σεση(μείωμαι) Πετεσο(ῦχον)[74].

Le funzioni liturgiche avevano normalmente la durata di un anno, ma in alcuni casi potevano arrivare anche a tre anni, dopo i quali però non era più possibile che il

[71] Foraboschi 1970: 123-130.

[72] P. Bon. 31 del 44-45 d.C.

[73] Tra le altre ricevute di *penthemeros* del periodo dei Flavi abbiamo anche BGU 7, 1597 del 93-94 d.C. (cfr. Sijpesteijn 1983: 208-209), P. Tebt. 2 668 del 92-93 d.C. (cfr. Sijpesteijn 1986: 287-293).

[74] Trad.: 'Anno 7 dell'imperatore Cesare Domiziano Augusto Germanico. Ha prestato servizio per cinque giorni sulle dighe per lo stesso settimo anno nel canale di Patsontis (mano 2) per Philadelphia (mano 3) Petechos, figlio di Psenethotes, figlio di Petesuchos, e di Aphrod ( ). (mano 4) Io, . . ., ho firmato. (mano 5) Io, Hephaistion, ho firmato per conto di Petesuchos, figlio di Psenethotes. (mano 6) Io, Isiros, ho firmato per conto di Petesuchos'. Cfr. anche la traduzione di Sijpesteijn 1983: 208-209.

servizio fosse richiesto alla stessa persona[75]. La procedura di nomina alle funzioni liturgiche prevedeva che i *grammateis* locali redigessero una lista di persone in grado di sostenere economicamente la carica, che il *komogrammateus* inviava allo stratego per la scelta[76]. I nomi scelti, quindi, per sorteggio erano poi comunicati ai funzionari dei villaggi, anche se in alcuni casi era l'epistratego a procedere alla nomina[77]. Le caratteristiche generali del nuovo sistema liturgico erano chiarite nell'editto del prefetto Tiberio Giulio Alessandro, in cui i cittadini alessandrini erano esentati dalle liturgie della *chora*. Anche se il passo è ambiguo, è probabile che queste liturgie si riferissero agli uffici amministrativi e non alle *corvée*. Secondo un giuramento che risale al 70 d.C., P. Oxy. 49, 3508, l'incaricato dei lavori alla diga (ufficio amministrativo) aveva giurato di intraprendere i lavori di costruzione e riparazione necessari con operai di *corvée* a lui assegnati. Questo suggerisce che la valutazione della ricchezza (*poros*), certamente in uso nel II sec. d.C., doveva già essere presente in questo periodo[78]. Il prefetto Mettius Rufus chiarì i ruoli per gli incarichi liturgici in una lettera inviata ai governatori di ciascun *nomos*, di cui abbiamo notizia in SB 6, 9050 in cui sono contenuti estratti di altri editti di successivi prefetti[79]. La terminologia sul sistema di selezione dei candidati per gli uffici amministrativi sulla base del *poros* era già in uso con Domiziano. D'altra parte, non si può escludere riferendosi unicamente a questo testo che alcune persone si offrissero volontariamente per questi servizi liturgici[80]. Nell'estratto dell'editto del prefetto Mettius Rufus si ordina, infatti, ai governatori dei *nomoi* di essere selettivi e scegliere solo uomini adatti all'ufficio.

I Romani trasformarono ben presto il sistema di esazione tolemaico, che consisteva nel dare annualmente in appalto a τελῶναι le singole tasse, in un sistema che si valeva di pubblici funzionari per le imposte dirette, mentre quelle indirette continuarono a essere date in appalto. Le imposte fondiarie continuarono a essere pagate in natura per i terreni a cereali; la raccolta faceva capo ai σιτολόγοι che amministravano i θησαυροί, i granai, dove il grano era raccolto per essere convogliato ad Alessandria e poi a Roma. Pare che nel I sec. d.C. la sitologia fosse una forma di liturgia e che se ne occupasse l'epistratego[81]. Dal periodo tolemaico i σιτολόγοι erano i funzionari responsabili della riscossione delle imposte sul grano e dell'annuale distribuzione delle sementi. Per controllare le proprie entrate l'amministrazione provinciale, poi, anche con i Romani predispose la creazione di un granaio nel centro di ogni comunità importante, mentre i piccoli villaggi potevano fare riferimento a un unico granaio più grande ai fini della gestione degli introiti del grano[82]. I grandi

[75] Montevecchi 1988a: 459.
[76] In alcuni casi però era possibile essere esentati dalle prestazioni obbligatorie, cfr. P. Flor. 3, 312 del 91 d.C.
[77] Lewis 1969: 339-344.
[78] Il *poros* nelle liturgie fu un'innovazione dei Romani, con i quali iniziò ad essere calcolato sulla base delle proprietà immobiliari. Tutto ciò che riguardava il *poros* era sotto la giurisdizione dei βιβλιοφύλακες della βιβλιοθήκη τῶν ἐγκτήσεων. Le persone che non possedevano il *poros* erano definite ἄποροι. Le mancanze erano coperte dal pagamento di una tassa chiamata μερισμός ἀπορον.
[79] Il testo è stato già trattato nella sezione dedicata a questo prefetto di Domiziano.
[80] Monson 2012: 241.
[81] P. Oxy. 46, 3273, una petizione di un esattore all'epistratego per un errore nella nomina alla sitologia di una persona che aveva lo stesso nome di un ricco candidato. Lewis 1986: 125-127.
[82] P. Laur. 2, 21 riporta un estratto dai registri ufficiali dei sitologi del regno di Domiziano.

granai centrali delle città e delle metropoli erano necessari non solo per le questioni legate alla semina, ma anche per il successivo trasporto del grano ad Alessandria sui canali navigabili o sul Nilo. Era il Nilo, difatti, la più importante arteria di trasporto dell'Egitto, ma un sistema altamente organizzato via terra esisteva anche per quelle località lontane dal Nilo, in particolare il Fayoum. Il trasporto dai porti delle varie località fino ad Alessandria era pagato dallo Stato grazie agli introiti ricavati. I pagamenti ai ναύκληροι, responsabili della fase di trasporto, potevano essere in denaro o in natura, anche se il costo naturalmente variava in base al porto di provenienza. Opinione comune è che i ναύκληροι non fossero tenuti, però, ai trasporti di grano via terra, di cui si occupavano invece i *sitologoi* dei vari villaggi[83]. Vi sono alcune prove che suggeriscono che i liturgisti chiamati ἐπίπλοοι fossero, invece, i responsabili dell'assegnazione dei carichi di grano, come anche del loro caricamento e della loro custodia durante il viaggio sui canali. Una testimonianza a proposito è, infatti, un papiro del 77 d.C., P. Oxy. 2, 276, di cui si è in parte trattato in precedenza[84], in cui il carico di grano era stato assegnato proprio a un *epiploos* e questo sembra suggerire importanti cambiamenti, che sembrano essere stati fatti nell'organizzazione del trasporto del grano nel I sec. d.C. I θησαυροί di proprietà dell'amministrazione statale erano, dunque, sottoposti alla stretta giurisdizione dei sitologi, che, supervisionati dai πράκτορες σιτικῶν o dai φορολόγοι, erano assistiti nei loro compiti dai γραμματεῖς e dai βοηθοί[85], i quali erano a loro volta più o meno numerosi in base all'importanza del granaio di cui si occupavano[86]. A ciascuno di essi era assegnato un granaio in base alla dimensione e all'importanza e ciò dimostra chiaramente che anche tra questi funzionari esisteva una rigida gerarchia, per cui i sitologi dei granai più piccoli dovevano fornire il grano a quelli delle città e delle *metropoleis*. I granai non ricevevano, comunque, solo grano, ma arrivavano anche altri prodotti, come dimostrato nelle ricevute conservate. I *sitologoi*, infine, sovrintendevano non solo la misurazione del grano che era portato ai granai e il rilascio delle ricevute relative, ma anche il pagamento del grano che doveva essere trasportato ad Alessandria e di quello rilasciato come retribuzione ai dipendenti del governo. Tra le molte ricevute pervenute[87], due di queste sono inviate ai sitologi dalla stessa persona a distanza di diversi anni. P. Oxy. 38, 2840 del 75 d.C. è una ricevuta inviata ai sitologi di Σκὼ τόποι da Aline figlia di Komon per le quote di grano da Kerkeura.

ἔτọυ̣ς ἑβδ̣όμου Αὐ̣τοκρά[το]ρ̣ο̣ς

Καίσαρος Οὐεσπασιανοῦ

Σεβαστοῦ μηνὸς Καισαρείου ι.

[83] Adams 2007: 191-192

[84] Messeri e Pintaudi 1998: 123-130.

[85] Connessi con i θησαυροί erano numerosi altri funzionari, indubbiamente subordinati ai sitologi. Nelle ricevute, infatti, si parla di φροντισταί e σιτοπαραλήμπται, ma le loro funzioni non vengono ben specificate.

[86] O. Ont. Mus. 2, 168 del 75-76; O. Ont. Mus. 2, 169 dell'80.

[87] Menzioniamo in questa sede solo alcune delle ricevute dei sitologi del periodo dei Flavi: SB 22, 15732 dell'86; P. Gen. 2, 96 dell'88; SB 6, 9244 del 92.

ὁμολ(ογοῦσι) Παποντ(ῶς) καὶ μ̣[έ]τοχ(οι) σιτολ(όγοι)

Σκῴι τόπ(ων) μεμετρῆ(σθαι) παρὰ Ἀλιν-

η Κόμῳν̣ο̣ς Κ̣ερ̣κ̣ε̣ῦρα τέτα-

ρτον ὄγδοον (γίνεται) (πυροῦ ἀρτάβης) δ´ η´ (mano 2) Παπον-

τῶς σεσημίῳμ̣α̣ι̣ (πυροῦ ἀρτάβης) δ´ η´[88].

Si ha testimonianza di un'altra ricevuta del sitologo per Aline dell'85 d.C.[89], ma questi funzionari si occupavano, a volte, anche della purezza del grano, quando giungeva ad Alessandria, dove il grano era immagazzinato nei grandi granai in attesa dell'invio a Roma[90].

Molte delle imposte fondiarie esistenti nell'Egitto romano risalivano al periodo tolemaico, anche se i documenti mostrano comunque evidenti cambiamenti rispetto alla nuova amministrazione romana. Oltre alle imposte fondiarie pagate in natura, esistevano anche imposte fondiarie in denaro, per lo più sui vigneti e i palmeti. In realtà, anche queste ultime con i Tolemei erano pagate in natura, ma questa pratica fu progressivamente abbandonata subito dopo la conquista augustea dell'Egitto. Le tasse in denaro sugli orti e soprattutto sui vigneti costituivano una considerevole porzione delle entrate in denaro dell'amministrazione d'Egitto. Wilcken ha dimostrato che la tassa definita nel periodo romano γεωμετρία spesso era specificata con l'aggiunta di termini come ἀπέλου o φοινίκων, secondo il tipo di cultura, e rappresentava la tassa più importante tra le imposte fondiarie in denaro. Se Wilcken concludeva in base ai documenti da lui esaminati che la γεωμετρία era la tassa sui vigneti solitamente pagata per arura, d'altra parte, mostrava stupore nel costatare che essa non veniva denominata ἐπαρούριον, letteralmente tassa per arura, termine invece utilizzato per indicare una diversa tassa fondiaria. Grenfell e Hunt hanno

[88] Trad.: 'Nel settimo anno dell'imperatore Cesare Vespasiano Augusto, Kaisareios 10. Papontos e i suoi colleghi sitologi del distretto di Sko concordano sul fatto che è stata misurata per loro da Aline figlia di Komon di Kerkeuka un quarto e un ottavo di artabe di grano, totale: artaba di grano 1/4 e 1/8. Io, Papontos, controfirmato per 1/4 e 1/8 di artabe di grano'. Cfr. Browne, Thomas, Turner e Weinstein 1971: 44.

[89] P. Oxy. 38, 2841: ἔτους τετάρτου Αὐτοκράτορος/ Καίσαρος Δομιτιανοῦ Σεβαστοῦ/ Γερμανικοῦ Ἐφεὶπ κζ. μεμέ(τρηται)/ εἰς τὸ δη(μόσιον) γενήμ(ατος) το(ῦ) α (ἔτους) διὰ Ἡράτος/ καὶ μετόχ(ων) σιτολόγ(ων) Λιβὸς τοπ(αρχίας) Σενοκωμε-/ ως παρὰ Ἀλινη Κόμωνος διὰ Κο-/ μοᾶπις γεωργοῦ Σύρων κώμης/ (πυροῦ) (τριμήνου) σύνπ(αντα) δη(μοσίῳ) μέ(τρῳ) ξ(υστῷ) κανκ(έλλῳ)/ ἐννέα (γίνονται) (πυροῦ) (ἀρτάβαι) θ (mano 2) Ἀτρῆς ὁ καὶ Δίδυμ-/ ος Ὥρου σεση(μείωμαι) τὰς τοῦ πυροῦ/ ἀρτάβας ἐ[νν]έα (γίνονται) (πυροῦ) (ἀρτάβαι) θ./ (mano 3) Ὧρος ἐπισφρα(γιστὴς) σεση(μείωμαι) τὰς τοῦ/ (πυροῦ) (ἀρτάβας) ἐννέα (γίνονται) (πυροῦ) (ἀρτάβαι) θ. Traduzione della prima parte: 'Quarto anno dell'imperatore Cesare Domiziano Augusto Germanico, Epeiph 27. È stato misurato nel granaio pubblico dal raccolto del primo anno attraverso Heras e i suoi colleghi, sitologi della *toparchia* occidentale, villaggio di Senokomis, da Aline figlia di Komon, agendo tramite Komoapis, agricoltore del villaggio di Syron Kome, di tre mesi di grano in tutto, misurato dal pubblico appianato *cancellus* (i.e. lett. circondato da barriere), nove artabe di grano, totale 9 artabe'. Browne, Thomas, Turner e Weinstein 1971: 45. Il termine κάνκελλος è attestato anche nel IV sec. da P. Münch. 3, 72, rr. 7-8; P. Münch. 3, 90, r. 3; VI d.C.: P. Oxy. 16, 2020, r. 8; P. Oxy. 16, 2020, r. 13; VII d.C. P. Rainer Cent. 139, 2.

[90] Aly 1956: 17-27.

infatti rilevato che l'ἐπαρούριον era piuttosto la tassa fondiaria che riguardava alcuni tipi di terreni che erano soggetti anche al pagamento dell'ἀπόμοιρα. Questi ultimi, quindi, erano in accordo con Wilcken nell'intendere la γεωμετρία come tassa sui vigneti e sugli orti. Wallace ha affermato che, mentre nel periodo tolemaico il termine γεωμετρία indicava un pagamento di ½ artaba per arura che coprisse il costo dell'agrimensura dei terreni, da Augusto la *geometria* era una nuova tassa sui vigneti, sui palmeti e sugli orti, calcolata in base alle arure. In pratica, la γεωμετρία tolemaica non era una vera e propria tassa fondiaria e l'unica tassa fondiaria che con i Tolemei poteva assomigliare alla *geometria* era l'ἀμπελικά, anche se pare che quest'ultima, comunque, fosse equivalente piuttosto all'ἐπαρούριον. La γεωμετρία romana, inoltre, non veniva riscossa annualmente, ma probabilmente ogni cinque anni, forse in connessione con l'introduzione del *lustrum*, il periodo di cinque anni alla fine del quale l'amministrazione statale predisponeva una nuova generale revisione della proprietà e della tassazione relativa. Tuttavia, non ci sono documenti che testimoniano un'evidente relazione e, per di più, la *geometria* continuò ad esistere ininterrottamente in Egitto dai Tolemei fino all'amministrazione romana. Le ricevute conservate dimostrerebbero che la tassa non aveva un ammontare uniforme in tutto l'Egitto, ma variava secondo le località. In realtà, poi, pare che il ciclo di riscossione ogni cinque anni non fosse ancora in uso nel corso del I sec. d.C., ma che si stabilì con regolarità solo più tardi. A Elephantine-Syene durante il regno di Nerone è attestato un ciclo di quattro anni[91], ma un *ostrakon* del 72 non confermerebbe questa ipotesi, O. Wilck. 2, 22:

[Ῥου]φ[ών]ιος Ἀντίγο(νος) δια[γεγρ(άφηκεν)]

[Πετορ]ζμῆθ(ις) Παχνο(ύβιος) .[. . . . .]

[ὑπ(ὲρ)] γεο[μ]ετ(ρίας) φοινικ(ῶνος) δ (ἔτους) (δραχμὰς) [. . . (ἔτους) ε]

Αὐτοκράτορος Καίσα[ρος]

Οὐεσπασιανοῦ Σεβαστοῦ

Χο(ίακ) β[92].

La γεωμετρία, diversamente dalle tasse annuali sui vigneti e sugli orti pagate per arure, era fissata in drachme d'argento, alle quali si aggiungeva una sovrattassa (προσδιαγραφόμενα) fissata a 1/16. A Tebe l'ammontare pagato per la *geometria* dei vigneti, secondo Wallace, pare fosse di quaranta drachme per arura, ma in alcuni documenti il pagamento è di venti drachme. Ad ogni modo, le ricevute del periodo dei Flavi in nostro possesso non concorderebbero con questa ipotesi. O. Heid. 38 del

91 O. Wilck. 2, 13 del 54; O. Wilck. 2, 15 del 58; O. Wilck. 2, 17 del 66.

92 Trad.: 'Rouphonios Antigonos. Petozmethis, figlio di Paknoubius ha pagato per la geometria del palmeto, per il quarto anno, drachme . . . anno quinto dell'imperatore Cesare Vespasiano Augusto, Choiak 2'.

quartiere di Pakerkeësis di Tebe datato al 72 d.C., infatti, riporta una rata di dodici drachme, O. Amst. 43 del 90 di quattro drachme, mentre O.Cair. Cat. 9639 del 90, O. Petr. Mus. 219 del 92, O. Petr. Mus. 212 del 93, tutti del quartiere di Memnonia a Tebe, mostrano rispettivamente rate di due, sei e quattro drachme. L'evidenza delle ricevute suggerisce la possibilità che i testi si riferiscano a diverse rate dell'intero ammontare della tassa, come avveniva per esempio per la *laographia*, ma, d'altra parte, è anche possibile che la rata dipendesse dalla diversa qualità dei terreni e quindi dei prodotti[93]. In effetti, è opportuno concludere che il sistema di valutazione della tassa fosse diverso in base alle località d'Egitto, anche se la rata più comune doveva ammontare circa a venti o venticinque drachme per arura[94]. Sappiamo, invece, che l'ordinaria rata della *geometria* sui palmeti sarebbe stata di venti drachme per arura[95].

Un'altra tassa fondiaria era l'ἀπόμοιρα, che nel periodo tolemaico corrispondeva normalmente a un sesto della produzione dei vigneti e degli orti, che era annualmente dedicata ai templi. Questa tassa era presente in Egitto fin dalla dominazione persiana e probabilmente anche prima con i faraoni[96]. Con i Romani l'ἀπόμοιρα aveva raggiunto un canone fisso e ammontava a dieci drachme d'argento per arura per i vigneti e cinque dracme per arura per gli orti. L'unica menzione di questa tassa nel periodo dei Flavi è riportata nel papiro P. Wisc. 1, 27[97], che riporta una serie di ricevute di varie tasse dell'anno decimo e undicesimo di Vespasiano e del secondo anno di Tito.

> ἔτους δεκάτου Αὐτοκράτορος Καίσαρος Οὐεσπασιανοῦ Σεβαστοῦ,
>
> μηνὸς Καισαρείου λ ̣με(τὰ λόγον) ια. διαγέγρα(πται) δι' Ἀπολλ̣ω̣νίου χ(ειριστοῦ) \ [πρακ(τόρων)] ἀργ(υρικῶν)/
>
> Λούκιος Ἰγνάτιος Φρόντων Τιβερῖνος ϛʹ παραδ(είσου) Φιλαδ(ελφείας)

---

[93] Wallace 1939: 51.

[94] SB 5, 8046 dell'82: Μαρκίας Διονυσίας/ γεωμ(ετρίας) Ἱεράκ(ων πόλεως) γ (ἔτους) Τίτου/ (δραχμὰς) κ (γίνονται) κ. (ἔτους) δ, Ἁθὺρ θ./ (mano 2) α (ἔτους) Δομιτιανοῦ,/ Φαμ(ενὼθ) ιε. ὑ(πὲρ) γεω(μετρίας)/ [(δραχμὰς)]κ]ε (ὀβολὸν) α (γίνονται) κε (ὀβολὸς) α. Trad.: 'Markias Dionysias per la geometria della città sacra nel terzo anno di Tito, drachme 20. (mano 2) Anno primo di Domiziano, Phamenoth 15. Per la geometria drachme 25, 1 obolo'.

[95] P. Worp. 39 del 71: Ῥουφώνιος Ἀντίγονος./ διαγεγρ(άφηκεν) Νεμώνιος Παθιή-/ μ̣ιο̣ς ὑπὲρ γεωμ(ετρίας) φοινικ(ῶνος) β (ἔτους)/ διὰ κοινο(ῦ) ἡμῶν (δραχμὰς) κϛ (τριώβολον). (ἔτους) γ/ Αὐτοκράτορος Καίσαρος Οὐεσπασιανοῦ/ Σεβαστοῦ Τῦβ(ι) κζ. Trad.: 'Rouphonios Antigonos. Nemonios, figlio di Pathiemis, ha pagato per la geometria del palmeto nel secondo anno attraverso la nostra associazione: 26 drachme, 3 oboli. Anno 3 dell'imperatore Cesare Vespasiano Augusto, Tubi 27'.

[96] L'ἀπόμοιρα era stata revocata da Tolemeo II Filadelfo nel 265-264 a.C. per supportare la creazione di un nuovo culto di Arsinoe Philadelphus. La revoca di questa tassa fu un duro colpo per la classe sacerdotale, che tentò ben presto di recuperare la propria rendita. La tassa venne, poi, imposta nuovamente da Tolemeo VIII Evergete II. Probabilmente i sacerdoti e i templi non pagavano questa tassa nel periodo tolemaico. Inoltre, la tassa veniva di solito definita con il termine di ἕκτη nei documenti greci di questo periodo, quando la rata era chiaramente di 1/10 della produzione, e in qualche casoanche nel periodo romano, quando ormai il pagamento era fissato per arura. Wallace 1939: 53.

[97] P. Wisc. 1, 27 = SB 12, 11245

ἐνάτου (ἔτους(?)) χα(λκοῦ) (τάλαντα) δύο πεντακισχείλ(ιαι)πεντακό(σιαι) λε, (γίνονται) [χα(λκοῦ)] (τάλαντα) β Εφλε,

ναυβ(ίου) χαλ(κοῦ) χείλ(ιαι) ἑπτακό(σιαι) νε, (γίνονται) χα(λκοῦ) Αψνε, ἐπαρουρίο(υ) χα(λκοῦ) (τάλαντα) τρία δισχείλ(ιαι)

ἑπτακό(σιαι(?)) κε, (γίνονται) χα(λκοῦ) (τάλαντα) γ Βψκε. σπ(ονδῆς) Διονύ(σου) (δραχμαὶ) ὀκτῷ̣, γ(ίνονται) (δραχμαὶ) η.

καὶ Πτ[ολέμα Διονυσίου ϛ´] ἀμπέλ(ου) Ἡφαιστι[άδος]

χα(λκοῦ) (τάλαντα) δύο, (γίνονται) χα(λκοῦ) (τάλαντα) β, ναυ[β(ίου)] χα(λκοῦ) ἑξακόσι(αι), (γίνονται) χα(λκοῦ) χ, ἐπ[αρο(υρίου) χα(λκοῦ) (τάλαντον) ἓν δισχίλ(ιαι),]

(γίνονται) χα(λκοῦ) (τάλαντον) α Β. Σπ(ονδῆς) Διονύ(σου) (δραχμαὶ) ὀκτώ, γ(ίνονται) (δραχμαὶ) η. καὶ ὑπὲρ . . .[[98].

Nel testo, poi, è presente anche un'altra ricevuta in cui si riportano i canoni di altre due tasse, il ναύβιον e l'ἐπαρούριον (rr. 10-17):

(mano 2) ἔτους ἑνδεκάτου Αὐτοκράτορος [Καίσαρος]

Οὐεσπασιανοῦ Σεβαστοῦ, Τῦβ(ι) λ μ̣ε̣τ̣(ὰ λόγον) [

διαγέγραπται διὰ Ἀπολλωνίου [χ(ειριστοῦ) πρακ(τόρων) ἀργ(υρικῶν)]

Πτολέμα Διονυσίου ϛ´ ἀμπέλ(ου) Ἡφ[αι]στιά[δος]

ἐνάτου (ἔτους) χαλκοῦ δεισχείλ(ιαι) δ[ιακό]σιαι π[εντήκοντα,]

(γίνονται) χα(λκοῦ) Βσν, ν̣α̣υ̣β̣(ίου) χ̣α̣(λκοῦ) ἑκατὸν εἴκοσι, (γίνονται) (γίνονται) χα(λκοῦ) ρκ,

ἐπαρουρίου χαλκοῦ χείλιαι πεντακόσ[ιαι,]

(γίνονται) χα(λκοῦ) Αφ[99].

[98] Trad.: 'Anno decimo dell'imperatore Cesare Vespasiano Augusto, Kaisareion 30 . . . Ha pagato Lucius Ignatius Fronto Tiberinus, attraverso Apollonios, assistente dell'esattore di tasse in denaro, per la sesta parte dell'orto (*apomoira*) di Philadelphia, per l'anno nove, 2 talenti 5535 drachme di rame, totale 2 talenti e 5535 drachme di rame; per il *naubion*, 1755 drachme di rame, totale 1755 drachme di rame; per l'*eparourion*, 3 talenti e 2725 drachme di rame, totale 3 talenti e 2725 drachme di rame. Per l'offerta a Dionysios, 8 drachme, totale 8 drachme. E per Ptolema, figlia di Dionysios, per un sesto sui vigneti (*apomoira*) di Hephaistias, 2 talenti di rame, totale 2 talenti di rame; per il *naubion* 600 drachme di rame, totale 600 drachme di rame; per l'*eparourion* un talento e 2000 drachme di rame, totale 1 talento e 2000 drachme di rame. Per l'offerta a Dionysios 8 drachme, totale 8 drachme. E per . . .'. Cfr. Shelton 1974: 45-50.

[99] Trad.: 'Anno undicesimo di Cesare Vespasiano Augusto, Tybi 30 . . .Ha pagato Ptolema, figlia di Dionysios, attraverso Apollonios, assistente all'esattore delle tasse in denaro, per un sesto sui vigneti (*apomoira*) di Hephaistias, per il nono anno, 2250 drachme di rame, totale 2250 drachme di rame; per il *naubion* 120 drachme di rame, totale 120 drachme di rame; per l'*eparourion* 1500 drachme di rame, totale

L'ἐπαρούριον era una tassa a canone fisso pagata circa duemila drachme di rame per arura sui vigneti e sugli orti sia privati sia pubblici. Sebbene l'ἀπόμοιρα sia stata calcolata come 1/6 o 1/10 della produzione dei vigneti e degli orti, mentre l'ἐπαρούριον era un canone fissato per arura, l'ammontare pare molto variabile nelle ricevute a noi prevenute.

Come già accennato, con l'avvento dell'amministrazione romana il sistema liturgico fu completamente riorganizzato. In realtà, il sistema delle *corvée* era già in uso con i faraoni, quando la popolazione egiziana era tenuta a scavare e ripulire i canali costruiti e a riparare le dighe, servizi proseguiti anche con i Tolemei. In epoca romana, invece, le prestazioni obbligatorie furono riorganizzate in modo tale che il contadino gestisse un certo numero di lotti di terra usati nella manutenzione del sistema delle dighe e dei canali per ciascun arura dei suoi appezzamenti. Tuttavia, i Tolemei avevano permesso ai cateci e ad altri proprietari di γῆ ἐν ἀφέρει di pagare, al posto di questa prestazione, una somma annuale fissa per ciascuna arura di terra, il χωματικόν. Dopo la conquista romana, questa tassa divenne una tassa pro capite pagata da tutti i cittadini dei *nomoi*, eccetto ovviamente le classi privilegiate, e il suo ammontare, uniforme in tutto l'Egitto, corrispondeva a sei drachme e quattro oboli all'anno. Questa somma fu uniformemente pagata per tutto il I sec. d.C., dal quattordicesimo anno di Nerone al sesto anno di Domiziano[100]. Diverse ricevute testimoniano che questa tassa era spesso pagata insieme alla *laographia* o al βαλανευτικόν, come O. Petr. Mus. 310 dell'82:

> διέγρ(αψε) Γερμανὸς Μενέφρωνος
>
> ὑπ(ὲρ) χω(ματικοῦ) Χά(ρακος) α (δραχμὰς) ἕξ (τετρώβολον) βα(λανευτικοῦ) (τετρώβολον) (ἡμιωβέλιον) (γίνονται) (δραχμαὶ) ζ (διώβολον) (ἡμιωβέλιον) κ(αὶ) προ(σδιαγραφόμενα).
>
> (ἔτους) α Δομιτιανοῦ τοῦ κυρίου
>
> Ἐπεὶφ λ ς. . . .λ( ) Ἀπίω(νος)[101].

Tra il sesto e l'undicesimo anno di Domiziano, poi, secondo Amundsen, la rata del χωματικόν sarebbe passata da sei drachme e quattro oboli a cinque drachme e due oboli per poi tornare nuovamente alla somma di sei drachme e quattro oboli[102]. In

1500 drachme di rame'. Shelton 1974: 45-50.

[100] SB 1, 3563 del 69 riporta una somma di 1 drachme e 2 oboli, ma probabilmente si trattava di un pagamento parziale; in O. Wilck. 443 del 76, invece, risulta una somma di 13 drachme e 2 oboli, forse però riferito a due persone.

[101] Trad.: 'Germanos, figlio di Menephronos, ha pagato per il χωματικον del quartiere di Charax (Tebe), (anno) 1, drachme 6 e 4 oboli, per il βαλανευτικόν 4 oboli e mezzo,cioè drachme 7 e 2 oboli e mezzo e i pagamenti aggiuntivi. Anno 1 di Domiziano signore, Epeiph 36'. La documentazione in nostro possesso mette in luce che, nelle ricevute provenienti da Tebe e dai quartieri tebani ubicati sulla riva destra del Nilo, venivano generalmente impiegati formulari, un cui i pagamenti erano spesso espressi in dracme impure. Cfr. anche O. Petr. Mus. 302 dell'80.

[102] Cfr. O. Oslo 7 (del 97 d.C.). Cfr. Amundsen 1933: 22- 23.

diverse ricevute, infatti, è testimoniato un pagamento di cinque drachme e due oboli[103]o di cinque drachme e cinque oboli[104]. Ciò nonostante, Wallace ha precisato che l'evidenza delle ricevute, alle quali fa riferimento Amundsen, non costituirebbe una prova incontrovertibile, perché nei testi è possibile che siano riportati, comunque, dei pagamenti parziali dell'intera rata. D'altra parte, in casi speciali, per lavori e riparazioni di argini, la rata poteva essere alterata. È sicuro, in ogni caso, che il χωματικόν consisteva nella somma in denaro equivalente al πενθήμερος, la *corvée* di cinque giorni ai canali[105]. Quest'ultima, infatti, era stata introdotta per coloro che non potevano sostenere il pagamento del χωματικόν. Augusto, dunque, trovò, subito dopo la conquista, il sistema di irrigazione e canali in pessimo stato, per cui egli cercò immediatamente di renderlo più efficiente. Per finanziare proprio questi lavori, pare che sia stato introdotto il χωματικόν a sei drachme e quattro oboli, che in aggiunta alle entrate del ναύβιον, permettevano la manutenzione dell'intero sistema di irrigazione egiziano. Nel periodo romano sono testimoniate due diverse rate del ναύβιον. Per i terreni catecici la tassa ammontava a cento drachme di rame per arura, con le προσδιαγραφόμενα a 1/10 e l'usuale pagamento di 1/60 per il κόλλυβος, mentre per la γῆ ἐν ἀφέρει erano pagate centocinquanta drachme di rame per arura con le προσδιαγραφόμενα a 1/5 più il costo del κόλλυβος. La tassa sui terreni catecici spesso viene definita nei documenti ναύβιον κατοίκων, come nel papiro BGU 15, 2525, dove quattro colonne di scrittura riportano ricevute di pagamenti per il terzo e il quarto anno di regno di Domiziano di due contribuenti di Herakleia[106]. Diversamente dalle altre tasse fondiarie, il ναύβιον non era imposto solo

[103] O. Wilck. 534 dell'undicesimo anno di Domiziano.

[104] O. Wilck. 483, O. Wilck. 484 e O. Wilck. 485 del 93 e del 94 d.C.

[105] Cfr. anche Capponi 2005: 142.

[106] BGU 15, 2525: I col. [ἔτους τρίτου Αὐτο]κρ̣[άτορος Καίσαρο]ς̣/ [Δο]μ̣(ιτιανοῦ) Σεβ(αστοῦ) Γ[ερμ(ανικοῦ)], Φ̣αρμοῦ(θι) κς η./ [Ἀ]πύγχ(ις) Τεσεφις να(υβίου) κ(ατ)οί(κων) τρίτο(υ) (ἔτους)/ [Ἡ]ρ̣ακ(λείας) τῆ(ς) Θεμ(ίστου μερίδος) χ̣α̣λ̣κ̣οῦ (δραχμὰς) Αοε,/ πρ̣(οσδιαγραφομένων) χ(αλκοῦ) ρ̣ι̣, κο(λλύβου) χ(αλκοῦ) κ/ [Τ]α̣βοῦς Τ̣ε̣σ̣[ιή]ους να(υβίου) κ(ατ)οί(κων) τρίτο(υ) (ἔτους)/ [Ἡ]ρακ̣(λείας) τῆ(ς) Θεμ(ίστου μερίδος) χ(αλκοῦ) υ̣, [π]ρ(οσδιαγραφομένων) χ(αλκοῦ) μ, [κο(λλύβου)] χ(αλκοῦ) ι. Trad.: 'Terzo anno dell'imperatore Cesare Domiziano Augusto Germanico, Pharmouthi 26 8. Apynchis, figlio di Tesenouphis, per il *naubion* sui terreni catecici del terzo anno a Herakleia nel demo di Themistos 1075 drachme di rame; per i pagamenti aggiuntivi 110 drachme di rame; per il cambio 20 drachme di rame. Tabous, figlia di Tesies, per il *naubion* sui terreni catecici del terzo anno a Herakleia nel demo di Themistos 400 drachme di rame; per i pagamenti aggiuntivi 40 drachme di rame; per il cambio 10 drachme di rame'. II col. (mano 2) ἔτους τρίτ(ου) Αὐτοκράτορος Καίσαρος Δομ(ιτιανοῦ)/ Σεβ(αστοῦ) Γερμανικοῦ, Φαρμ(οῦθι) κς η./ Ἀπύγχ(ις) Τεσεφ (εως) ἀρ(ιθμητικοῦ) κ(ατ)οί(κων) Ἡρακ(λείας)/ Θεμ(ίστου μερίδος) τρίτο(υ) (ἔτους) (δραχμὰς) εἴκοσι [ὀ]κτὼ (τριώβολον),/ (γίνονται) <(δραχμαὶ)> κη (τριώβολον), π̣(ροσδιαγραφομένων) α (πεντώβολον), σ(υμβολικοῦ) (τριώβολον)/ καὶ Ταβοῦς Τεσιήους ἀ̣ρ̣(ιθμητικοῦ) κ(ατ)οί(κων) Ἡρακ(λείας)/ Θεμί(στου μερίδος) τρίτο(υ) (ἔτους) (δραχμὰς) δεκαέξ, (γίνονται) <(δραχμαὶ)> ις,/ π̣(ροσδιαγραφομένων) α, σ̣(υμβολικοῦ) (τριώβολον). Trad.: 'Terzo anno dell'imperatore Cesare Domiziano Augusto Germanico, Pharmouthi 26 8. Apynchis, figlio di Tesenouphis, per l'*arithmetikon* sui terreni catecici a Herakleia nel demo di Themistos per il terzo anno 28 drachme e 3 oboli, totale 28 drachme e 3 oboli; per i pagamenti aggiuntivi 1 drachma e 5 oboli; per la ricevuta 3 oboli. E Tabous, figlia di Tesies, per l'*arithmetikon* sui terreni catecici a Herakleia nel *demo* di Themistos per il terzo anno 16 drachme, totale 16 drachme; per i pagamenti aggiuntivi 1 drachma; per la ricevuta 3 oboli'. III col. (mano 3) ἔτους δ Αὐτοκ̣ρ̣ά̣τ̣ο̣ρ̣ο̣ς̣ Καίσαρος Δομ(ιτιανοῦ) Σεβ(αστοῦ)/ Γερμ(ανικοῦ), Γερμ(ανικείου) ιε θ̣./ [Ἀ]πύγχ(ις) Τεσε[ν]ούφ̣ε̣ω̣ς̣/ ν̣α(υβίου) κ(ατ)οί(κων) τετάρτου (ἔτους) Ἡρακ(λείας) Θε(μίστου μερίδος)/ χαλκοῦ (δραχμὰς(?)) Α̣οε, πρ(οσδιαγραφομένων) χ(αλκοῦ) ρι, κο(λλύβου) χ(αλκοῦ) κ. Trad.: 'Anno quarto dell'imperatore Cesare Domiziano Augusto Germanico, Germanikeios 15 9. Apynchis, figlio di Tesenouphis, per il *naubion* sui terreni catecici per il quarto anno a Herakleia nel demo di Themistos 1075 drachme di rame; per i pagamenti aggiuntivi 110 drachme di rame; per il cambio 20 drachme di rame'. IV col. ἔτους δ Αὐτοκρά(τορος) Καίσαρος Δομ(ιτιανοῦ) Σεβ(αστοῦ)/ Γερμ(ανικοῦ), Γερμ(ανικείου) ιε θ̣.

sui vigneti e sugli orti, ma includeva anche i campi di grano e probabilmente anche gli altri tipi di terreni, eccetto la ἱερὰ γῆ[107]. La posizione eccezionale di quest'ultima classe di terra era, senza dubbio, dovuta al fatto che nel periodo tolemaico i sacerdoti avevano mantenuto i loro privilegi di esenzione dalle *corvée*, che avevano acquisito già con i faraoni. Il ναύβιον, inoltre, era spesso pagato insieme con l'ἀπόμοιρα e l'ἐπαρούριον. È probabile, quindi, che i proventi di queste tasse, così come quelli del χωματικόν, fossero utilizzati per pagare il lavoro svolto sul sistema di irrigazione, che non veniva esaurito solo con il lavoro delle *corvéè*.

3.3. Imposte sui monopoli

L'agricoltura non era la sola industria che pagava tributi al tesoro nel periodo tolemaico e romano. Per garantire il massimo profitto dalla produzione e dalla vendita di merci varie, i Tolemei avevano sviluppato diversi monopoli sulla manifattura, l'importazione e la vendita di determinati prodotti. Grazie a una rigorosa regolazione della produzione di tali materie prime, con la monopolizzazione e con tariffe proibitive contro la loro importazione da parte di commercianti privati, i Tolemei erano in grado, infatti, di impostare prezzi molto alti e, così, di garantire un aumento delle entrate per il tesoro reale. Per proteggersi da eventuali perdite, poi, i monopoli erano stati appaltati ai migliori offerenti, ma la supervisione e la regolamentazione di questi era un problema estremamente complesso, che comportava una stretta sorveglianza per evitare frodi e estorsioni. Per mantenere il controllo di questi monopoli e ricavare il maggior profitto, gli agenti finanziari del re potevano demandare il diritto proprio del re su di essi a un singolo individuo, che, per il privilegio, avrebbe pagato una determinata somma, oppure potevano rinunciare del tutto al monopolio e lasciare a un numero illimitato di individui di impegnarsi in quello specifico settore e valutare una tassa sui profitti. Questo numero, comunque, era limitato dallo sviluppo delle corporazioni commerciali, che definivano un preciso numero di persone impegnate in quel commercio sotto il loro controllo. L'esistenza di tali corporazioni rese, nel periodo tolemaico, l'amministrazione delle imposte sui commerci molto più efficace. Questi metodi, poi, furono perlopiù mantenuti dall'amministrazione romana, anche se effettivamente si resero necessari diversi cambiamenti per ottenere un maggior numero di profitti. Con i Romani molti monopoli esistenti nel periodo tolemaico, vennero in parte o del tutto abbandonati, ma si mantennero le tasse già esistenti su alcuni di essi. Il più importante dei monopoli tolemaici era la produzione e la vendita di oli di semi usati nell'alimentazione e come combustibile. Questo monopolio sembra l'unico a essere sparito col passaggio alla dominazione romana[108]. Le tasse corrispettive,

Ταβοῦς/ Τẹ[σιή]ους ν̣α̣(υβίου) κ(ατ)οί(κων) τετ̣[άρ]του (ἔτους)/ Ἡρακ(λείας) Θε̣μ̣(ίστου μερίδος) χ(αλκοῦ) υ̣, π̣ρ̣(οσδιαγραφομένων) χ(αλκοῦ) μ̣, [κο(λλύβου)] χ(αλκοῦ) ι. Trad.: 'Anno quarto dell'imperatore Cesare Domiziano Augusto Germanico, Germanikeios 15 9. Tabous, figlia di Tesies, per il *naubion* sui terreni catecici per il quarto anno a Herakleia nel demo di Themistos 400 drachme di rame; per i pagamenti aggiuntivi 40 drachme di rame; per il cambio 10 drachme di rame'. L'*arithmetikon katoikon* era pagato annualmente con un canone fisso. Cfr. Daniel e Sijpesteijn 1985: 47-59.

[107] Wallace 1939: 61.

[108] Vd. anche Wallace 1939: 183-187.

la cui natura purtroppo rimane incerta, chiamate ἐλαική, risulterebbero solo con Augusto e nel primo anno di regno di Tiberio per poi scomparire del tutto. Un altro monopolio era poi quello del papiro, di estrema importanza sia per l'uso quotidiano sia per quello ufficiale. Nel periodo tolemaico esisteva una tassa chiamata χαρτηρά, di cui si ha riscontro anche con i Romani, sebbene risulti assente nei documenti del periodo dei Flavi. Anche la produzione della birra rientrava nel controllo dell'Impero romano, ma poteva essere concessa in appalto a compagnie private e templi. I produttori di birra pagavano poi una tassa per la licenza chiamata φόρος ζυτοποιῶν, mentre i consumatori la tassa ζυτηρά. Con i Romani la tassa era riscossa *pro capite*, ma purtroppo i dettagli del pagamento sono sconosciuti. Anche l'ammontare non parrebbe ben determinato, tanto che in alcune ricevute risulta un pagamento di quattro o otto drachme, mentre in altre si arriverebbe a una somma di ventotto drachme. Un papiro del 91, per esempio, riporta un pagamento di otto drachme, PSI 3, 181:

(ἔτους) δεκάτου Αὐτοκράτορος Καίσαρος Δομιτιανοῦ

Σεβαστοῦ Γερμανικοῦ, Παχὼν δευτέρᾳ καὶ ε̣ἰ̣κάτι \κβ/,

διάγραψεν Σωτήριχος Λυκᾶτος ἡγο(υμεν) τῶ̣ν̣ τ̣ι̣ . . . .

ἀπὸ τιμῆς ζύτου ἐπὶ λόγου ἀργυρίου δραχμὰς

ὀκτώι· (γίνονται) (δραχμαὶ) η. καὶ τῆι κη ἐπὶ λόγου ἄλλ(ας) δραχ(μὰς) δεκαδύο̣ (γίνονται(?)) (δραχμαὶ(?)) [ιβ].

καὶ Πα[ῦ]νι κη ἐπὶ λόγ(ου) ἄλλας δραχμὰς δεκαενν[έα] (γίνονται) (δραχμαὶ) ιθ[109].

Per Wallace la ζυτηρά non era una tassa del consumatore, ma una tassa *pro capite* imposta dalla legge romana, quando il monopolio della produzione della birra era decaduto specie a causa della produzione privata[110]. Questa teoria, tuttavia, parrebbe confutata dalle attestazioni di questa tassa nel II-I sec. a.C. Attualmente si crede dunque che la tassa sulla birra fosse imposta su ogni produttore e venditore di birra[111]. Anche i bagni erano considerati un monopolio, sebbene esistessero comunque bagni privati. Secondo Wallace, i bagni pubblici furono creati nel periodo tolemaico per l'élite greco-macedone, in relazione al ginnasio. Ad ogni modo, esistevano già allora bagni in possesso di privati, che dovevano pagare al governo tolemaico una tassa per la licenza chiamata βαλανεῖον, φόρος βαλανείου o τρίτη βαλανείου. L'amministrazione romana mantenne, poi, molti bagni pubblici già esistenti e ne costruì di nuovi, continuando a riscuotere la tassa tolemaica. Wallace

[109] Trad.: 'Anno decimo dell'imperatore Cesare Domiziano Augusto Germanico, Pachon 22, Soterikos figlio di Lukatos ha pagato . . . per il prezzo della birra per questo motivo 8 drachme d'argento, totale 8 drachme. E per questo motivo, (mese?) 28, altre dodici drachme, totale 12 drachme. Pauni 28 per questo motivo altre 19 drachme, totale 19'. Cfr. Harrauer (2006 [2008]): 139-142.

[110] Wallace 1939: 187-188.

[111] Vd. anche Capponi 2005: 145.

ha creduto ancora che nel periodo augusteo ci fossero tre tipi di imposte sui bagni: una tassa *pro capite* obbligatoria per tutti, sia se si usassero o meno i bagni, un biglietto d'ingresso per i bagni pubblici e una terza tassa per i bagni privati[112]. Bagni pubblici erano presenti soprattutto nel Fayoum, a Caranis, a Theadelphia e a Tebe. La scarsità di ricevute per il basso Egitto sembra tuttavia indicare che qui non vi fosse grande bisogno dell'imposta sui bagni, poiché in questa zona forse i Greci avevano sviluppato più diligentemente le loro istituzioni sociali. Diversa la questione nell'alto Egitto, dove l'opposizione alla tassa veniva in particolare da parte degli Egiziani nativi, i quali non sentivano alcuna esigenza nel sostenere i bagni pubblici, che per loro significavano unicamente una maggiore pressione fiscale senza alcuna utilità. Ciò nonostante, nell'alto Egitto i Greci non si erano stabiliti in numero sufficiente da far sviluppare l'istituzione del ginnasio e i Romani furono costretti a creare nuovi bagni pubblici e a imporre la tassazione, essendo questa una necessità dei cittadini romani stessi. La maggior parte delle ricevute del βαλανευτκόν per il nostro periodo provengono da Tebe, dove, sappiamo, esistevano già prima della conquista romana molti bagni privati, i cui proprietari furono incoraggiati dalla nuova amministrazione a trasformarli in bagni pubblici. La tassa solitamente ammontava a due drachme l'anno per tutti gli abitanti, sia che essi facessero o meno utilizzo dei bagni pubblici. Per far fronte all'ingente lavoro di prelievo fiscale, gli esattori permettevano che la tassa fosse pagata in due rate. La prima rata di una drachma e un obolo e mezzo era pagata insieme alla *laographia* di dieci drachme, per un totale di undici drachme e un obolo e mezzo. Un esempio è l'*ostrakon* SB 6, 9117 del 95 d.C.:

διέγρ(αψεν) Ἰσίδωρος Σενμαῦ̣(τος)

ὑπ(ὲρ) λαο(γραφίας) Χά(ρακος) ιδ (ἔτους) δέκα , βα(λανευτικοῦ) α (ὀβολὸν) α,

(γίνονται) (δραχμαὶ) ια (ὀβολὸς) α, κ(αὶ) προ(σδιαγραφόμενα). (ἔτους) ιδ Δομιτιανοῦ

τοῦ κυρίου Παῦνι λ‡ιγ

Σω( ) σ(εσημείωμαι)[113].

Se la prima rata era pagata tra i mesi di gennaio e marzo, la seconda rata, invece, era pagata tra giugno e dicembre. Quest'ultima sommava il pagamento della tassa sui bagni di quattro oboli e mezzo[114] e il χωματικόν di sei drachme e quattro oboli, per un totale di sette drachme e due oboli e mezzo, come in O. Ont. Mus. 2, 83 del regno di Vespasiano (71 d.C.):

διαγέγρα(φε) Ψεναμο(ῦνις) πρε(σβύτερος) Ὥρο(υ)

[112] La tassa sui bagni privati era la cosiddeta τρίτη βαλανείου, che corrispondeva a 1/3 dei profitti era già stata stabilita dai Tolemei.

[113] Trad.: 'Anno 14, Isidorus, figlio di Senmaus, ha pagato 10 drachmeper la tassa *pro capite* a Charax, e per la tassa sui bagni 1 drachma e 1 1/2 oboli, in totale 11 drachme 1/2 oboli, e i pagamenti aggiuntivi. Anno 14 di Domiziano signore, Pauni 313 (?). Io, Socrates, ho firmato'.

[114] O. Heid. 51 del 71; O. Heid. 166 dell'80-81.

ὑπ(ὲρ) χω(ματικοῦ) Ἀγο(ρῶν) Νό(του) γ (ἔτους) [(δραχμὰς)] ϛ̣ξ̣ (ὀβολοὺς 4(?)) [βα(λανευτικοῦ)] (ὀβολοὺς) δ

(γίνονται) ζ (ὀβολοὶ) β κ(αὶ) προ(σδιαγραφόμενα). (ἔτους) γ Αὐτοκράτορος

Καίσαρος Οὐεσπασιανοῦ Σεβαστοῦ

μη(νὸς) Καισ[αρείου] κη[115].

Se venivano inclusi i cambi il pagamento poteva anche arrivare a sette drachme e cinque oboli. Il βαλανευτκόν era regolarmente riscosso da ufficiali statali e in particolare nel I sec. dal πράκτωρ βαλανείου. Tra le diverse ricevute conservate a Tebe molte sono rilasciate dai τελῶναι θησαυροῦ ἱερῶν, come O. Strasb. 2, 821 con Domiziano:

Ἀπ̣ίω(ν) κ̣α̣ὶ̣ μ̣(έτοχοι) τ̣[ελ(ῶναι) θησ(αυροῦ)] ἱ̣ε̣ρ̣ῷ̣(ν) ι̣β̣ (ἔτους(?))

Π̣ε̣τ̣ε̣χεσπ(οχράτῃ) Τ̣ιθ̣ο̣υή(ους) Ψ̣ε̣ν̣ο̣σ(ίριος)

χ(αίρειν). ἔ̣σ̣χο(μεν) π̣α̣ρ̣ὰ (σοῦ) τὸ βαλ̣(ανευτικὸν) τ̣ο̣ῦ α̣(ὐτοῦ) ιβ̣ ((ἔτους))

Δομιτιανοῦ τοῦ κυρίου Θ̣ὼ̣τ̣ δ[116].

Questo tipo di ricevuta è rilasciata solitamente nei mesi estivi e l'importo della tassa non è quasi mai riportato. La parola θησαυρός dovrebbe riferirsi al granaio e suggerirebbe, quindi, un pagamento in natura. Si dubita comunque che il pagamento della tassa sui bagni potesse essere fatto in natura, giacché la quasi totalità delle ricevute riporta pagamenti in denaro. Nonostante ciò, alcuni documenti avrebbero accertato la possibilità di pagamenti in natura anche per questa tassa al posto di pagamenti in denaro, soprattutto per i bagni che erano possesso dei templi[117].

3.4. Tasse sugli animali

La proprietà privata degli animali domestici si sviluppò gradualmente, in modo analogo allo sviluppo della proprietà privata della terra, cioè il possesso degli animali domestici era stato concesso in perpetuo ai privati in cambio del pagamento di un canone annuale corrispondente. Non vi è prova che nel periodo romano vi fosse un φόρος pagato per l'affitto di asini e cammelli. Nel periodo tolemaico e romano, comunque, la grande importanza delle entrate sul grano rese i trasporti ad Alessandria una delle prime preoccupazioni dell'amministrazione della provincia.

[115] Trad.: 'Ha pagato Psenamunis, più anziano di Orus, per il χωματικον a Agoron Notus, anno 3, drachme 6 oboli 4, per la tassa sui bagni oboli 4, totale 7 (drachme) e 2 oboli e i pagamenti aggiuntivi. Anno 3 dell'imperatore Cesare Vespasiano Augusto, Kaisareios 28'.

[116] Trad.: 'Apione e i suoi colleghi appaltatori del granaio sacro, anno 12. A Petekesprokrate, figlio di Titueus, Psenosirius, abbiamo presso di te il βαλανευτκόν dello stesso 12, Domiziano signore, Thot 4›.

[117] O. Strasb. 440. Cfr. Wallace 1939: 157.

I δημόσιοι ὄνοι erano ingaggiati nei trasporti del grano o in altri servizi statali. Il compenso per questi trasporti non era sufficiente alla sussistenza, per cui lo Stato fu costretto a ricorrere alla liturgia chiamata ὀνηασία, per la quale esisteva il corrispettivo con i cammelli (καμηλοτρόφος). I proprietari di altri animali diversi da queste bestie da soma, comunque, continuarono a pagare tasse annuali per il loro utilizzo. Ricevute di tasse pagate su altri tipi di animali sono tuttavia piuttosto rare. Poche sono, in generale, le ricevute di tasse sugli animali conservate, che risalgono al regno dei Flavi.

Una delle poche attestazioni è la tassa sui maiali chiamata ὑική, il cui pagamento solitamente era fatto insieme con il *syntaximon* con una rata di una drachma e un obolo, come in BGU 15, 2533 dell'88-89 d.C.:

[ἔτους ὀγδό]ου Αὐτοκράτορο[ς Καίσαρος]

[Δομιτιανο]ῦ̣ Σεβαστοῦ Γερμανικοῦ̣, [διέγρ(αψε)]

[Στοτο(?)]ῆ̣τις Ζηνᾶτος Σος.[

[. . . . . συ]ν̣ταξί(μου) τοῦ αὐτοῦ η ἔ[τους δραχ(μὰς)]

[ὀκτώ], (γίνονται) (δραχμαὶ) η, Χοί(ακ) λ ἐντ(ὸς λόγου) ς [(δραχμὰς) ὀκτώ, (γίνονται) (δραχμαὶ) η][

[δρα]χ(μὰς) ὀκτὼ (ἡμιωβέλιον) (χαλκοῦς 2) α (ὀβολόν), (γίνονται) (δραχμαὶ) η [(ἡμιωβέλιον) (χαλκοῖ 2) α (ὀβολόν),

[δρα]χ̣(μὰς) ὀκτώ, (γίνονται) (δραχμαὶ) η, Σωτ[ηρίου δραχ(μὰς) δεκαδύο],

[(γίνονται) (δραχμαὶ)] ιβ[118].

La rata effettiva, in realtà era di una drachma e quattro chalkoi, a cui si aggiungevano altri quattro chalkoi per il cambio. Nel periodo tolemaico le ἀπογραφαι sui maiali indicano che anche allora erano presenti tasse su questi animali. Le tasse sugli altri animali, come le pecore o i cammelli, erano uniformi all'interno di ogni *nomos* per tipologia di animale. Tali imposte, comunque, sono da considerare delle tasse di licenza piuttosto che delle tasse di proprietà. La differenza proporzionale delle rate di pagamento, in base all'utilità dell'animale, non era altro che un mezzo del governo di ottenere più entrate possibili.

[118] Trad.: 'Anno ottavo dell'imperatore Cesare Domiziano Augusto Germanico, ha pagato Stotoetis figlio di Zenas figlio di Sos . . . per il *syntaximon* dello stesso anno ottavo . . .drachme 8, totale drachme 8; Choiak 30, per la contabilità del sesto, 8 drachme, totale drachme 8 . . . 8 drachme e mezzo obolo 2 chalkoi 1 obolo , totale drachme 8 mezzo obolo 2 chalkoi 1 obolo . . . drachme 8, totale drachme 8, Soterios . . . drachme 12, totale drachme 12'.

3.5. Altre Tasse

Per sostituire il gettito fiscale che i Tolemei ricavavano dai numerosi monopoli, il governo romano in Egitto fece ricorso alle imposte sui commerci e queste tasse divennero sempre più importanti per l'amministrazione della provincia. Dei due tipi di tassazione sui commerci i Romani favorirono le tasse *pro capite* su tutte le persone impiegate in questi settori piuttosto che le tasse fissate in base alla percentuale dei profitti. Le tasse *pro capite*, d'altra parte, come abbiamo visto, erano una delle caratteristiche della politica finanziaria romana in Egitto, probabilmente perché erano la soluzione più semplice al problema immediato di assicurare entrate costanti. Anche in questo campo erano presenti le corporazioni alle quali erano demandate le varie operazioni, che permettevano al governo di ottenere informazioni dettagliate sui membri, in modo tale che la valutazione generale delle tasse sul commercio potesse essere fatta con un gettito relativamente stabile e sicuro. Alcune tasse sugli utili, tuttavia, variavano di anno in anno a causa delle fluttuazioni della prosperità nazionale. In alcuni casi, pare che i due tipi di tassazione siano stati combinati per specifici commerci, dal momento che le tasse pro capite erano valutate con rate diverse sulle diverse classi di artigiani e in base al reddito che questi ultimi ricavavano dall'esercizio di quel dato commercio. Le tasse *pro capite* sui commerci erano solitamente chiamate χειρωνάξια. In molte ricevute, comunque, la parola χειρωνάξιον non è utilizzata o non viene specificato per cosa era fatto il pagamento della tassa. La conoscenza dei settori in cui il governo continuava a esercitare il monopolio permise alle imprese private di calcolare i possibili profitti. Le tariffe, poi, erano pubblicate in γνώμονες, che erano mandati ai funzionari locali. I ricavi attesi da questi commerci in una determinata località, così, potevano essere determinati moltiplicando la rata per la tassa nello *gnomon* con il numero di persone impegnate nel commercio di quel prodotto. Gli *amphodarchi* nelle città e i *komogrammateis* nei villaggi, infatti, erano tenuti a preparare un rapporto di tutte le persone impegnate nel proprio distretto in quel determinato commercio. I funzionari locali potevano fare riferimento per i propri rapporti anche alle dichiarazioni di censimento o alle corporazioni. Sono state trovate più imposte sulla tessitura che su qualsiasi altro commercio. D'altra parte, però, la maggior parte delle ricevute pervenuteci che riportano il pagamento del χειρωνάξιον non specificano a quale tipo di commercio si riferiscono. È questo il caso di diversi *ostraka* provenienti da Elephantine[119], come SB 5, 7587 del regno di Domiziano (94-95 d.C.):

> [δι]έγραψ(εν) Παχνο(ῦβις) Ψενχνο( )
>
> ὑπ(ὲρ) χι(ρωναξίου) ιδ (ἔτους) Δομιτιανοῦ
>
> τοῦ κυρίου ἐπὶ λ(όγου) (δραχμὰς) ιθ. ὁμ(οίως) (δραχμὴν) α (διώβολον).
>
> (γίνονται) (δραχμαὶ) κ (διώβολον).

[119] Cfr. anche SB 5, 7585 del 71-72; SB 22, 15806 del 78. Cfr. Nelson 1995: 259-262.

Σωκράτα πράκ(τωρ) ἔγραψ(α)[120].

Gli importi riportati nelle diverse ricevute sono molto diversi anche solo per Elephantine, per cui è molto difficile ipotizzare un importo generale per la tassa, soprattutto perché in molti casi non viene specificato il prodotto commerciato a cui ci si riferisce. A volte il pagamento di questa tassa ricorre insieme a pagamenti di altre tasse *pro capite*, come per esempio la *laographia*[121].

Una delle più importanti tasse indirette, di cui possediamo documenti nell'età Flavia, è l'ἐγκύκλιον. Nel periodo tolemaico si riferiva a una tassa a tasso variabile da versare allo Stato in percentuale sui contratti e le transazioni commerciali. Con i Romani questa tassa indiretta fu applicata alle vendite, alle manomissioni di schiavi, alle donazioni e ai mutui. La maggior parte delle ricevute conservate del nostro periodo, però, non specificano il motivo del pagamento e non presentano l'ammontare della rata, giustamente perché esso era implicito essendo una percentuale fissa sul prezzo pattuito[122]. La ricevuta O. Heid. 167 riporta il pagamento di questa tassa durante il regno di Tito (21 giugno dell'81):

διέγρ(αψεν) Σενψενμώ(νθης) Ἐπωνύχο(υ)

ὑπ(ὲρ) ἐνκ(υκλίου) Μεμνο(νείων) γ (ἔτους) (1 1/2 ὀβολοὺς). (ἔτους) γ Τίτου

Καίσαρος τοῦ κυρίου

Ἐπεὶφ κζ[123].

Le rate solitamente potevano variare tra 11/2 oboli e due drachme ed erano riscosse ogni anno, a volte insieme ad altre tasse come la *laographia*. L'ἐγκύκλιον, in questo periodo, ammontava al 10% del prezzo della vendita. Ne abbiamo riscontro in una vendita di proprietà, che risulta soggetta a questa tassa, P. Oxy. 12, 1462 (rr. 23-40):

[120] Trad.: 'Ha pagato Paknybis figlio di Psenko . . .per il χειρωνάξιον, anno 14 di Domiziano signore, per questo motivo drachme 19. Allo stesso modo 1 drachma e 2 oboli. Totale drachme 20 e 2 oboli. L'esattore Socrata ha firmato'.

[121] SB 6, 9604 n. 7, del 90-91: διέγραψ(εν) Πατσῖβ(τις) Π[ετορ(ζμήθιος)]/ Πετορ(ζμήθιος) ὑπ(ὲρ) λαο[γ]ραφ(ίας) δεκάτου (ἔτους)/ Δομιτιάνοῦ τοῦ κυρίου ἐπὶ λ(όγου)/ (δραχμὰς) τέσσαρας (γίνονται) (δραχμαὶ) δ. ὁμο[ίως (δραχμὰς) δ (γίνονται) (δραχμαὶ) η. ὁ]μ(οίως) (δραχμὰς) δ/ (γίνονται) (δραχμαὶ) ιβ. ὁμοίως (δραχμὰς) γ [(γίνονται) (δραχμαὶ) ιε. ὁμ(οίως) (δραχμὴν) α (γίνονται) (δραχμαὶ) ις.]/ Σωκράτη(ς) πράκ(τωρ) ἔ[γραψ(α).]/ ὁ αὐτὸς ὁμ(οίως) [ὑπ(ὲρ) χει(ρωναξίου) ι (ἔτους)] ἐπὶ λ(όγου) (δραχμὰς) γ. ὁμοίως/ [ἄλλας (δραχμὰς)δ] (γίνονται) (δραχμαὶ(?)) ζ. ὁ[μοίως] (δραχμὰς) δ (γίνονται) (δραχμαὶ) ια./ ὁμοίως (δραχμὴν) α (γίνονται) (δραχμαὶ) ι[β]./ Σωκράτης πράκ(τωρ) ἔγρα(ψα). Trad.: 'Ha pagato Patsibtis figlio di Petorzmetios figlio di Petorzmetios per la *laographia* nell'anno decimo di Domiziano signore per questo motivo quattro drachme, totale drachme 4. Allo stesso modo drachme 4, totale drachme 8. Drachme 4, totale drachme 12. Allo stesso modo drachme 3, totale drachme 15. 1 drachma, totale drachme 16. L'esattore Sokrates ha firmato. Lui stesso ugualmente per il χειρωνάξιον, nell'anno decimo per questo motivo drachme 3. Altre 4 drachme, totale drachme 7. Allo stesso modo drachme 4, totale drachme 11. 1 drachma, totale drachme 12. L'esattore Sokrates ha firmato'.

[122] Cfr. SB 22, 15515 del 74; O. Heid 170 dell'84; O. Cair. 52 del 91; O. Cair. 54 del 96.

[123] Trad.: 'Ha pagato Senpsenmonthes figlio di Eponuchos per l'ἐγκύκλιον di Mnemoneia, nell'anno terzo, 1 obolo e mezzo. Anno 3 di Tito Cesare signore, Epeiph 27'.

β (mano 2) Ταρουτιλλίῳ τῷ πρὸς τοι κ(αταλο)χ(ισμοῖς)
διὰ Πλουτάρχ(ου) χειριστοῦ
παρὰ Δημη[τρ]ίου τοῦ Καλ-
λίου τῶν ἀπὸ κώμης Σιναρὺ
τῆς κάτω τοπαρχίας. πα-
ρακεχώρημαι σὺν ἑτέ-
ροις ὑπάρχουσι ὑποπείπτο(υσιν)
ἐνκυκλίῳ καθ' ὁμολο-
γίαν τὴν τελειωθεῖσαν
διὰ τοῦ τῆς Νώεως καὶ
ἄλλων κωμῶν [τῆ]ς
Ἀλεξανδρέων χώρας
γραφίου τῷ Παῦνι μηνὶ
τοῦ διελθόντος δευτέ-
ρου ἔτους Αὐτοκράτ̣ο̣[ρος]
Καίσ[α]ρος Δομιτιανοῦ Σεβ[α(στοῦ)]
[Γερμ]ανικοῦ παρ̣ὰ̣ Εὐτυχ( )
[. . . . . . . τ]ο̣υ̣ [. . . . .]α̣νου[ς(?)][124].

Questo papiro dell'83-84 d.C. contiene due documenti, inviati all'ufficiale del registro delle terre cateciche. I dichiaranti sono persone alle quali erano state cedute delle

[124] Si riporta in questa sede solo la seconda colonna del papiro che si riferisce alla nostra tassa (rr. 23-40). Trad.: 'A Tarutillius, addetto al *katalochismos*, attraverso il suo amministratore Plutarchus, da Demetrius figlio di Callias, residente nel villaggio di Sinaru nella bassa *toparchia*. Io ho ceduto con altre proprietà soggette alla tassa dell'έγκύκλιον, da un contratto eseguito attraverso l'ufficio di registrazione di Nois e altri villaggi nel territorio degli Alessandrini nel mese di Pauni del passato secondo anno dell'imperatore Cesare Domiziano Augusto Germanico, da Eutych . . .figlio di . . .figlio di . . .'. Cfr. anche Grenfell e Hunt 1916: 185-186.

proprietà fondiarie, ma, a causa dello stato di conservazione e alla perdita delle conclusioni, il preciso scopo delle notifiche è sconosciuto. La nostra parte di testo menziona un contratto eseguito attraverso l'ufficio di registrazione del villaggio, che era sostanzialmente l'equivalente dell'ἀγορανομεῖον delle *metropoleis*.

Conclusioni

Al termine delle riflessioni e delle analisi specifiche svolte nei singoli capitoli del presente lavoro pare lecito trarre le somme. Nel corso della discussione si è tentato di mettere a fuoco la provincia d'Egitto durante il periodo di dominazione flavia con l'intento di fornire una sintesi e un esame più calibrato dell'organizzazione tecnica ed economica del paese in un periodo storico che ancora parrebbe complesso voler definire nella sua completezza. Una simile operazione ha reso necessario partire dalle varie fonti documentarie (papiri, *ostraka*, epigrafi e tavolette lignee) che portavano testimonianza degli aspetti che si intendeva maggiormente porre in rilievo. I testi esaminati sono pertanto stati attentamente selezionati nel contesto dell'ampio materiale disponibile raccolto. In effetti, l'idea del lavoro nasceva appunto dalla necessità di produrre uno studio unitario che includesse e trattasse di tali questioni per il solo regno dei Flavi e dedicato unicamente all'Egitto, ponendo attenzione e rilievo ai vari aspetti dell'amministrazione romana (senza tralasciare questioni cosiddette minori[1]).

Lavori precedenti si sono concentrati in particolar modo sul periodo storico augusteo o su quello immediatamente successivo dei Giulio-Claudi mentre solo alcuni aspetti dell'amministrazione flavia in Egitto erano stati già sparsamente esaminati da autori precedenti, anche se le trattazioni sono in fondo risultate spesso concentrarsi specie su determinati aspetti. Il presente lavoro invece partendo dai dati desunti dalla documentazione in possesso ha tentato di trarne informazioni che comprendessero non solo gli aspetti storici del periodo indagato ma allo stesso tempo anche quelli amministrativi e fiscali della provincia egiziana ponendoli in un unico e definito studio contestualizzato.

Nello specifico, particolare riguardo si è effettivamente riservato soprattutto a quelle tematiche che hanno reso l'era dei Flavi in Egitto maggiormente 'innovativa' rispetto alle amministrazioni precedenti. Diversi paiono i cambiamenti che si sono potuti, in effetti, riscontrare durante la trattazione e che hanno reso il periodo dei Flavi unico e di fondamentale esperienza per i successivi imperatori. Proprio durante il regno di Vespasiano, a quanto pare, venne creato un nuovo registro delle proprietà reali, la βιβλιοθήκη τῶν ἐγκτήσεων, che ricopriva anche la funzione di archivio degli atti di proprietà. Le testimonianze di cui si è discusso sembrano confermare, dunque, che fu proprio sotto i Flavi che la βιβλιοθήκη τῶν ἐγκτήσεων venne a separarsi, come ufficio autonomo, dall'archivio degli atti pubblici, la βιβλιοθήκη τῶν δημοσίων λόγων. Tuttavia, l'età flavia non sembra evidenziare nella struttura amministrativa e in particolare nella gerarchia dei funzionari romani

[1] Come i documenti papiracei, utilizzati nella prima parte della trattazione, che provano ad arricchire il quadro delle questioni storiche sull'ascesa della dinastia flavia stessa.

novità di rilievo, anche se non si può escludere che tale opinione sia dovuta ancora alla scarsità della documentazione in proposito. Per l'ambito fondiario, d'altra parte, molti cambiamenti erano già avvenuti negli anni della dinastia giulio-claudia, ma si dovrebbe al periodo successivo una razionalizzazione delle procedure contrattuali relative alle diverse tipologie di terreno. Ai Flavi si deve, poi, la semplificazione dell'amministrazione delle *ousiai*, che vennero assorbite nel patrimonio imperiale, e la creazione dell'ufficio dell'οὐσιακὸς λόγος. Di quest'ultimo si è cercato di descrivere la natura attraverso il ricorso a documenti pertinenti. Infine, la parte conclusiva è stata dedicata alla tassazione in atto nella provincia tra il 69 e il 96 d.C., ma alcune tematiche, qui trattate solo di sfuggita per la mancanza di documenti relativi ad alcune tipologie di imposte, andranno si spera ancora approfondite. Del resto, si è preferito procedere trattando alcuni tra i testi più importanti, che sono stati di seguito raccolti in un'appendice finale per rendere il lavoro di consultazione più agevole.

Nel complesso, dunque, il presente lavoro vuol anche ritenersi un pratico strumento consultativo delle informazioni ricavabili delle fonti provenienti dalla provincia romana d'Egitto nel momento di passaggio dalla dinastia giulio-claudia alla nuova dinastia flavia proponendo una revisione d'insieme specie di queste ultime. È possibile auspicare, comunque, che, alla luce di nuove scoperte o nuovi studi in questo campo, si possano raggiungere più complete considerazioni in merito a specifiche questioni qui trattate, in grado di chiarire aspetti ancora parzialmente oscuri della provincia egiziana in questo determinato periodo storico.

Vespasiano (69-79 d.C.)

Documento	Data	Luogo	Contenuto	Funzionario
AE 1937, 236	1° luglio/28 agosto 79	sconosciuto	Successione prefetti d'Egitto	Prefetto C. Aeternius Fronto
AE 1967, 525	I sec.	Bir el Malik	*Cursus honorum* di un ufficiale	Prefetto Tiberio Giulio Alessandro
AE 2001, 2051	76/77	Berenike	Costruzione di un *praesidium*	M. Trebonius Valens
BGU 3, 981	dopo 15 aprile 77	Diopolites Parvus	Contratto di lavoro	
BGU 1563 = CPJ 2, 418c	II sec.	Philadelphia Arsinoites	Editto di Tiberio Giulio Alessandro	Prefetto Tiberio Giulio Alessandro
BGU 11, 2066	73/74	Soknopaiu Nesos Arsinoites	Petizione allo stratego sulla locazione di un frantoio	Stratego Ammonios
BGU 11, 2088	giugno/ agosto 77	Ptolemais Euergetis Arsinoites	Dichiarazione di censimento	Stratego Ammonios e *basilikos grammateus* Diomedes
IGR 1, 1285	71/72	Ombos (Kōm Ombo)	Prefetto Peducaeus Colon	Prefetto L. Peducaeus Colon
O.Bodl. 2, 566 = SB 1, 3563	25 agosto 69	Thebes	Ricevuta di χωματικόν	
O.Edfou 1, 127 = CPJ, 2, 171	26 giugno 75	Apollono-polis	τέλεσμα Ἰουδαίων	
O.Edfou 1 41/CPJ 2, 162	29 gennaio 72	Apollono-polis	τέλεσμα Ἰουδαίων	
O.Edfou 2, 267 = CPJ 2, 189	92/93	Apollono-polis	τέλεσμα Ἰουδαίων	
OGIS 663 = SB 8899	68	Khārga Oas.: Hibis	Editto di Tiberio Giulio Alessandro	Prefetto Tiberio Giulio Alessandro
OGIS 2, 670	69/70	Philai Isl.	Titoli di Vespasiano	

Documento	Data	Luogo	Contenuto	Funzionario
O.Heid. 38	16 luglio 72	Pakerkeësis (Thebes)	Ricevuta di γεωμετρία	
O.Heid. 40	8 marzo 75	Pakerkeësis (Thebes)	Ricevuta di λαογραφία	
O.Heid. 41	27 settembre 75	Pakerkeësis (Thebes)	Ricevuta di λαογραφία	
O.Heid. 42	25 maggio 78	Pakerkeësis (Thebes)	Ricevuta di λαογραφία	
O.Heid. 51	14/23 luglio 70	Thebes (Agorai Borra)	Ricevuta di χωματικόν e di βαλανευτικόν	
O.Leid. 78	70/71	Thebes	Ricevuta di λαογραφία	
O.Ont. Mus. 2, 168	75/76	Thebes	Ricevuta tassa-granaio	
O.Wilck. 22	28 novembre 72	Elephantine Syene	Ricevuta di γεωμετρία	
O.Wilck. 443	28 luglio 76	Thebes	Ricevuta di χωματικόν	
O.Wilck. 773	22 agosto 69	Thebes	Ricevuta di tassa	
P.Amh. 2, 85 = M.Chr. 274	19 marzo 78	Hermopolis	Contratto di locazione	ἐξηγητής Hermaeus
P.Amh. 2, 86	3 marzo 78	Hermopolis	Contratto di locazione	ἐξηγητής Hermaeus
P.Berl. Möller 2 = SB 4, 7339	69/71	Oxyrhynchos	Petizione allo stratego	Stratego Τιβέριος Κλαύδιος Ἡρώδης
P.Fouad 1, 8 = SB 16, 12255 = CPJ 2, 418a	fine I sec.	sconosciuto	Frammento visita di Vespasiano ad Alessandria	
P.Heid. 4, 337	78 circa	Hermopolites	Contratto di locazione	ἐξηγητής Hermaeus
P.Hib. 2, 215 = CPJ 2, 418b	70/130	sconosciuto	Carriera di Tiberio Giulio Alessandro	Prefetto Tiberio Giulio Alessandro

Documento	Data	Luogo	Contenuto	Funzionario
P.IFAO 3, 31	73/74	Tebtynis Arsinoites	Contratto di locazione di terreni	
P. Med. 69 *verso* = SB 11640	10 febbraio 69	Oxyrhynchos ?	Messaggio circa un *conventus*	Prefetto T. Iulius Alexander
P.Oxy. 1, 44	24 luglio 66/16 aprile 70	Oxyrhynchos	Lettera al *basilikos grammateus* su alcune tasse	Stratego Paniscus e *basilikos grammateus* Asklepiades
P.Oxy. 2, 257 = W.Chr. 147	94/95	Oxyrhynchos	Dichiarazione di epikrisis	*Basilikos grammateus* Νίκανδρος
P.Oxy. 2, 276 = CPJ 2, 422	5 settembre 77	Oxyrhynchos	Ricevuta trasporto di cereali	
P.Oxy. 2, 361	76/77	Oxyrhynchos	Dichiarazione di censimento	
P.Oxy. 2, 380	29 agosto 79	Oxyrhynchos	Contratto di acquisto schiavo	ἀγορανόμος
P.Oxy. 12, 1452	72/73	Oxyrhynchos	Ricevuta di *epikrisis*	
P.Oxy. 14, 1661	12 novembre 74	Oxyrhynchos	Lettera al διοικητής	
P.Oxy. 22, 2349	29 agosto/27 settembre 70	Oxyrhynchos	Ricevuta d'affitto	Prefetto L. Peducaeus Colon
P.Oxy. 34, 2725	29 aprile 71	Oxyrhynchos	Lettera privata di Adrasto e Spartaco	
P.Oxy. 36, 2757	79	Oxyrhynchos	Estratto da registri prefettizi	
P.Oxy. 36, 2756	78/79	Oxyrhynchos	Dichiarazione di residenza ad Alessandria	Prefetto C. Aeternius Fronto
P.Oxy. 38, 2840	3 agosto 75	Oxyrhynchos	Ricevuta *sithologheion* (grano)	Septimius Nu?

Documento	Data	Luogo	Contenuto	Funzionario
P.Oxy. 41, 2972	30 agosto 72	Oxyrhynchos	Contratto vendita di una casa e di terre	
P.Oxy. 41, 2987	78/79	Oxyrhynchos	Lettera al prefetto	Prefetto C. Aeternius Fronto
P.Oxy. 44, 3163	16 luglio 71	Oxyrhynchos	Ricevuta ai σιτολόγοι	
P.Oxy. 49, 3488	70/71	Oxyrhynchos	Contratto di affitto di terra	
P.Oxy. 49, 3489	72/73	Oxyrhynchos	Contratto di affitto di terra	
P.Oxy. 49, 3508	16 aprile 70	Oxyrhynchos	Giuramento di un sorveglian-te di una diga	
P.Oxy. 49, 3510 = CPGr 2, 15	78/79	Oxyrhynchos	Denuncia di morte	
P.Oxy. 65, 4478	15 dicem-bre 74	Oxyrhynchos	Denuncia di morte	
P.Oxy. 66, 4526	27 dicem-bre 69/25 gennaio 70 (?)	Oxyrhynchos	Lettera dello stratego a un banchiere	Stratego Τιβέριος Κλαύδιος Ἡρώδης
P.Ryl. 4, 598	16 settembre 73	Arsinoites	Petizione di un sacerdote all'Idios Logos	*Idios Logos* Mummius Gallus
PSI 10, 1133	24 giugno 70	Tebtynis Arsinoites	Ricevute di συντάξιμον e di ἐπίτριτον	
P.Strasb. 4, 200 = CPGr 2, 13	26 aprile/25 maggio 70	Bakchias Arsinoites	Dichiarazione di morte	
P.Strasb. 6, 541	69/79	sconosciuto	Ricevuta bancaria consegna grano	Prefetto Valerius Paulinus
P.Tebt. 2, 302 = W.Chr. 368	71/72	Tebtynis Arsinoites	Petizione al prefetto	Prefetto L. Peducaeus Colon
P.Tebt. 2, 350	70/71	Tebtynis Arsinoites	Ricevuta di ἐγκύκλιον	

Documento	Data	Luogo	Contenuto	Funzionario
P.Warr. 2	11 luglio 72	Arsinoites	Registrazione di nascita	
P.Worp. 39	22-gen-71	Elephantine	Ricevuta di γεωμετρία	
SB 1, 5814 = CPJ 2, 166	2 giugno 72	Apollonopolis	τέλεσμα Ἰουδαίων	
SB 5, 7585	71/72	Elephantine	Ricevuta di χειρωνάξιον	
SB 6, 9528	I-II	Arsinoites	Estratto del discorso di Vespasiano	
SB 12, 11232 = P.Fouad 59	76	Tebtynis Arsinoites	Estratto da un elenco di censimento	
SB 12, 11245 = P.Wisc. 1, 27	79/80	Arsinoites	Ricevuta di ἀπόμοιρα, ναύβιον, ἐπαρούριον	
SB 16, 12238 = P.Athen 51	29 luglio 76/ 7 agosto 77/ 9 luglio 78	Theadelphia Arsinoites	Ricevuta di συντάξιμον e ὑική	
SB 16, 12298	30 luglio 77	Narmuthis Arsinoites	Ricevuta di συντάξιμον	
SB 16, 13039 = PSI, 14, 1433 = CPG 2, 12	10 agosto 69	Herakleopolites (?)	Dichiarazione di morte	T. Iulius Alexander
SB 18, 13324 = P.Harr. I, 70	giugno/ agosto 77	Ptolemais Euergetis Arsinoites	Dichiarazione di censimento	
SB 20, 14095	I sec.	Oxyrhynchos	Dichiarazione di bestiame	*Basilikos grammateus* Ἀσκληπιάδης
SB 20, 15103	20 giugno 75	Theadelphia Arsinoites	Ricevuta di λαογραφία	
SB 22, 15210 = P.Ryl. 2, 278	13 ottobre 77	Oxyrhynchos	Dichiarazione di *epikrisis*	
SB 22, 15515	16 ottobre 74	Omboi	Ricevuta di ἐγκύκλιον	

Documento	Data	Luogo	Contenuto	Funzionario
SB 22, 15806	15 dicembre 78	Elephantine Syene	Ricevuta di χειρωνάξιον	
SPP 22, 175	14 febbraio 78	Soknopaiu Nesos Arsinoites	Dichiarazione della βιβλιοθήκη τῶν ἐγκτήσεων	
SEG 20, 651	73	Karanis	Vespasiano e Tito *autokratores.*	
SEG 20 651 = SB 8, 9818	73	Karanis	Protocollo imperiale	
W.Chr. 295 = Pap. Jud. 2, 160	71/72	Apollonopolis	τέλεσμα Ἰουδαίων	

Tito (79-81 d.C.)

Documento	Data	Luogo	Contenuto	Funzionario
O.Cair. GPW 65 = O.Cair. Cat. 9601	24 marzo 80	Thebes	Ricevuta di λαογραφία e di βαλανευτικόν	
OGIS 672 = IGRR 1, 1098	80/81	Schedia Menelaïs	Lavori all'Ἀγαθὸς Δαίμων ποταμός	
O.Heid. 166	2 ottobre 80/81 (?)	Thebes	Ricevuta di χωματικόν e di βαλανευτικόν	
O.Heid. 167	21 giugno 81	Ta Memnoneia (Thebes)	Ricevuta di ἐγκύκλιον	
O.Heid. 44	1 maggio 81 (?)	Pakerkeësis (Thebes)	Ricevuta di λαογραφία	
O.Ont. Mus. 2, 169	25 giugno / 24 luglio 80	Thebes	Ricevuta tassa-granaio	

Documento	Data	Luogo	Contenuto	Funzionario
O.Petr. Mus. 302 = O.Petr. 74	27 settembre 80	Thebes (Charax)	Ricevuta di χωματικόν	
P.Coll. Youtie 1 21 = P.Oxy. 45, 3264	80/81	Peenno (Oxyrhynchite)	Petizione	Stratego Claudius Herakleius e *basilikos grammateus* Ἑρμόφιλος
SB 22 15351 = P.Oxy. 1, 165 descr.	2 febbraio 81	Oxyrhynchos	Lettera all'ἀγορανόμος	

Domiziano (81-96 d.C.)

Documento	Data	Luogo	Contenuto	Funzionario
BGU 2, 536	5 gennaio 84	Soknopaiu Nesos Arsinoites	Contratto di acquisto casa	
BGU 11, 2057	91/92	Alexandria	Lettera del prefetto allo stratego Dionysios	Prefetto M. Mettius Rufus
BGU 11, 2065	Inizi del II d.C.	Alexandria (?)	Petizione per pensione	
BGU 11, 2100	83	Ptolemais Euergetis Arsinoites	Dichiarazione di proprietà casa	
BGU 15, 2525	21 aprile 84	Herakleia Arsinoites	Ricevuta di ναύβιον κατοίκων	
BGU 15, 2533	88 -89	Arsinoites	Ricevuta per *Syntaximon* (e tassa maiale)	M. Mettius Rufus
(Bifao) Wagner 1971, 164	89	Dromos di Karnak	Nome prefetto martellato	Prefetto M. Mettius Rufus

Documento	Data	Luogo	Contenuto	Funzionario
(Bifao) Wagner 1973, 190	89/90	El Qasr nell'Oasi di Baharieh	Dedica a Herakles	Prefetto M. Mettius Rufus
ChLA 11, 505	85/88	sconosciuto	Commentarii	Prefetto C. Septimius Vegetus
Chr. W. 463 = CPL, 104	88/89	Philadelphia	Editto ufficiale dell'imperatore Domiziano sull'immunità dei veterani	
CIG 4720 = Memnon 13	92	Thebes	Iscrizione sul colosso di Memnon	Prefetto T. Petronius Secundus
CIG 4761 = Memnon 11	89/91	Thebes	Iscrizione sul colosso di Memnon	Prefetto M. Mettius Rufus
CIL 16, 29	9 giugno 83	Koptos	Privilegi militari dell'impera-tore Domiziano	Prefetto L. Laberius Maximus
CIL 16, 32	17 febbraio 86	Thebes	Diploma militare	Prefetto C. Septimius Vegetus
CPL 104	94	Philadelphia	Editto di Domiziano	Prefetto M. Iunius Rufus
CPR 1, 1 = M. Chrest. 220	83/84	Arsinoites	Vendita di terra catecica	
IGR 1, 1152	89-91	Gebel-Tukh	Iscrizione commemorativa	M. Mettius Rufus
Memnon 8 = CIL 3, 35	82	Thebes	Iscrizione sul colosso di Memnon	Prefetto C. Tettius Africanus Cassianus Priscus
Memnon 67	I sec.	Thebes	Claudius Geminus arabarca ed epistratego della Tebaide	Epistratego Claudius Geminus

Documento	Data	Luogo	Contenuto	Funzionario
O.Amst. 43	30 ottobre 90	Thebes	Ricevuta per γεωμετρία	
O.Cair. 48 = O.Cair. Cat. 9639	11 gennaio 93	Ta Memnoneia (Thebes)	Ricevuta di γεωμετρία	
O.Cair. 52 = O.Cair. Cat. 9585	26 settembre 91	Ta Memnoneia (Thebes)	Ricevuta di ἐγκύκλιον	
O.Cair. 54 = O.Cair. Cat. 9701	29 settembre 96	Ta Memnoneia (Thebes)	Ricevuta di ἐγκύκλιον	
O.Cair. 66 = O.Cair. Cat. 9661	3 agosto 95	Hermonthis	Ricevuta di λαογραφία	
O.Cair. 67 = O.Cair. Cat. 9703	27 aprile 96	Apollonopolis	Ricevuta di λαογραφία	
OGIS 673	86/87	Schedia-Menelaïs	Lavori al fiume Philagrianum	Prefetto C. Septimius Vegetus
OGIS 674 = IGRR 1, 1183	90	Koptos	Tariffa della dogana di Koptos	
OGIS 675	88	Ombos (Kōm Ombo)	Lavori al tempio di Afrodite	Prefetto C. Septimius Vegetus
O.Heid. 170	22 giugno 84	Ta Memnoneia (Thebes)	Ricevuta di ἐγκύκλιον	
O.Ont. Mus. 2, 83	21 agosto 71	Thebes	Ricevuta di βαλανευτικόν	
O.Ont. Mus. 2, 85	25 luglio/23 agosto 82	Thebes	Ricevuta di λαογραφία	
O.Petr. Mus. 212 = O.Petr. 88	10 febbraio 93	Ta Memnoneia (Thebes)	Ricevuta di γεωμετρία	
O.Petr. Mus. 219 = O.Petr. 89	30 novembre 92	Ta Memnoneia (Thebes)	Ricevuta di γεωμετρία	
O.Petr. Mus. 238 = O.Petr. 87	21 luglio 86	Ta Memnoneia (Thebes)	Ricevuta di λαογραφία e βαλανευτικόν	

Documento	Data	Luogo	Contenuto	Funzionario
O.Petr. Mus. 247 = O.Petr. 94	26 febbraio/26 marzo 96	Ta Memnoneia (Thebes)	Ricevuta di λαογραφία	
O.Petr. Mus. 310	30 luglio 82	Thebes (Charax)	Ricevuta di χωματικόν e βαλανευτικόν	
O.Strasb. 2, 814	11 marzo 84/10 aprile 84	Thebes (Ophieion)	Ricevuta di λαογραφία	
O.Strasb. 2, 815	2 aprile 85	Thebes (Ophieion)	Ricevuta di λαογραφία	
O.Strasb. 2, 821	1. settembre 93 (?)	Thebes (Ophieion?)	Ricevuta fiscale per Bagno	T. Petronius Secundus
O.Wilck. 483	25 luglio 93	Thebes	Ricevuta di χωματικόν	
O.Wilck. 484	26 agosto 94	Thebes	Ricevuta di χωματικόν	
O.Wilck. 485	31 agosto 94	Thebes	Ricevuta di χωματικόν	
O.Wilck. 534	2 settembre 91 (?)	Thebes	Ricevuta di χωματικον	
P.Amh. 2, 68	89/92	Hermopolis	Acquisto terreno	Prefetto L. Iulius Ursus
P.Coll. Youtie 1, 22	fine 87	Tanais (Oxyrhynchites)	Richiesta di concessione di un prestito di semi	Stratego Tito Flavio Herakleides
P.Flor. 1, 55	23 giugno 88 (?)	Hermopolites	Notifica allo stratego	Prefetto C. Septimius Vegetus
P.Flor. 1, 61 = M.Chr. 80	8 febbraio 85	sconosciuto	Processo verbale di una udienza del prefetto	Prefetto C. Septimius Vegetus
P.Flor. 1, 86 = M.Chr. 247	dopo 25 luglio 86	Hermopolites	Istanza all'*archi-dikastes*	
P.Flor. 1, 92/M. Chr. 223	25 marzo 84	Hermopolites	Voltura di terreno catecico	
P.Flor. 3, 312	12 giugno 91	Hermopolites	Frammento di *hypomne-matikon* per esenzione di liturgie	

Documento	Data	Luogo	Contenuto	Funzionario
P. Gen. Lat. 1	87/88	sconosciuto	Stipendi annuali dei soldati	
P.Gen. 1, 7	86	Arsinoites	Lettera ufficiale al *basilikos grammateus*	*Basilikos grammateus* Nemesion
P.Hamb. 1, 29 = Jur. Pap. 85	94	sconosciuto	Diario d'ufficio del prefetto (ὑπομνηματισμοί)	Prefetto M. Mettius Rufus
P.Hamb. 1, 4 = Jur. Pap. 86	29 marzo 87	Arsinoites	Dichiarazione al *basilikos grammateus*	*Basilikos grammateus* Nemesion
P.Hamb. 1, 60 = CPJ 3, 485	10 dicembre 90	Hermopolites	Dichiarazione di censimento	
P.Harr. 1, 138	28 settembre/26 dicembre 92	Oxyrhynchos	Estratti di documenti ufficiali	
P.Harr. 2, 178	83/84	sconosciuto	Processo verbale di un'udienza del prefetto	Prefetto L. Iulius Ursus
P.Iand. 4, 53	91/92	sconosciuto	Petizione al prefetto	
P.Köln 3, 137	5 novembre 88	Oxyrhynchites	Istruzioni per la fornitura di sementi	Stratego Tito Flavio Herakleides
P.Laur. 2, 21	81/96	Hermopolis	Estratto da registri di sitologi	
P.Lond. 2, 259 = W.Chr. 63	94/95	Philadelphia Arsinoites	Dichiarazione di censimento	
P.Lond. 3, 897	29 marzo 84	Alexandria	Lettera privata	
P.Mich. 3, 176	10 maggio 91	Bakchias Arsinoites	Dichiarazione di censimento	
P. Mich. 7, 432 = CPL 105	82/95	sconosciuto	Editto ufficiale dell'imperatore Domiziano sull'immunità dei veterani	
P. Mich. Inv. 4315	89/90	Antaeopolite	Dichiarazione di residenza	Stratego Dionysius

Documento	Data	Luogo	Contenuto	Funzionario
P.Münch. 3, 64	86787	Arsinoites	Assegnazione di terra ἐν ὑπόλογῳ	
P.Oxy. 1, 45 = M.Chr. 222	29 agosto 95	Oxyrhynchos	Acquisto di terreni	
P.Oxy. 1, 72	12 aprile 90	Senepta (Oxyrhynchites)	Dichiarazio-ne di proprietà	
P.Oxy. 2, 247 = Sel. Pap. II 324	10 marzo 90	Oxyrhynchos	Registrazione di proprietà	
P.Oxy. 2, 257 = W.Chr. 147	94/95	Oxyrhynchos	Dichiarazione di *epikrisis*	
P.Oxy. 2, 273 = M.Chr. 221	24 giugno 95	Oxyrhynchos	Contratto di cessione terreno	
P.Oxy. 2, 289 = P.Lond. 3 799	26 gennaio 83	Oxyrhynchos	Ricevuta di λαογραφία	
P.Oxy. 2, 358	12 aprile 90	Oxyrhynchos	Dichiarazione di proprietà	Prefetto M. Mettius Rufus
P.Oxy. 6, 984	91/92	Lykopolis	Dichiarazione di censimento	
P.Oxy. 7, 1028	25 giugno 86	Oxyrhynchos	Dichiarazione di *epikrisis*	
P.Oxy. 8, 1105 = P.Lond. III 803	81	Oxyrhynhos	Petizione all'*agoranomos*	
P.Oxy. 10, 1266	10 giugno 98	Oxyrhynchos	Dichiarazione di *epikrisis*	
P.Oxy. 12, 1462	83/84	Sinary (Oxyrhynchites)	Ricevuta di ἐγκύκλιον	
P.Oxy. 12, 1471	31 dicembre 81	Oxyrhynchos	Contratto di prestito	
P.Oxy. 18, 2185	92	Oxyrhynchos	Ordine per una sovvenzione di semi	
P.Oxy. 38, 2841	21-lug-85	Oxyrhynchos	Ricevuta di *sitologos*	C. Septimius Vegetus
P.Oxy. 38, 2843	24/28 agosto 86	Oxyrhynchos	Lettera all'*agoranomos*	

Documento	Data	Luogo	Contenuto	Funzionario
P.Oxy. 41, 2957	26 gen-naio/24 febbra-io 91	Oxyrhynchos	Dichiarazione di morte	
P.Oxy. 45, 3240	88/89	Oxyrhynchos	Lettera ufficiale del prefetto allo stratego Giunio Istieo	Prefetto M. Mettius Rufus
P.Oxy. 47, 3334	89/94	Oxyrhynchos	Acquisto di terreni ἀδέσποτα	Stratego Tiberius Claudius Areius
P.Oxy. 49, 3466	81/96	Oxyrhynchos	Petizione all'*archidicastes*	
P.Oxy. 49, 3468	I sec.	Oxyrhynchos	Petizione al prefetto	Prefetto L. Iulius Ursus
P.Oxy. 62, 4334	94/95	Oxyrhynchos	Lista di imposte fondiarie	
P.Oxy. 66, 4532	27 gennaio 85	Oxyrhynchos	Estratto dalla βιβλιοθήκη τῶν ἐγκτήσεων	
P.Ryl. 2, 190	26 aprile/25 mag-gio 84	Soknopaiu Nesos Arsinoites	Recevuta di συντάξιμον	
P.Ryl. 4, 611 = CPL 176	87/88	Philadelphia Arsinoites	Dichiarazione di un veterano	
PSI 1, 30	27 settembre 82	Hermopolites	Affitto di terreno	
PSI 3, 181	22 giugno 91	Theadelphia Arsinoites	Ricevuta di tassa sulla birra	
PSI 7, 777	4 maggio 96	Hermopolis	Estratto dai registri degli efebi di Alessandria	
PSI 8, 897, p. 1	15 febbraio 93 (?)	Oxyrhynchos	Cessioni di terreno catecico	
PSI 8, 897, p. 2	17 febbraio 93	Oxyrhynchos	Cessioni di terreno catecico	
PSI 8, 942	5 gennaio 90	Oxyrhynchos	Denuncia di proprietà	Mettius Rufus

Documento	Data	Luogo	Contenuto	Funzionario
PSI 10, 1109	93/94	Oxyrhynchos	Dichiarazione giurata allo stratego	
PSI 10, 1134	23 ottobre 91	Tebtynis Arsinoites	Affitto di terreno pubblico	
PSI 12, 1235	86/89	Oxyrhynchos	Estratto dalla βιβλιοθήκη ἐγκτήσεων	
PSI 15, 1522	91/92	Oxyrhynchos	Denuncia di morte	
P.Soterichos 5	94/95	Theadelphia Arsinoites	Contratto di locazione su suolo pubblico	
P.Strasb. 4, 210	90/95	Arsinoites	Dichiarazione di *epikrisis*	Stratego Claudius Hermias
P.Strasb. 4, 226 = CPJ 2, 418d	90/91	sconosciuto	Editto del prefetto Tiberio Giulio Alessandro	
P.Strasb. 6, 522 = CPGr II 16	87	Bakchias Arsinoites	Dichiarazione di morte	
P.Vindob. Bosw. 1 = CPJ 2, 418f	post 87	Nilopolis Arsinoites	Ricorso di sacerdoti	Stratego Claudius Geminus
SB 5, 7587	94/95	Elephantine	Ricevuta di χειρωνάξιον	
SB 5, 7599	25 maggio 95	Tebtynis Arsinoites	Assegnazione di terra ἐν ὑπόλογῳ	
SB 5, 8025	91/92	Arsinoites	Certificato di esenzione dalla λαογραφία	
SB 5, 8046	11 marzo 82	Hierakonpolis	Ricevuta di γεωμετρία	
SB 6, 9117 Ostr. Skeat 8 = O.Skeat 8	90/91	Thebes	Ricevuta di λαογραφία e βαλανευτικόν	
SB 6, 9163	90/91	Ptolemais Euergetis Arsinoites	Dichiarazione di *epikrisis*	

Documento	Data	Luogo	Contenuto	Funzionario
SB 6, 9604 (7)	90/91	Elephantine	Ricevuta di λαογραφία e χειρωνάξιον	
SB 14, 11270= P. Med. Inv. 71.44	96/98 (?)	Ptolemais Euergetis Arsinoites	Dichiarazione di *epikrisis*	
SB 14, 12110	90/91	Antaio-polites	Dichiarazione di censimento	
SB 16, 12296	15 luglio 95	Ptolemais Euergetis Arsinoites	Ricevuta di λαογραφία	
SB 16, 12860 = BGU 7, 1596	87/88	Philadelphia Arsinoites	Ricevuta di πενθήμερος	
SB 16, 12861 = BGU 7, 1597	93/94	Philadelphia Arsinoites	Ricevuta di πενθήμερος	
SB 18, 13187 = O.Erem. 9	13 giugno 88	Thebes	Ricevuta di λαογραφία e βαλανευτικόν	
SB 18, 13362 = P.Tebt. 2, 668	92/93	Tebtynis Arsinoites	Ricevuta di πενθήμερος	
SB 20, 14286	18 dicembre 88	Oxyrhynchites	Istruzioni per la fornitura di semi di mais	*Basilikos grammateus* Γάιος
SB 20, 14287	88/89	Oxyrhynchites	Istruzioni per la fornitura di semi di mais	*Basilikos grammateus* Γάιος
SB 20, 15105	81/82/83 (?)	Theadelphia Arsinoites	Ricevuta di λαογραφία	
SB 20, 15106	23 aprile 86	Theadelphia Arsinoites	Ricevuta di λαογραφία	
SEG 18, 646	I- II sec.	Alexandria	*Idios Logos* Claudius Geminus	
SPP 22, 23	84/96	Soknopaiu Nesos Arsinoites	Estratto dalla βιβλιοθήκη ἐγκτήσεων	
SPP 22, 86	24 ottobre 87	Ptolemais Euergetis Arsinoites	Estratto dalla βιβλιοθήκη ἐγκτήσεων	

Nota:

Sono stati qui indicati i testi presi in esame nel corso della trattazione. L'ordinamento seguito è quello per ordine alfabetico dei documenti (spesso con concordanze) raggruppati per Imperatore. Testi, che sono solo stati citati nella discussione, spesso non appartenenti al periodo storico qui preso in esame, o la cui datazione risulterebbe incerta, non sono invece qui stati indicizzati.

Il prospetto dei testi segue la presente legenda per indicare il supporto scrittorio dei documenti.

Legenda	
(bianco)	Papiro
(grigio medio)	Ostrakon
(grigio chiaro)	Epigrafe
(grigio scuro)	Tavoletta lignea

Bibliografia

Adams, C. 2007. *Land transport in roman Egypt: a study of economics and administration in a Roman province*. Oxford, New York: Oxford University Press.

Adams, C. 2017. Nile River Transport under the Romans, in Bowman, A. K. e A. Wilson (ed.) 2017. *Trade, Commerce, and the State in the Roman World*: 175-208. Oxford: Oxford University Press.

Alessandrì, S. 2005. *Le vendite fiscali nell'Egitto romano, vol. I: da Augusto a Domiziano*. Bari: Edipuglia.

Aly, Z. 1956. Upon sitologia in Roman Egypt and the role of sitologoi in its financial administration. *Akten des VIII Internationalen Kongresses für Papyrologie*: 17-27. Wien: R. M. Rohrer.

Amelotti, M. 1955. La posizione degli atleti di fronte al diritto romano. *Studia et Documenta Historiae et Juris* 21: 123-156.

Amundsen, L. 1933. *Ostraca Osloënsia: Greek ostraca in Norwegian collections*. Oslo: I kommisjon hos Jacob Dybwad.

Angelini, P. 1971. *Il procurator*. Milano: A. Giuffrè.

Armoni, C., J.M.S. Cowey e D. Hagedorn 2005. *Die griechischen Ostraka der Heidelberger Papyrus-Sammlung*. Heidelberg: Universitätsverlag Winter.

Avogadro, S. 1935, Le ἀπογραφαί di proprietà nell'Egitto greco-romano. *Aegyptus* 15: 131-206.

Bagnall, R.S. e B.W. Frier 1994. *The demography of Roman Egypt*. Cambridge: Cambridge University Press.

Baillet, J. 1923-1926. Inscriptions grecques et lat. destombeaux des rois ou Syringes à Thebes. *Mémoires publiés par les membres de l'Institut français d'archéologie orientale* 42: 1-2.

Barns, J. 1949. Three Fayum Papyri. *Chronique d'Egypte* 24: 295-306.

Barzanò, A. 1988. Tiberio Giulio Alessandro, Prefetto d'Egitto (66/70), in W. Haase e H. Temporini (eds), *Aufstieg und Niedergang der römischen Welt*: Teil II.10.1: 518-580. Berlin: De Gruyter.

Bastianini, G. 1975. La lista dei prefetti d'Egitto dal 30 a.C. al 299 d.C. *Zeitschrift für Papyrologie und Epigraphik* 17: 263-328.

Bastianini, G. 1980. La lista dei prefetti d'Egitto dal 30 a.C. al 299 d.C. Aggiunte e correzioni. *Zeitschrift für Papyrologie und Epigraphik* 38: 75-89.

Bastianini, G. 1984. La titolatura del prefetto d'Egitto nella documentazione greca: precisazioni di tipologia formulare. *Atti del XVII congresso internazionale di papirologia (Napoli, 19-26 maggio 1983)*, vol. III: 1336-1340. Napoli: Centro internazionale per lo studio dei papiri ercolanesi.

Bastianini, G. 1988a. Il prefetto d'Egitto (30 a.C.-297 d.C.): Addenda (1973-1985), in Haase, W. e H. Temporini (eds), *Aufstieg und Niedergang der römischen Welt*: teil II.10.1: 506-507. Berlin: De Gruyter.

Bastianini, G. 1988b. Ἔπαρχος Αἰγύπτου nel formulario dei documenti da Augusto a Diocleziano, in W. Haase e H. Temporini (eds), *Aufstieg und Niedergang der römischen Welt*: teil II.10.1: 581- 596. Berlin: De Gruyter.

Benaissa, A. 2009. Sixteen Letters to Agoranomi from Late First Century Oxyrhynchus. *Zeitschrift für Papyrologie und Epigraphik* 170: 157-185.

Benaissa, A. 2011. Two slave sales from first-century Oxyrhynchus. *Zeitschrift für Papyrologie und Epigraphik* 177: 222-228.

Bernand, A. e E. Bernand 1960. *Les inscriptions grecques et latines du Colosse de Memnon.* Le Caire: Institut Français d'Archéologie Orientale du Caire.

Bernand, A. 1970. *Le Delta égyptien d'après les textes grecs.* Le Caire: Institut Français d'Archéologie Orientale du Caire.

Bernand, A. 1977. *Pan du desert.* Leiden: E. J. Brill.

Bernand, A. 1984. *Les portes du desert: recueil des inscriptions grecques d'Antinooupolis, Tentyris, Koptos, Apollonopolis Parva et Apollonopolis Magna.* Paris: Editions du centre national de la recherche scientifique.

Bernand, A. 1992. *La prose sur pierre dans l'Egypte hellénistique et romaine.* Paris: Editions du centre national de la recherche scientifique.

Bernand, E. 1975. *Recueil des inscriptions grecques du Fayoum, vol. I La Meris d'Herakleides.* Leiden: E.J. Brill.

Bernand, E. 1981. *Recueil des inscriptions grecques du Fayoum III.* Le Caire: Institut français d'archéologie orientale du Caire.

Bingen, J. 1956. Les papyrus de la Fondation Egyptologique Reine Elisabeth. *Chronique d'Égypte* 31: 109-117.

Bonneau, D. 1970. *Le préfet d'Égypte et le Nil. Études offertes à J. Macqueron*: 141-151. Aix en Provence: Faculte de droit des sciences.

Bowman, A.K. 1976. Papyri and Roman Imperial History, 1960-1975. *The Journal of Roman Studies* 66: 153-173.

Bowman, A.K., M.W. Haslam, J.C. Shelton e J.D. Thomas 1976. *The Oxyrhynchus Papyri* vol. XLIV. London: Egypt Exploration Fund, Egypt Exploration Society.

Bowman, A.K. e D. Rathbone 1992. Cities and administration in Roman Egypt. *The Journal of Roman studies* 82: 107-127.

Bowman, A.K., P. Garnsey e D. Rathbone 2000. The High Empire, A.D. 70-192. *The Cambridge Ancient History.* Second Edition: vol. XI. Cambridge: Cambridge University Press.

Bowman, A.K. e A. Wilson (ed.) 2017. *Trade, Commerce, and the State in the Roman World.* Oxford: Oxford University Press.

Braund, D.C. 1985. *Augustus to Nero: a sourcebook on Roman history, 31 b.C. - 68 a. D.* London: Croom Helm.

Browne, G.M., J.D. Thomas, E.G. Turner e M.E. Weinstein 1971. *The Oxyrhynchus Papyri*: vol. XXXVIII. London: Egypt Exploration Fund, Egypt Exploration Society.

Browne, G.M., R.A. Coles, J.R. Rea, J.C. Shelton e E. G. Turner 1972. *The Oxyrhynchus Papyri*: vol. XLI. London: Egypt Exploration Fund, Egypt Exploration Society.

Bülow-Jacobsen, A. e J.E.G. Whitehorne 1982. *The Oxyrhynchus Papyri*: vol. XLIX. London: Egypt Exploration Fund, Egypt Exploration Society.

Bureth, P. 1964. *Les titulatures impériales dans les papyrus, les ostraca et les inscriptions d'Egypte: (30 a.C.-284 p.C.).* Bruxelles: Fondation Egyptologique Reine Elisabeth.

Bureth, P. 1988. Le préfet d'Égypte (30 av. J.C.-297 ap. J.C.): État présent de la documentation en 1973, in W. Haase e H. Temporini (eds), *Aufstieg und Niedergang der römischen Welt*: teil II.10.1: 472-502. Berlin: De Gruyter.

Burkhalter, F. 1990. Archives localeset archives centrales en Egypte romaine. *Chiron* 20: 191-215.

Burkhalter, F. 2002. Le 'tarif de Coptos': la douane de Coptos, les fermiers de l'apostolion et le préfet du désert de Bérénice. *Topoi* Ssupplement 3: 199-233.

Cagnat, R. 1964. Inscriptiones graecae ad res romanas pertinentes. Roma: L'Erma di Bretschneider (Ripr. dell'ed.: Paris: E. Leroux, 1911).

Calabi, A. 1952. L'ἀρχιδικαστής nei primi tre secoli della dominazione romana. *Aegyptus* 32: 408-424.

Capogrossi Colognasi, L. e E. Lo Cascio 2012. *Vespasiano e l'impero dei Flavi: Atti del convegno, Roma, Palazzo Massimo, 18-20 novembre 2009*. Roma: L'Erma di Bretschneider.

Capogrossi Colognasi, L. e E. Tassi Scandone 2016. L'Italia dei Flavi. *Atti del Convegno, Roma, 4-5 ottobre 2012*. Roma: L'Erma di Bretschneider.

Capponi, L. 2005. *Augustan Egypt. The Creation of a Roman Province*. New York, London: Routledge.

Carp, T.C. 1975. Five Tebtunis Papyri. *Zeitschrift für Papyrologie und Epigraphik* 16: 47-62.

Casarico, L. 1985. *Il controllo della popolazione nell'Egitto romano: le denunce di morte*. Azzate: Tipolitografia Tibiletti.

Cavenaile, R. 1953. Le P. Mich. VII 432 et l'honesta missio des légionnaires. *Studi in Onore di Aristide Calderini e Roberto Paribeni*, vol.II: 243-251. Milano: Ceschina.

Chalon, G. 1964. *L'édit de Tiberius Julius Alexander: étude historique et exégétique*. Olten, Lausanne: Urs Graf.

Chapa, J., W.E.H. Cockle, D. Obbink, P.J. Parsons e J.D. Thomas 1999. *The Oxyrhynchus Papyri*, vol. LXVI. London: Egypt exploration fund, Egypt Exploration Society.

Cobb, M.A. 2018. *Rome and the Indian Ocean Trade from Augustus to the Early Third Century CE*. Mnemosyne Supplements, Leiden: Brill.

Cockle, W.E.H. 1984. State archives in graeco-roman Egypt from 30 B.C. to the reign of Septimius Severus. *Journal of Egyptian Archeology* 70: 106-122.

Coles, R.A., D. Foraboschi, A.H. Soliman El-Mosallamy, J.R. Rea e U. Schlag 1970. *The Oxyrhynchus Papyri*, vol. XXXVI. London: Egypt Exploration Fund, Egypt Exploration Society.

Coles, R.A. e M.W. Haslam 1980. *The Oxyrhynchus Papyri*, vol. XLVII. London: Egypt Exploration Fund, Egypt Exploration Society.

Comparetti, D. e G. Vitelli 1960. *Papiri greco-egizii*. Torino: Bottega d'Erasmo (Ripr. facs. dell'ed.: Milano: Hoepli, 1906-1915).

Crawford, D. J. 1976. Imperial estates, in M. I. Finley (ed.), *Studies in Roman property* 1976:35-70. Cambridge: Cambridge University Press.

Crawford, D. J. 1980. The emperor as landowner. *The Classical Review* 30: 251-253.

Criscuolo, L. 1978. Ricerche sul *komogrammateus*. *Aegyptus* 58: 3-101.

Dalla Rosa, A. 2014. Prolegomeni allo studio della proprietà imperiale in Asia Minore : la questione dell'imperatore come acquirente. *Studi Classici e Orientali* 60: 329-348.

Daniel, R.W. e P.J. Sijpesteijn 1985. Some Notes on ‚arithmetikon katoikon'. *Zeitschrift für Papyrologie und Epigraphik* 59: 47-59.

Delia, D. 1991. *Alexandrian Citizenship during the Roman Principate*. Atlanta: Scholars Press.

Derchain, PH. 1953. La visite de Vespasien au Sérapéum d'Alexandrie. *Chronique d'Egypte* 28: 261-279.

Dessau, H. 1974. *Inscriptiones latinae selectae*. Dublin, Zurich: Weidmann.

Dittenberg, W. 1903. *Orientis Graeci inscriptiones selectae*. Lipsiae: S. Hirzel.

Eck, W. 1999. Prosopographica III. *Zeitschrift für Papyrologie und Epigraphik* 127: 205-210.

Edmondson, J., S. Mason e J. Rives 2005. *Flavius Josephus and Flavian Rome*. New York: Oxford University Press.

Evans, J. A.S. 1957. The Poll-tax in Egypt. *Aegyptus* 37: 259-265.

Faoro, D. 2016. *I prefetti d'Egitto da Augusto a Commodo*. Bologna: BUP.

Flore, G. 1953. Appunti su P. Fam. Tebt. 15. *Studi in onore di Vincenzo Arangio-Ruiz nel XLV anno del suo insegnamento*, vol. IV: 387-394. Napoli: Jovene.

Foraboschi, D. 1970. Adaeratio della corvée alle dighe, nell'Egitto romano? *Acme* 23: 123-130.

Forbes, C.A. 1955. Ancient athletic guilds. *Classical Philology* 50: 238-252.

Forni, G. 1953. *Il reclutamento delle legioni da Augusto a Diocleziano*. Roma: F.lli Bocca.

Foti Talamanca, G. 1984. *Ricerche sul processo nell'Egitto greco-romano. L'organizzazione del conventus del praefectus Aegypti, vol. I.* Napoli: Jovene.

Gagliano, C.L. 2000 [2002], A proposito di ἐν μάνδρᾳ in P. Oxy. 984. *Aegyptus* 80: 9-115.

Gambash, G. 2015. *Rome and provincial resistance*. New York, London: Routledge.

Gara, A. 1988. Aspetti di economia monetaria dell'Egitto romano, in W. Haase e H. Temporini (eds), *Aufstieg und Niedergang der römischen Welt*: teil II.10.1: 912-951. Berlin: De Gruyter.

Geraci, G. 1977. Un biglietto del prefetto d'Egitto Tiberio Giulio Alessandro relativo al conventus del Menfite. Ancora su P.Med. inv. 69.66 verso. *Aegyptus*, 57: 145-150.

Geraci, G. 1983. *Genesi della provincia romana d'Egitto*. Bologna: CLUEB.

Gonis, N. 1999. *The Oxyrhynchus Papyri*, vol. LXVI. London: Egypt Exploration Fund, Egypt Exploration Society.

Grenfell, B.P. e A.S. Hunt (eds) 1898. *The Oxyrhynchus Papyri*, vol.I. London: Egypt Exploration Fund, Egypt Exploration Society.

Grenfell, B.P. e A.S. Hunt (eds) 1899. *The Oxyrhynchus Papyri*, vol.II. London: Egypt Exploration Fund, EEgypt Exploration Society.

Grenfell, B.P. e A.S. Hunt (eds) 1907. *The Tebtunis Papyri*, vol. II. London: Frowde.

Grenfell, B.P. e A.S. Hunt (eds) 1914. *The Oxyrhynchus Papyri*, vol.X. London: Egypt Exploration Fund, Egypt Exploration Society.

Grenfell, B.P. e A.S. Hunt (eds) 1916. *The Oxyrhynchus Papyri*, vol. XII. London: Egypt Exploration Fund, Egypt Exploration Society.

Grenfell, B.P. e A.S. Hunt (eds) 1920. *The Oxyrhynchus Papyri*, vol. XIV. London: Egypt Exploration Fund, Egypt Exploration Society.

Grenfell, B.P. e A.S. Hunt (eds) 1975. The Amherst papyri: being an account of the Greek papyri in the collection of the right Hon. Lord Amherst of Hackney. *Classical fragments and documents of the ptolemaic roman and byzantine periods: with an appendix containing additional theological fragments, vol.II.* Milano: Cisalpino - La Goliardica (Ripr. dell'ed.: London: Henry Frowde, 1901).

Grenier, J.C. 1989. *Les titulatures des empereurs romains dans les documents en langue egyptienne*. Bruxelles: Fondation Egyptologique Reine Elisabeth.

Grosso, F. 1955. Aspetti della politica di Domiziano II. *Epigraphica* 17: 33-77.

Guéraud, O., P. Jouguet e N. Lewis 1939. *Les papyrus Fouad I*. Le Caire: Imprimerie de l'Institut francais d'archeologie orientale.

Hagedorn, D. 1985. Zum Amt des διοικητής im römischen Aegypten. *Yale Classical Studies* 28: 167-210.

Hagedorn, D. 1988. Paniskos und Papiskos, Strategen des Oxyrhynchites? *Zeitschrift für Papyrologie und Epigraphik* 75: 153-154.

Harrauer, H. 2006 [2008]. Anmerkungen zu Papyri. *Aegyptus* 86: 139-142.

Hengstl, J. 1983. *Sammelbuch Griechischer Urkunden aus Ägypten*, vol. 14.3. Wiesbaden: Harrassowitz.

Henrichs, A. 1968. Vespasian's visit to Alexandria. *Zeitschrift für Papyrologie und Epigraphik* 3: 51-80.

Hogarth, D.G. 1896. The classical Inscription, in W.P. Flinders Petrie (ed.), *Koptos*, vol. IV: 27-33. London: Quaritch.

Hunt, A.S. e D. Litt (eds) 1910. *The Oxyrhynchus Papyri*, vol. VII. London: Egypt Exploration Fund, Egypt Exploration Society.

Hunt, A.S. e D. Litt (eds) 1911. *The Oxyrhynchus Papyri*, vol. VIII. London: Egypt Exploration Fund, Egypt Exploration Society.

Ingrams, L., P. Kingston, P. Parsons e J. Rea 1968. *The Oxyrhynchus Papyri*, vol. XXXIV. London: Egypt Exploration Fund, Egypt Exploration Society.

Johnson, A.C. 1975. *Roman Egypt to the reign of Diocletian*. New York: Octagon books.

Jones, C.P. 1973. The date of Dio of Prusa's Alexandrian oration. *Historia* 22: 302-309.

Jördens, A. 2009. *Statthalterliche Verwaltung in der römischen Kaiserzeit: Studien zum praefectus Aegypti*. Stuttgart: Steiner.

Jouguet, P. 1947. *La domination romaine en Egypte aux deux premiers siecles apres Jesus-Chris: Conference donnee a la Societe royale d'archeologie d'Alexandrie, le 29 avril 1946*. Alexandrie: Societe royale d'archeologie.

Kehoe, D. P. 1988. *The economics of Agriculture on Roman Imperial Estates in North Africa*. Göttingen: Vandenhoeck and Ruprecht.

Kehoe, D. P. 1992. *Management and Investment on Estates in Roman Egypt during the Early Empire*. Bonn: Halbet.

Kenyon, F.G. e D. Litt 1973. Greek papyri in the British Museum catalogue, with texts, vol. 3. Milano: Cisalpino-Goliardica.

Kindstrand, J.F. 1978. The date of Dio of Prusa's Alexandrian oration. *Historia* 27: 378-383.

Koenen, L. 1968. Reviewed Work: Corpus papyrorum Judaicarum by V. A. Tcherikover, A. Fuks, M. Stern, D.M. Lewis. *Gnomon* 40 vol. H. 3: 250-259.

Kramer, B., M. Erler, D. Hagedorn e R. Hübner 1980. *Kölner Papyri*, vol III. Opladen: Westdeutscher Verlag.

Kränzlein, A. 1952. Die Papyri Vind. Inv. 25824a, 25824b und Amh. 63. *Journal of Juristic Papyrology* 6: 197-237.

Kreuzsaler, C., J. Urbanik 2008. Humanity and Inhumanity of Law: The Case of Dionysia. *Journal of Juristic Papyrology* 38: 119-155.

Kruse, T. 1995. BGU III 981 und der Monat Νερώνειος. *Zeitschrift für Papyrologie und*

Epigraphik 107: 85-94.

Kruse, T. 2002. *Der königliche Schreiber und die Gauverwaltung: Untersuchungen zur Verwaltungsgeschichte Ägyptens in der Zeit von Augustus bis Philippus Arabs (30 v. Chr.-245 n. Chr.) vol I-II.* Munchen, Leipzig: Saur.

Kupiszewski, H. 1953/54. The Iuridicus Alexandreae. *The Journal of juristic Papyrology* VII-VIII: 187-204.

Lemosse, M. 1991. Querela non numeratae pecuniae et contradictio, in M. Lemosse, Études romanistiques): 309-482. Clermont-Ferrand: Adosa.

Lesquier, J. 1918. *L'armee romaine d'Egypte d'Auguste a Diocletien.* Le Caire: Imprimerie de l'Institut francais d'archeologie orientale.

Levick, B. 1999. *Vespasian.* London, New York: Routledge.

Lewis, N. 1969. The limited role of the epistrategos. *Chronique d'Égypte* 44: 339-344.

Lewis, N. 1976. Notationes Legentis. *Bulletin of the American Society of Papyrologists* 13: 157-174.

Lewis, N. 1977. Notationes Legentis. *Bulletin of the American Society of Papyrologists*14: 149-152.

Lewis, N. 1983. *Life in Egypt under roman rule.* Oxford: Clarendon Press.

Lewis, N. 1986. Notationes Legentis. *Bulletin of the American Society of Papyrologists* 23: 125-130.

Lobel, E., C.H. Roberts e E.P. Wegener 1941. The Oxyrhynchus Papyri, vol. XVIII. London: Egypt Exploration Fund, Egypt Exploration Society.

Lobel, E. e C.H. Roberts 1954. *The Oxyrhynchus Papyri,* vol. XXII. London: Egypt Exploration Fund, Egypt Exploration Society.

Lobel, E. e E.G. Turner 1959. *The Oxyrhynchus Papyri,* vol. XXV. London: Egypt Exploration Fund, Egypt Exploration Society.

Lo Cascio, E. 2000. *Il princeps e il suo impero. Studi di storia amministrativa e finanziaria romana.* Bari: Edipuglia.

Lucrezi, F. 1995. *Aspetti giuridici del principato di Vespasiano.* Napoli: Jovene.

Maehler, H. 1968. *Agyptische Urkunden aus den Staatlichen Museen Berlin. Griechische Urkunden.* Berlin: Staatliche Museen preussischer Kulturbesitz.

Maiuro, M. 2012. Res Caesaris. Ricerche sulla proprietà imperiale nel Principato. *Pragmateiai* 23. Bari: Edipuglia.

Mangioncalda, A. 2012, La carriera di I. Iulius Ursus e altre prefetture equestri nel I d.C. *Cahiers du Centre Gustave Glotz,* 23: 113-129.

Martin, V. 1911. Les Epistrateges, contribution a l'Etude des Institutions de l'Egypte Greco-Romaine. *Journal of Hellenic Studies* 31: 325.

Martin, A. 1983. T. Mucius Clemens, praefectus castrorum d'Agrippa II. *Zeitschrift für Papyrologie und Epigraphik* 52: 203-210.

Meredith, D. 1954. Inscriptions from the Berenice Road. *Chronique d'Égypte* 29: 281-287.

Messeri, G. e R. Pintaudi 1998. Spigolature V. *Zeitschrift für Papyrologie und Epigraphik* 122: 123-130.

Messeri, G. e R. Pintaudi 2000a. Spigolature VI. *Zeitschrift für Papyrologie und Epigraphik* 129: 265-273.

Messeri, G. e R. Pintaudi 2000b. Proprietà imperiali e tasse in un papiro della

Collezione Schøyen. *Zeitschrift für Papyrologie und Epigraphik* 130: 197-200.

Monson, A. 2012. *From the Ptolemies to the Romans: political and economic change in Egypt*. Cambridge: Cambridge University Press.

Montevecchi, O. 1974. Dichiarazione per l'epikrisis. *Aegyptus* 54: 22-28.

Montevecchi, O. 1975. L'epikrisis dei greco-egizi. *Proceedings of the XIV international congress of papyrologists. Oxford, 24-31 July 1974*: 227-232. British Academy: Exploration Society.

Montevecchi, O. 1981. Vespasiano acclamato dagli Alessandrini: ancora su P. Fouad. 8. *Aegyptus* 61: 155-170.

Montevecchi, O. 1983. Tito alla luce dei papiri. *Atti del Congresso Internazionale di Studi flaviani - Rieti 1981 II*): 345-354.

Montevecchi, O. 1988a. L'amministrazione dell'Egitto sotto i GIulio-Claudi, in W. Haase e H. Temporini (eds), *Aufstieg und Niedergang der römischen Welt*: teil II.10.1: 412-471. Berlin: De Gruyter.

Montevecchi, O. 1988b. *La papirologia*. Milano: Vita e pensiero.

Montevecchi, O. 1993. Tre richieste di epikrisis. *Aegyptus* 73: 39-48.

Montevecchi, O. 1998 [2000]. La provenienza di P. Oxy. 984. *Aegyptus* 78: 49-76.

Montevecchi, O. 2000 [2002]. Ancora su Lycopolis *Aegyptus* 80: 145-146.

Montserrant, D., G. FANTONI e P. ROBINSON 1994. Varia Descripta Oxyrhynchita. *Bulletin of the American Society of Papyrologists* 31: 11-80.

Mooren, L. 1975. *The aulic titulature in Ptolemaic Egypt*. Brussel: AWLSK.

Mourgues, J. 1995. Le préambule de l'édit de Tiberius Julius Alexander, témoin des étapes de son élaboration. *Bulletin de correspondance hellénique* 119: 415-435.

Musurillo, H. 1961. *Acta Alexandrinorum* 21. Lipsia: Teubner.

Nappo, D. 2018, *I porti romani nel Mar Rosso da Augusto al Tardoantico*, Napoli: FedOAPress.

Nelson, C.A. 1995. Receipts for Trade-Tax in Elephantine - Syene. *Zeitschrift für Papyrologie und Epigraphik* 107: 259-262.

Oates, J. F. 1992. The basilikos Grammateus, in J.H. Johnson, *Life in a multi-cultural society: Egypt from Cambyses to Constantine and beyond*: 255-258.

Oliver, J. H. 1989. *Greek Constitutions of Early Roman Emperors from Inscriptions and Papyri*. Philadelphia: American philosophical society.

Packman, Z.M. 1991. Notes on Papyrus Texts with the Roman Imperial Oath. *Zeitschrift für Papyrologie und Epigraphik* 89: 91-102.

Parassoglou, G.M. 1975. New Documents on the Imperial Estates in Egypt. *Bulletin of the American Society of Papyrologists* 12: 85-92.

Parassoglou, G.M. 1978. Imperial Estates in Egypt. *American Studies in Papyrology* XVIII. Amsterdam: American Society of Papyrologists.

Pfaum, H.G. 1960. *Les carrières procuratoriennes équestres sous le Haut-Empire romain*. Paris: Geuthner.

Pfaum, H.G. 1982. *Les carrières procuratoriennes équestres sous le Haut-Empire romain*, Supplement. Paris: Geuthner.

Préaux, C. 1939. *L'economie royale des Lagides*. Bruxelles: Edition de la fondation egyptologique Reine Elisabeth.

Purpura, G. 1999. Diritti di patronato e ἀστικοὶ νόμοι in P. Oxy. IV 706. *Atti del V*

Convegno Nazionale di Egittologia e Papirologia. Firenze, 10-12 dicembre 1999: 199-212.

Rathbone, D.W. 1993. Egypt, Augustus and Roman taxation. *Cahiers du Centre Gustave Glotz* 4: 81-112.

Reinmuth, O.W. 1963. *The prefect of Egypt from Augustus to Diocletian*. Aalen: Scientia Verlag. (Reprint of the edition 1935, completed by a revised list, originally printed in Paul-Wissowa's Realencyclopädie der klassischen Altertumwissenschaft).

Remijsen, S. 2015. The End of Greek Athletics in Late Antiquity. Cambridge: Cambridge University Press.

Roberts, C.H. e T.C. Skeat 1933. A sale of ὑπόλογος at Tebtunis in the reign of Domitian. *Aegyptus* 13: 455-471.

Roberts, C.H. e E.G. Turner 1952. Catalogue of the Greek and Latin Papyri, in *the John Rylands Library, vol IV*. Manchester: University Press, London: Quaritch & Sherratt & Hughes.

Rostovtzeff, M.I. 1910. *Studien zur Geschichte des romischen Kolonates*. Berlin: B. G. Teubner.

Rowlandson, J. (ed.) 1998a. *Women and society in Greek and Roman Egypt: a sourcebook*. Cambridge: Cambridge University Press.

Rowlandson, J. 1998b. *Landowners and tenants in Roman Egypt. The social relations of agriculture in the Oxyrhynchite nome*. Oxford: Oxford University Press.

Rowlandson, J. 2005. The organisation of public land in Roman Egypt, in CRIPEL 25: 173-196.

Schehl, F. 1933. Zum Edikt Domitians über die Immunitäten der Veteranen. *Aegyptus* 13: 137-144.

Schur, W. 1963. *Die Orientpolitik des Kaisers Nero*. Aalen: Scientia (Ripr. facs. ed. 1923).

Schwartz, J. 1951. Die Präfekten von Aegypten in der römischen Kaiserzeit. *Chronique d'Égypte* 26: 439-443.

Schwartz, S. 1984. T. Mucius Clemens, commander of the army of Agrippa II: an epigraphical note. *Zeitschrift für Papyrologie und Epigraphik* 56: 240-242.

Scott, K. 1934. The Rôle of Basilides in the events of A.D. 69. *The Journal of Roman Studies* 24: 138-140.

Scott, K. 1975. *The imperial cult under the Flavians*. New York: Arno Press (Rist. anast. dell'ed. Stuttgart; Berlin 1936).

Seidl, E. 1974. Nachgiebiges oder zwingendes Erbrecht in Ägypten. *Studia et Documenta Historia et Iuris* 40: 99-110.

Shelton, J. 1974. P. Wisc. 27. *Zeitschrift für Papyrologie und Epigraphik* 14: 45-50.

Shelton, J. 1989. A Renunciation of Hereditary Lease at Pakerke. *Zeitschrift für Papyrologie und Epigraphik* 77: 205-206.

Shelton, J.C. e J.E.G. Whitehorne 1995. *The Oxyrhynchus Papyri*, vol. LXII. London: Egypt Exploration Fund, Egypt Exploration Society.

Sidebotham, S.E. 1986. *Roman economic policy in the Erythra Thalassa (30 b.C.-217 a.D.)*. Leiden: E. J. Brill.

Sijpesteijn, P.J. 1979. Flavius Josephus and the praefect of Egypt in 73 A.D. *Historia* 28: 117-125.

Sijpesteijn, P.J. 1983. Three More First-Century Penthemeros-Certificates. *Chronique d'Égypte* 58: 208-211.

Sijpesteijn, P.J. 1986. Five Early Penthemeros-Certificates. *Chronique d'Égypte* 61: 287-293.

Smolders, R. 2005. Chairemon: Alexandrian Citizen, Royal Scribe, Gymnasiarch, Landholder at Bacchias, and Loving Father. *Bulletin of the American Society of Papyrologists* 42: 93-99.

Southern, P. 1997. *Domitian: tragic tyrant*. London: Routledge.

Stein A. 1950. *Die Präfekten von Ägypten in der romischen Kaiserzeit*. Berna: A. Francke.

Strassi, S. 2008. *L'archivio di Claudius Tiberianus da Karanis*. Berlin-New York: De Gruyter.

Swarney, P.R. 1970. *The ptolemaic and roman idios logos*. Toronto: A.M. Hakkert.

Tacoma, L. E. 2015. Imperial Wealth in Roman Egypt: the Julio-Claudian ousiai, in P. Erdkamp, K. Verboven e A. Zuiderhoek, *Ownership and Exploitation of Land and Natural Resources in the Roman World*. New York: Oxford University Press.

Tcherikover, A. e A. Fuks 1960. *Corpus Papyrorum Judaicarum*, II. Cambridge: Harvard University Press.

Thomas, J.D. 1976. L. Peducaeus Colo(nus) praefectus Aegypti. *Zeitschrift für Papyrologie und Epigraphik* 21: 153-156.

Thomas, J.D. 1982. *The epistrategos in Ptolemaic and Roman Egypt: the Roman epistrategos*. Opladen: Westdeutscher.

Thomas, J.D. 1984. SB VI 9016 and the Career of Iulius Lysimachus. *Zeitschrift für Papyrologie und Epigraphik* 56: 107-112.

Thomas, J.D. 2007. Latin texts and Roman citizens, in A. K. Bowman et al. (eds), *Oxyrhynchus: A City and its Texts*: 231-243. London: Egypt Exploration Society.

Thompson, D.J. 1987. Imperial estates, in J. Wacher (ed.), *The Roman World*, vol. 2: 555-567. London: Routledge and Kegan Paul.

Thompson, D.J. 1997. The infrastructure of splendour, in P. Cartledge, P. Garnsey e E. Gruen, *Hellenistic constructs: essay in culture, history and historiography*. Berkley: University of California Press.

Tomsin, A. 1957. Notes sur les ousiai de l'époque romaine, in *Studi in onore di Aristide Calderini e Roberto Paribeni*), vol. II: 211-224. Milano: Ceschina.

Tomsin, A. 1964. Les continuités historiques dans le cadre des mesures prises par les Romains en Égypte concernant la propriété de la terre, in *Actes du Xe Congrès International de Papyrologues (Varsovie 1964)*: 81-95.

Torrent, A. 1984. P. Oxy. 2.237. A propósito de ‚accusatio falsi', in *Sodalitas. Scritti in onore di Antonio Guarino*, III: 1181-1190. Napoli: Jovene.

Van Groningen, B.A. 1947. Un conflit du IIe siècle de notre ère. *Chronique d'Égypte* 22: 313-332.

Van Groningen, B.A. e J.C. Van Oven 1941. *The Warren Papyri*. Lugduni Batavorum: E. J. Brill.

Van't Dack, E. 1952. Notes concernant l'épistratégie ptolémaique. *Aegyptus* 32: 437-450.

Wagner, G. 1971. Inscriptions grecques du dromos de Karnak (II) [avec 3 planches]. *Bulletin de l'Institut français d'archéologie orientale* 71: 161-179.

Wagner, G. 1973. Inscriptions grecques des oasis de Dakhleh et Baharieh découvertes par le Dr. Ahmed Fakhry. *Bulletin de l'Institut français d'archéologie orientale* 73: 177-192.

Wallace, S. L. 1938. *Taxation in Egypt from Augustus to Diocletian*. Princeton: University Press; London: Humphrey Milford; Oxford: University Press.

Weber. W. 1973. *Josephus und Vespasian: Untersuchungen zu dem judischen Krieg des*

Flavius Josephus. New York: G. Olms.
Wellesley, K. 2000. *The year of the four emperors*. London; New York: Routledge.
Whitehorne, J.E.G. 1982. Two notes on the archive of Komon. *Zeitschrift für Papyrologie und Epigraphik* 45: 254-257.
Whitehorne, J.E.G. 1987. The Hypomnematographos in the Roman Period. *Aegyptus* 67: 101-125.
Whitehorne, J.E.G. 1988. Recent Research on the strategi of Roman Egypt (to 1985), in W. Haase e H. Temporini (eds), *Aufstieg und Niedergang der römischen Welt*: teil II.10.1: 599-607. Berlin: De Gruyter.
Whitehorne, J.E.G. 1990. Soldiers and Veterans in the Local Economy of First Century Oxyrhynchus, in M. Capasso, G. Messeri Savorelli e R. Pintaudi (eds), *Miscellanea papyrologica in occasione del bicentenario dell'edizione della Charta Borgiana*: 543-557. Firenze: Edizioni Gonnelli.
Whitehorne, J.E.G. 2006. *Strategi and Royal Scribes of Roman Egypt*. Firenze: Edizioni Gonelli.
Wilcken, U. 1970. *Griechische Ostraka*, vol. I. Amsterdam: Hakkert (Rist. anast. dell'ed. 1899).
Winter, J. G. 1936. *Papyri in the University of Michigan collection: Miscellaneous papyri*, vol. III. Ann Arbor: University of Michigan Press.
Young, G.K. 2001. *Rome's eastern trade: international commerce and imperial policy, 31 BC-AD 305*. London; New York: Routledge.
Youtie, H.C. 1976. P. Mich. III 176-178. *Zeitschrift für Papyrologie und Epigraphik* 20: 284-287.
Youtie, H.C. 1977. P. Mich. Inv. 4315: ‚The Antaeopolite nome and Heptakomia'. *Zeitschrift für Papyrologie und Epigraphik* 25: 138-139.